Contrato & Virtudes II

Denis Coitinho

Contrato & Virtudes II:
Normatividade e agência moral

Edições Loyola

Dados Internacionais de Catalogação na Publicação (CIP)
(Câmara Brasileira do Livro, SP, Brasil)

Coitinho, Denis
  Contrato & virtudes II : normatividade e agência moral / Denis Coitinho. -- São Paulo : Edições Loyola, 2021. -- (Ética)
  ISBN 978-65-5504-147-7
  1. Direito - Ética 2. Ética (Moral filosófica) 3. Filosofia (Ética) 4. Virtudes na literatura I. Título II. Série.

21-91759   CDU-340.12

Índices para catálogo sistemático:
  1. Direito : Ética   340.12

Maria Alice Ferreira - Bibliotecária - CRB-8/7964

Preparação: Fernanda Guerriero Antunes
Capa e diagramação: Viviane Bueno Jeronimo
  Ilustração © starlineart | Adobe Stock.

Edições Loyola Jesuítas
Rua 1822 nº 341 – Ipiranga
04216-000 São Paulo, SP
T 55 11 3385 8500/8501, 2063 4275
editorial@loyola.com.br
vendas@loyola.com.br
www.loyola.com.br

Todos os direitos reservados. Nenhuma parte desta obra pode ser reproduzida ou transmitida por qualquer forma e/ou quaisquer meios (eletrônico ou mecânico, incluindo fotocópia e gravação) ou arquivada em qualquer sistema ou banco de dados sem permissão escrita da Editora.

ISBN 978-65-5504-147-7

© EDIÇÕES LOYOLA, São Paulo, Brasil, 2021

101250

Para Regina

"A estrutura reflexiva da consciência humana nos coloca um problema. A distância reflexiva de nossos impulsos torna tanto possível quanto necessário decidir como vamos agir: nos força a agir por razões. Ao mesmo tempo, e associadamente, isso nos força a ter uma concepção de nossa identidade, uma concepção que nos identifica com a fonte dessas razões. Dessa forma, nos faz leis para nós próprios. […] O que eu estabeleci até agora é que a obrigação, em geral, é uma realidade da vida humana. Que nós obrigamos a nós mesmo é simplesmente um fato sobre a natureza humana, e nossas máximas podem ser vistas como entidades intrinsecamente normativas."
(KORSGAARD, C., *The Sources of Normativity*, p. 113)

"A história do homem é seu caráter."
(GOETHE, J. G., *Os Anos de Aprendizado de Wilhelm Meister*, p. 425)

Sumário

Prefácio 11

Introdução 15

Capítulo 1
Ontologia de segunda natureza 27

Capítulo 2
Cognitivismo e desacordo moral 51

Capítulo 3
A complexidade da normatividade 79

Capítulo 4
O problema da sorte moral e a punição 109

Capítulo 5
Justificação contratualista da punição 131

Capítulo 6
Normatividade indireta e a virtude da justiça 155

Capítulo 7
O papel das virtudes na democracia 183

Capítulo 8
Direitos humanos e semântica contextualista 209

Capítulo 9
Razoabilidade e ontologia social 231

Referências 247

Índice de nomes 259

Índice de assuntos 263

Prefácio

A ideia básica deste livro é dar continuidade ao que propus como uma teoria moral mista, que toma como complementares os aspectos normativos de uma ética contratualista e de uma ética das virtudes para melhor lidar com certos problemas morais e políticos bastante complexos. Em *Contrato & Virtudes* (Loyola, 2016), tratei, sobretudo, dos problemas da responsabilidade moral e da justificação da punição, além de apresentar as características metaéticas centrais dessa proposta, porém faltando detalhar o modelo ontológico dessa teoria. Agora, o foco recai sobre os problemas da fonte da normatividade, sorte moral, fundamentação da democracia e direitos humanos, desacordo moral e capacidades da agência moral, além de abordar novamente a questão da punição. Esta obra é iniciada com a defesa de uma ontologia de segunda natureza e se desenvolve com um esclarecimento de uma concepção específica tanto de agência moral quanto de normatividade. Tal como o anterior, este livro foi pensado, a princípio, como um todo, tendo os seus capítulos originalmente publicados em formato de artigos ou capítulos de livros e apresentados em diversos eventos acadêmicos da área de filosofia, com a finalidade de poder discutir as ideias centrais deste trabalho antes de sua publicação.

Importante lembrar que, da oportunidade do lançamento de *Contrato & Virtudes*, ocorreram diversas discussões em alguns programas brasileiros de pós-graduação em Filosofia no final do ano de 2016 e ao longo de 2017, tais como: na Universidade Estadual de Maringá; na Universidade do Vale do Rio dos Sinos (Unisinos); nas Universidades Federais de Santa Catarina, de Pelotas, de Minas Gerais, do Espírito Santo, de Goiás e da Fronteira Sul. Gostaria de agradecer sinceramente aos colegas que discutiram estas páginas comigo e levantaram certos problemas e objeções qualificadas, e contribuíram com diversas sugestões valiosas. A Alfredo Culleton, João C. B. Torres, Delamar Volpato Dutra, Denilson Werle, Alessandro Pinzani, Telma Birchal, Ivan Domingues, Rogério Lopes, Bruno Stancioli, Leonardo Ribeiro, Paulo Martines, Mateus Ferreira, Alcioni Roani, Eloi Fabian, Evandro Barbosa, Luis Rubira, João Hobuss, Ricardo de Araújo, Marcelo Bandeira, entre outros, meu muito obrigado. Estou cada vez mais convencido de que a investigação em filosofia necessita fortemente do debate franco para sua melhor qualificação.

Nesse contexto, gostaria de fazer referência à resenha escrita pelo colega Delamar Volpato Dutra, da Universidade Federal de Santa Catarina, e que foi publicada em 2018 pela *Síntese: Revista de Filosofia*, em que ele apontava algumas lacunas da teoria no âmbito político, entre as quais a ausência de um tratamento da questão dos direitos humanos. Procurando responder a essa objeção, tentei lidar com alguns temas políticos com o uso de uma teoria política mista, tais como a fundamentação dos direitos humanos e da democracia, além de tratar da própria questão do que seria mesmo a realidade política. Espero que isso possibilite testar a eficácia de uma teoria normativa mista além do âmbito da ética.

Muitos dos textos que compõem os capítulos que seguem foram apresentados em congressos de filosofia, como XVII e XVIII Anpof, III Congresso Internacional da Sociedade Portuguesa de Filosofia, V Congreso de la Asociación Latinoamericana de Filosofía Analítica, IV Congreso Internacional de la Sociedad Filosófica del Uruguay, IV e V Conference of the Brazilian Society for Analytic Philosophy, Colóquio Ética e Democracia e Questões de Filosofia Prática (UCS), V Congresso Internacional de Filosofia Moral e Política (UFPel), I e II Colóquio de Filosofia e Pensamento Político, XXIV Semana de Filosofia UFG, II Congresso Internacional do PPG Filosofia da Ufes, XVIII Congreso Interamericano de Filosofía, entre outros, nos quais tive a oportunidade de discutir partes deste trabalho. Dessa forma, agradeço aos colegas Maria Isabel Limongi, Iara Frateschi, Nelson Boeira, Raphael Zilig, Marcelo de Araújo, Marco Zingano, Nythamar Fernandes de Oliveira, Thadeu Weber, Ricardo Navia, Susan Haack, David Copp, Thomas Scanlon, Fernando R. Hiller, Cláudio Leivas, Evandro Barbosa, Marcelo Fischborn, entre outros, por todos os comentários, sugestões e, sobretudo, objeções levantadas. Agradeço, também, aos membros do Grupo de Pesquisa em Ética e Filosofia Política Contemporânea CNPq/Unisinos e do GT Ética, pela oportunidade de debater algumas das ideias defendidas aqui, bem como a meus alunos dos seminários de pós-graduação ministrados entre os anos de 2015 e 2018. Em especial, João Victor Rosauro, Leandro da Rosa, Antonio Arruda,

Jaison Partchel, Jean Borba dos Reis, Patrícia Fachin, Tânia da Fonseca, Tiaraju Andreazza, Ziel Lopes e Daniel Matos, pelas questões extremamente qualificadas que foram levantadas e pelas discussões realizadas, as quais me oportunizaram momentos raros de reflexão.

Um agradecimento especial a Lloyd Steffen, da Lehigh University (Estados Unidos), por todas as discussões que tivemos no tempo em que ele esteve no Brasil, ministrando um seminário sobre obrigação moral e punição na Unisinos, em outubro de 2018. Suas observações foram fundamentais para a melhor organização e apresentação deste trabalho.

Importante frisar que esta investigação não teria sido possível sem um forte apoio institucional. Assim, quero agradecer ao Pe. Marcelo Aquino, Reitor da Unisinos, por todo o comprometimento com a pesquisa e com a excelência acadêmica, que se materializa no apoio incondicional aos programas de pós-graduação da instituição. Agradeço, também, a Maura Corcino Lopes, decana da Escola de Humanidades, e a Luiz Rodhen, coordenador do Programa de Pós-Graduação em Filosofia da Unisinos, por todo o apoio recebido. Um agradecimento especial aos meus colegas da área de Filosofia Política e Sistemas Éticos do nosso PPG, Alfredo Culleton, Adriano de Brito, Inácio Helfer, Marco Azevedo e Castor Ruiz, por todas as nossas discussões em bancas de mestrado e doutorado e demais eventos dos quais participamos conjuntamente. Vocês me auxiliaram a melhor compreender a complexidade dos problemas morais e políticos com que nos deparamos a todo momento em nossa sociedade. Agradeço, também, a todo apoio recebido da Capes, CNPq e Fapergs a esta pesquisa. Mesmo com limitações, é imperativo reconhecer que essas agências são responsáveis diretas pelo crescimento tanto quantitativo como qualitativo da pesquisa em nosso país.

Todos os capítulos deste livro já foram publicados anteriormente, seja no formato de artigos em revistas de filosofia, seja na forma de capítulos de livros temáticos. Dito isso, gostaria de agradecer aos editores das Revistas *Trans/form/ação* (Unesp), *Sofia* (Ufes), *Pensando* (UFPI), *Conjectura* (UCS), *Veritas* (PUCRS) e *Dissertatio* (UFPel) e aos organizadores dos livros *Agência, Deliberação e Motivação*, *Entre a Filosofia Dialética e a Gestão* e *Ética, Democracia e Direitos Humanos* por terem permitido a publicação deste material, agora em novo formato. Espero que este conteúdo possa auxiliar o leitor a melhor compreender o fio condutor de todos esses textos, que têm por objetivo básico defender a possibilidade de se contar com uma teoria moral-política híbrida para melhor lidar com certos problemas práticos de grande complexidade.

Não poderia deixar de mencionar, por fim, todo o apoio recebido a este projeto por parte de minha esposa, Regina. Obrigado pela compreensão ao tempo dedicado a este trabalho e pela parceira de sempre na discussão das ideias centrais aqui defendidas. Sem o seu apoio, é certo que este trabalho não teria tido bom termo. Eu também gostaria de destacar a generosidade do professor João Carlos Brum Torres, especialmente por sua participação no debate inicial sobre a ideia geral desta obra, além de me servir de inspiração contínua como acadêmico, pesquisador e agente público. Seu trabalho acadêmico de excelência, sua atenção especial aos problemas morais-políticos correntes e seu comportamento ético são um importante exemplo para todos nós. De uma forma muito especial, este livro é dedicado a você.

Viena, Áustria,
Fevereiro de 2019

Introdução

A ideia central que defenderei neste livro diz respeito à urgência em se diferenciar a autoridade normativa da esfera privada em contraposição à autoridade normativa da esfera pública, pensando mais especificamente no âmbito da moralidade. Procurarei conectar essas duas esferas em uma teoria mista que faça uso de critérios prescritivos tanto de uma ética das virtudes quanto de uma ética neocontratualista. O ponto central será defender que apenas uma teoria moral e política mista poderá harmonizar adequadamente essas duas exigências, a saber, uma exigência normativa tanto em primeira quanto em segunda pessoa. Segue um exemplo do que estou considerando. Quando um agente é demandado a ser resiliente, ou mesmo a ter lealdade ou ser moderado, a autoridade em questão é claramente pessoal, de forma que seria o próprio agente a ter que exigir de si mesmo certo tipo de comportamento e caráter virtuoso, sendo a felicidade uma questão que envolveria particularmente a deliberação e a decisão individual. Por outro lado, quando os agentes são demandados a obedecerem à lei – por exemplo, o código de trânsito brasileiro, que condena os atos de imperícia, negligência e imprudência –, a autoridade em questão não parece ser pessoal, mas social, de forma que seria a própria deliberação da comunidade que exigiria do sujeito certo tipo de comprometimento e atitude, e isso garantiria a felicidade da coletividade.

O problema é que as teorias tradicionais, tanto as morais como as políticas, não parecem dar conta adequadamente dessa dualidade normativa, apenas de forma negativa, isto é, ou desconsiderando o âmbito da moralidade privada para saber o que seria o correto ou justo, ou reduzindo toda complexidade da normatividade pública à moralidade privada. Reparem nas teorias utilitaristas, kantianas ou mesmo neocontratualistas. Elas fazem uma separação entre a moralidade privada e pública, é claro, mas a exigência normativa ao agente moral recairia, primordialmente, sobre uma perspectiva pública, de forma que o ato correto ou justo seria aquele permitido por um princípio que tivesse as características de trazer a maximização dos resultados, ser universalmente desejável e não ser razoavelmente rejeitado, na devida ordem. Notem o papel aqui dos procedimentos de espectador imparcial, imperativo categórico ou mesmo da posição original. Por outro lado, uma teoria das virtudes (ou mesmo uma teoria comunitarista) determinaria a correção e a justiça por uma correlação ao bem, o que eliminaria toda importante distinção entre o público e o privado. Minha convicção é de que uma teoria moral e política mais eficiente deveria considerar com seriedade essa diferença entre a esfera privada e pública da moralidade, mas em uma direção de conexão, de forma a poder contar com certas virtudes privadas que seriam coerentes com certas virtudes públicas. Ao longo dos capítulos, vou propor que harmonizar certas virtudes privadas com certas virtudes públicas ou mesmo princípios seria o melhor caminho para a resolução de alguns problemas práticos complexos. Por exemplo, que para garantir a fundamentação adequada da democracia seria necessário conectar coerentemente as virtudes da integridade e autonomia com as virtudes da razoabilidade e tolerância. E, também, que os cidadãos deveriam ter igualmente *aidôs* e *dikê* como laço de aproximação entre os homens e como princípio ordenador das cidades para a garantia tanto da estabilidade pessoal quanto da coletiva, bem como um gestor competente precisaria ter a virtude da integridade aliada com a responsabilidade social.

Essa complexidade normativa para a qual quero chamar atenção parece estar intimamente ligada a uma compreensão muito particular de agência moral, de forma que as teorias tradicionais tomariam os agentes como podendo agir diferentemente e que estariam isentos de sorte moral, sem determinações causais, constitutivas e circunstanciais como uma das bases de seu raciocínio moral, tomando a decisão ética como um ato exclusivamente individual e voluntário. Em alternância, a concepção de agência moral defendida aqui considerará como relevantes os aspectos aleatórios à vontade do sujeito, a identidade coletiva, a intencionalidade comum e o conhecimento moral como intersubjetivo para melhor levar em consideração vários aspectos relevantes da responsabilidade moral, que é individual, por um lado, mas que é coletiva, por outro, ao se pensar em determinados problemas complexos, como o da responsabilidade pelos erros do passado (por exemplo, a escravidão e o sexismo), o da responsabilidade com as gerações futuras (com o uso moderado dos recursos naturais ou com a determinação de uma poupança adequada), além do problema de como justificar a relatividade ética e a sorte moral.

Posto que a minha proposta é desenvolver uma teoria moral e política mista, que possa conectar diferentes critérios normativos, tanto em primeira pessoa quanto em segunda pessoa, se faz necessário um esclarecimento inicial sobre o papel e o escopo de uma teoria moral. Em minha interpretação, o papel inicial de uma teoria moral e política é esclarecer para os agentes como eles mesmos julgam moralmente as atitudes e o caráter dos sujeitos, isto é, por meio de juízos de aprovação e desaprovação das ações e comprometimentos, elogiando aquelas que aprovadas e censurando as desaprovadas, e apontar para as possíveis contradições que possa se identificar nesses julgamentos. Por exemplo, um agente censura um ato de corrupção pública, mas não censura tão fortemente um ato de corrupção privado, sendo até leniente com esse tipo de ação que leva em conta o autointeresse. Identificando a contradição, o papel da teoria seria o de oportunizar um método para que as pessoas pudessem revisar os seus juízos morais. A ideia básica é que uma teoria moral possa oferecer certos critérios normativos, tais como princípios ou mesmo virtudes morais, para o agente poder utilizá-los como referência prescritiva a fim de corrigir ou revisar as suas crenças morais – e isso com base em um entendimento adequado do próprio fenômeno moral. O método do equilíbrio reflexivo, portanto, terá destaque nessa proposta, bem como os exemplos. Também é importante frisar que uma teoria normativa, como uma teoria moral contratualista-das-virtudes, ou uma teoria política liberal-comunitarista, deve ser esclarecida por pressupostos metaéticos, tais como ontológico, epistemológico, semântico e psicológico, bem como deve servir para resolver certos problemas práticos. Em minha proposta, tento conectar uma ontologia de segunda natureza, um cognitivismo contextualista, uma epistemologia coerentista e uma psicologia moral razoável, para melhor enfrentar certos problemas práticos, tais como o da fundamentação da democracia e dos direitos humanos e o da justificação da punição legal.

Outra característica relevante dessa teoria é que ela tomará como interligados os domínios da vida prática, tais como ético, político, jurídico, econômico, psicológico, religioso etc. A ideia é que é mais produtivo ver as conexões entre esses diferentes domínios em vez de procurar ressaltar suas diferenças específicas. Deixem-me dar um exemplo do que estou falando, observando a relação entre a ética e o direito. É comum tomar esses domínios como estritamente diferentes, porque a ética remeteria os agentes a uma esfera dos valores, que seria puramente subjetiva, interna, enquanto o direito remeteria os indivíduos a uma esfera das leis, que seria fatual, externa e tomada como objetiva. No entanto, para além dessa interpretação positivista de separação radical entre fatos e valores, pode-se identificar uma série de valores morais nas decisões jurídicas, tais como os valores de razoabilidade, liberdade, igualdade, transparência, publicidade etc., da mesma forma que se pode reconhecer um caráter objetivo nas decisões morais, de forma a tomar a crueldade e o sofrimento como errados, bem como considerar a tolerância como correta e condenar algumas formas de discriminação (por exemplo, a discriminação racial e de gênero) – isso sem assumir uma posição jusnaturalista. Creio que a Declaração Universal dos Direitos Humanos mostra muito bem essa realidade, sendo tomada não apenas como um código legal, mas que ofereceria, também, uma forte proteção moral aos cidadãos, garantindo seus direitos. Importante notar que, apesar de reconhecer-se a autoridade exclusivamente coercitiva do direito em contraposição a uma autoridade internalista (voluntária) da moralidade, tanto a ética quanto o próprio direito parecem poder ser compreendidos como tendo uma autoridade normativa interpessoal, uma vez que as suas regras sociais que orientam o comportamento humano com o objetivo de harmonia seriam validadas intersubjetivamente, em vez de validadas de forma objetiva, como nas ciências duras, que precisariam contar com uma forte dimensão verificacionista.

Deixem-me apontar para um exemplo ilustrativo dessa conexão. Recentemente, o Supremo Tribunal Federal (STF) realizou um debate sobre a criminalização da homofobia, julgamento esse que avaliou se a discriminação por orientação sexual e identidade de gênero deveria ser considerada crime e enquadrado pela lei do racismo. Oito dos onze ministros do Supremo brasileiro votaram a favor da proposta feita pelas duas ações que levaram a questão ao plenário da corte. O ponto importante que quero destacar é que parece haver uma reprovação moral por uma grande parte da sociedade da discriminação tanto por orientação sexual quanto por identidade de gênero, de forma a equiparar o erro público da homofobia e transfobia ao racismo ou mesmo à violência de gênero. O Congresso brasileiro ainda não legislou sobre o tema, mas o STF decidiu enquadrar a homofobia e a transfobia na lei do racismo (Lei 7.716/1989) no ano de 2019, em razão de haver uma forte censura social em relação a esses atos, por se entender que eles ferem a dignidade e a liberdade humana. Assim, não seriam esses valores morais de dignidade e liberdade, por exemplo, que estariam servindo de referência ao direito e à política, isto é, servindo de referência tanto para a decisão judicial quanto para a deliberação legislativa? E se a resposta for afirmativa, de que maneira se poderia pensar nessas esferas como em separado, pois note-se que, de forma similar, tanto o judiciário como o legislativo também parecem servir de orientação para a moral. Não seriam a Lei do Racismo e a Lei Maria da Penha importantes referências legais para pautar os juízos morais dos cidadãos de sociedades democráticas, de forma a propiciar um aperfeiçoamento no raciocínio moral dos agentes em uma direção de maior inclusividade?

Creio que um dos grandes problemas para se reconhecer o importante papel e a relevância da ética contemporaneamente seja pensar no raciocínio moral em termos de tudo ou nada. Quer dizer, ou o agente deveria saber de forma objetiva o que seria o certo e o errado, o bom e o mau, o justo e o injusto, e agir sempre de forma a aplicar esses critérios em suas ações cotidianas, sem hesitação, ou esse conhecimento seria tomado como impossível e irrealizável, de forma a não se reconhecer a existência mesma de verdades morais objetivas, sendo toda decisão humana perpassada pelas emoções dos agentes, que claramente apontariam para uma dimensão subjetiva da moralidade. No entanto, serão essas as únicas interpretações possíveis? Não creio, uma vez que se pode compreender o raciocínio moral em termos de graus e relacionado ao fenômeno de progresso moral. Por exemplo, era comum no passado que os julgamentos morais dos agentes levassem em consideração apenas o próprio grupo e, internamente ao grupo, os que teriam mais poder, não aplicando os critérios normativos de certo e errado ou justo e injusto aos outros indivíduos, isto é, outras etnias ou povos, mulheres e mesmo outras espécies. Exemplos desse tribalismo seriam a escravidão, a discriminação religiosa e sexual, o genocídio, a tortura e até mesmo a não consideração com o sofrimento dos animais não humanos. Parece, contudo, ter ocorrido uma expansão do círculo moral ao longo da história da humanidade, com uma exigência de maior inclusividade, de maneira a se cobrar uma maior consistência dos juízos morais dos agentes, com a remoção das restrições arbitrárias que impediam que se levasse em conta os outros na avaliação normativa. Exemplos dessa expansão do círculo moral podem ser encontrados na garantia dos direitos básicos para mulheres e afrodescendentes atualmente, bem como com a crescente preocupação com os direitos dos animais não humanos.

Outro equívoco ainda ligado a essa compreensão do raciocínio moral como tudo ou nada é que ela parece desconsiderar as próprias características da agência humana, tais como as epistemológicas e psicológicas, pois, muitas vezes, o agente parece saber aquilo que seria o correto, mas não mostra ter força motivacional suficiente para realizar a ação. Chama-se a isso de acrasia ou fraqueza da vontade, de forma que alguém teria conhecimento do que seria o certo a se fazer – por exemplo, sabendo que o correto seria agir moderadamente, não comendo ou bebendo em demasia, e praticando exercícios físicos regulares –, mas não teria a disposição apropriada para tanto. Veja-se que em uma concepção intelectualista, como a socrático-platônica, o conhecimento do bem deveria obrigar necessariamente os agentes à ação. A questão, contudo, não parece ser assim tão simples como pretendida pelo intelectualismo, uma vez que se pode reconhecer até mesmo como legítima certa limitação disposicional, de forma a geralmente sentir compaixão pelos acráticos em vez de censurá-los de forma severa. Não é esse o caso de pessoas com adição a drogas? Embora saibam que o seu vício é errado, em geral, não conseguem parar de consumir certa substância, como cocaína, heroína ou *crack*. Quero chamar atenção para a forma como a comunidade moral reage diante de casos de acrasia, não censurando totalmente o agente, mas, ao contrário, demonstrando certa compreensão da dificuldade em sempre se agir com base no conhecimento de certas razões morais.

Em casos de acrasia invertida, o agente é até mesmo elogiado, como no exemplo de Huckleberry Finn, protagonista da obra homônima de Mark Twain, que ajuda Jim a fugir da escravidão, mas não considera correto contribuir com a fuga de um escravo. Em casos de acrasia invertida, o agente age racional e até mesmo moralmente, mas o que ele faz seria contrário ao seu melhor julgamento. No entanto, o que esse fenômeno parece revelar? Creio que isso já aponta para certo reconhecimento das limitações da agência humana, de forma a se poder relevar moderadamente a fraqueza da vontade dos agentes e até certos tipos de ignorância moral, como no caso de se poder desculpar os antigos donos de escravos ou mesmo os machistas do século XVIII por ignorarem que escravidão e sexismo eram atos errados, uma vez que se poderia tomar esse tipo de ignorância como uma limitação epistêmica da agência para se conhecer o certo e errado sem nenhuma referência ao contexto. Seria diferente no caso de alguém, hoje em dia, não saber que escravidão e sexismo são errados. Essa ignorância seria legitimamente censurada, pois a existência e reconhecimento de certos padrões normativo-morais, como a Declaração Universal dos Direitos Humanos ou mesmo as Constituições nacionais democráticas, possibilitariam o contexto apropriado para o agente poder identificar que o desrespeito à dignidade humana, bem como a desconsideração da liberdade e igualdade às mulheres, deve ser tomado como algo errado.

Importante mencionar que a inspiração dessa proposta vem da forma como interpreto a teoria da justiça de Adam Smith, principalmente na obra *The Theory of Moral Sentiments*, em razão de poder classificá-la como uma teoria liberal-comunitarista. Deixe-me explicar as razões dessa interpretação. Em primeiro lugar, essa teoria parece se utilizar tanto da linguagem das virtudes como dos direitos, e isso porque a justiça será tomada como uma virtude moral, que é a base da punição legal, mas que também é vista em termos de direitos, tais como vida, integridade, propriedade e liberdade. Outra razão é que ela parece defender uma concepção inclusivista das virtudes, conectando as virtudes positivas de autodomínio, prudência e benevolência com a virtude negativa da justiça para a garantia da felicidade tanto pessoal como coletiva, conectando as esferas da vida privada e pública dos agentes. Além disso, defenderá uma neutralidade ética estatal, apenas punindo a injustiça, que seria o que gera danos aos outros ou que desrespeita os direitos à vida, à liberdade e à propriedade, mas parece apoiar um papel prescritivo do Estado para a promoção da prosperidade da comunidade, podendo até incentivar as ações virtuosas dos cidadãos. Importante destacar que essa teoria parece defender uma concepção híbrida de punição, incluindo os aspectos retributivista, expressivista, preventivista e reabilitacionista para a sua justificação, conectando a responsabilidade pessoal com a coletiva. Por fim, parece utilizar um normativismo indireto, de forma a tomar o ponto de vista social como um padrão moral para o espectador imparcial saber o que é certo e errado. Além disso, a teoria de Smith parece ter uma compreensão mais adequada da agência moral, pois parte da *sympathy* (empatia), que seria a capacidade de imaginar os sentimentos de ressentimento e gratidão dos agentes, sentimentos esses tomados como padrão normativo de aprovação e desaprovação das ações e caráter, mas a complementa com as regras gerais, em razão do *gap* empático, que seria uma limitação em se levar em consideração os sentimentos dos agentes que estariam muito distantes ou que não seriam próximos, como os inimigos, o que parece conectar adequadamente os sentimentos com a racionalidade.

O exemplo da promessa feita sob coerção que é apresentado na Parte VII *The Theory of Moral Sentiments* é esclarecedor a respeito da concepção de agência moral. Imagine um viajante que, sob a ameaça de morte de um bandido, promete certa quantia de dinheiro. Então, a questão seria a de saber se o viajante estaria obrigado ou não a cumprir a sua promessa? Recusando as respostas da jurisprudência e da casuística, a solução de Smith fará uso dos sentimentos comuns da humanidade, apontando que é certo respeitar até mesmo uma promessa feita sob extorsão, embora seja impossível determinar uma regra geral que se aplique a todos os casos. A engenhosa solução levará em consideração o dinheiro envolvido na promessa e se o cumprimento dessa obrigação moral não traria por resultado o desrespeito a deveres mais fundamentais. Por exemplo, se a promessa fosse de cinco libras, então o agente estaria obrigado a cumprir o prometido, uma vez que a violação de promessas parece implicar certa desonra. Entretanto, se a promessa fosse de cem mil libras, então, seria criminoso cumprir esse dever, pois isso arruinaria a família do viajante. Veja-se que a regra que se pode formular com base no exemplo seria a seguinte: tem-se o dever moral de cumprir a promessa, desde que esse ato não seja inconsistente com os deveres mais sagrados ou valorosos, como é o cuidado à família e o interesse público (SMITH, 1976b, p. 330-332). Essa regra parece conciliar harmonicamente uma teoria dos deveres com uma teoria das virtudes, uma vez que a determinação dos deveres perfeitos e imperfeitos não se daria por alguma regra fixa, absoluta, mas faria uso dos sentimentos e das emoções para saber o ponto certo em que se faria justiça. E isso porque a obrigação está sendo pensada como tendo relação com diversas variáveis, tais como o caráter, as circunstâncias, a solenidade da promessa e os incidentes envolvidos no confronto.

O mais relevante nesse exemplo é que a solução apresentada parece extremamente atraente por conseguir evitar as caricaturas familiares de agência moral, tais como postuladas pelas teorias éticas tradicionais, a saber: a do agente virtuoso aristotélico, que deliberaria corretamente sem fazer uso de regras ou deveres universais; a do agente moral kantiano, que tomaria como critério da ação as regras e deveres, e não o seu sentimento diante do caso; e a do agente utilitarista, que levaria em consideração apenas a maximização do bem-estar (ou preferências) para a determinação da correção, deixando de lado critérios como o de dignidade ou liberdade humana. A concepção de agência moral formulada por Smith, alternativamente, toma o caráter do agente como a fonte normativa da avaliação moral, mas não se esquece da importância dos conceitos deônticos como os deveres, e leva em consideração, também, as consequências dos atos. Assim, o fundamento da obrigação estaria referido acertadamente tanto ao caráter do agente, aos deveres, como também às consequências.

Após apresentar a proposta geral e sua inspiração, deixem-me agora antecipar brevemente as teses centrais que serão defendidas a seguir. Apenas um esclarecimento inicial. Os capítulos do livro são independentes entre si, de forma que será possível compreender os argumentos centrais de um dado capítulo sem a necessidade de recorrer-se aos outros. Certos temas, portanto, serão recorrentes, tais como identidade coletiva, intencionalidade comum, conhecimento moral como intersubjetivo, holismo social, equilíbrio reflexivo, virtudes da integridade e razoabilidade, entre outros. Entretanto, todos os textos estão conectados e procuram dialogar entre si, de forma a melhor esclarecer o problema da complexidade normatividade e as limitações das capacidades da agência moral, defendendo a tese central de conectar critérios normativos em primeira pessoa, âmbito da moralidade privada, com critérios normativos em segunda pessoa, âmbito da moralidade pública, para se poder alcançar estabilidade tanto pessoal como social por meio da conexão entre certas virtudes privadas que seriam coerentes com certas virtudes públicas ou princípios morais. Importante ressaltar que apresento um breve resumo introdutório em cada capítulo para melhor situar o leitor nas teses discutidas.

Os três primeiros capítulos podem ser considerados mais teóricos, de forma a procurar esclarecer aspectos ontológicos, semânticos e epistemológicos de uma teoria moral e política mista. No Capítulo 1, apresento o esboço de uma teoria política liberal-comunitarista que defende a ideia central da irredutibilidade do social diante do individual; assim, precisará contar com uma identidade e intencionalidade coletiva no interior do raciocínio moral, considerando o livre-arbítrio como não imprescindível para a responsabilidade moral, bastando o controle de direcionamento do agente na ação real. No Capítulo 2, apresento uma interpretação cognitivista do desacordo moral, não o tomando como uma evidência da inexistência de verdades morais objetivas. O ponto central é defender que o desacordo valorativo seria mais bem compreendido enquanto um desacordo de crenças não morais, tais como as científicas e as religiosas, e favorecido pelas condições distorcidas na formulação dos juízos morais. E, também, que esse desacordo seria incoerente com o fenômeno de progresso moral, além de ser mais bem interpretado como uma prova da falsidade mesma do não cognitivismo e, por fim, como uma expressão do processo de aperfeiçoamento do raciocínio moral. No Capítulo 3, proponho que a melhor maneira de lidar com a complexidade da normatividade e com as limitações da agência moral é por meio de uma conexão entre virtudes privadas e públicas: por exemplo, conectando a virtude da integridade com as virtudes de razoabilidade, civilidade e tolerância, ou, alternativamente, com a responsabilidade social. A ideia é que essa conexão possa aproximar a autoridade normativa da moralidade privada, que é subjetiva, com a autoridade normativa da moralidade pública, que é intersubjetiva, identificando-se dois princípios morais para servirem de critérios normativos às ações e ao caráter dos agentes.

O enfoque dos três capítulos seguintes é mais prático, uma vez que a preocupação central será com o problema da justificação da punição legal. No Capítulo 4, trato desse problema em conexão com o fenômeno da sorte moral e proponho que apenas uma teoria moral mista, que faz uso de critérios normativos de uma ética das virtudes e de uma ética neocontratualista, pode oferecer uma solução mais eficiente em situações em que aspectos aleatórios ao controle do agente influenciam tanto na censura moral como legal. No Capítulo 5, exponho em detalhes uma concepção contratualista de punição que fará uso de aspectos preventivista e retributivista. Apresento a teoria da punição que pode ser identificada na teoria da justiça como equidade de John Rawls, que defende uma concepção híbrida, podendo conectar um aspecto consequencialista para a justificação da instituição da punição, a prevenção de futuros crimes, e um aspecto deontológico para poder explicar os atos particulares punitivos: a saber, a culpa do agente. Na parte final, proponho um pequeno acréscimo, de forma que essa teoria pudesse defender uma perspectiva corretivista do caráter do agente, sem recair em paternalismo ou moralismo jurídico. No Capítulo 6, abordo a teoria da justiça de Adam Smith, destacando, inicialmente, a sua metodologia de normatividade indireta, bem como esclarecendo o papel das virtudes nessa teoria sentimentalista e a aproximação adequada entre justiça e direito. Na sequência, apresento a sua teoria da punição, que fará uso de aspectos retributivista, preventivista, expressivista e reabilitacionista. O ponto central será defender que a melhor maneira de lidar com o problema normativo da justificação da punição é conectando esses vários critérios normativos e que essa abordagem possibilita identificar a força de uma teoria mista liberal-comunitarista.

Os três capítulos finais também têm um enfoque mais prático, refletindo, especialmente, sobre problemas do domínio político. O objetivo do Capítulo 7 é propor que a melhor forma de se alcançar o fortalecimento da democracia seria por meio de uma conexão das virtudes privadas de integridade e autonomia em coerência com as virtudes públicas de razoabilidade e tolerância, e isso em conexão com um melhor entendimento das características interpessoais do conhecimento moral e político. No Capítulo 8, defendo que é possível pensar em uma fundamentação dos direitos humanos por meio de uma semântica contextualista, de forma a tomar esses direitos como verdadeiros com base em certo contexto de justificação. Para tal, tomo o conhecimento prático como contextualizado pela cultura e história humana partindo do procedimento de isolamento, que é a primeira parte do método do equilíbrio reflexivo. Como tanto a razoabilidade como o ponto de vista social são fundamentais para se enfrentar os problemas políticos mencionados anteriormente, o Capítulo 9 pretende esclarecer a força normativa do critério de razoabilidade e seu papel em uma teoria liberal de justiça como a de John Rawls, que parece fazer uso, também, de um holismo social, o que já pode aproximar a justiça como equidade de teorias comunitaristas. Assim, o objetivo básico será defender a importância de se poder contar com uma teoria político liberal-comunitarista, de forma a conectar coerentemente critérios normativos da esfera privada, tais como virtudes epistêmicas e morais, e critérios normativos da esfera pública, como princípios morais ou mesmo virtudes políticas. O desejo básico é que uma teoria mista possa fazer uso tanto de uma linguagem das virtudes quanto de uma linguagem dos direitos para melhor fornecer critérios normativos interpessoais aos agentes.

Capítulo 1
Ontologia de segunda natureza

O objetivo central deste capítulo é argumentar que estar comprometido com a realidade social não implica necessariamente um comprometimento metafísico mais robusto do que estar comprometido com a realidade individual. Também defenderei que esse comprometimento ontológico estará restrito ao compromisso com certos postulados de uma teoria política e que a realidade social se mostra imprescindível para tratar satisfatoriamente dos problemas morais e políticos. Para tal, inicio com o questionamento sobre o significado da identidade pessoal. Posteriormente, defendo a necessidade de se contar com a identidade coletiva e a intencionalidade comum para melhor lidar com a complexidade moral. A seguir, problematizo a existência mesma do livre-arbítrio. Por fim, estipulo uma distinção entre uma ontologia de primeira natureza de uma ontologia de segunda natureza, defendendo que o comprometimento com uma ontologia social que resguarda a dimensão individual parece mais adequada à nossa sensibilidade moral e política e, por isso, deveria ter prioridade na formulação de uma teoria política.

Comprometimentos ontológicos

Karl Popper, em seu influente livro *The Open Society and Its Enemies*, publicado em 1945, denunciou que Rousseau, ao fazer uso do conceito de vontade geral em sua teoria contratualista da legitimidade do poder político, "foi uma das influências mais perniciosas da história da filosofia social" (1945, p. 220, n. 20). Essa denúncia parece ter tido por foco a imputação de que os regimes políticos totalitários – o stalinista e o nazista, por exemplo – teriam como pressupostos teóricos ideias historicistas e coletivistas como Povo, Classe, Estado, Nação, em detrimento da proteção dos direitos individuais, tais como vida, liberdade e igualdade. Essa crítica foi endereçada especialmente aos filósofos sociais e políticos – como Platão, Hegel e Marx –, que fizeram uso de uma metafísica da história para defender prescritivamente a tribo e o coletivo em detrimento do indivíduo, como uma forma de defender a democracia liberal e se contrapor ao totalitarismo das sociedades fechadas[1].

Contemporaneamente, essa crítica parece ainda estar em voga, haja vista que a principal divisão entre os programas político-econômicos que disputam o eleitorado em todo o mundo parece se concentrar entre a afirmação dos direitos individuais em contraposição à reivindicação de direitos sociais, e isso sendo extensível aos problemas de como especificar os direitos e deveres das nações ou dos povos. Por um lado, o programa conservador e libertário (ou neoliberal) parece defender exclusivamente os direitos privados do indivíduo, tais como a vida, a propriedade, o mérito e a liberdade democrática. Por outro lado, programas liberais-igualitários e trabalhistas ou até mesmo programas socialistas e/ou marxistas parecem reivindicar a preponderância dos direitos sociais, tais como oportunidades iguais ou equitativas a educação, saúde, emprego e renda, especialmente para os grupos vulneráveis. Um exemplo dessa contraposição programática pode ser visto nas principais disputas eleitorais entre Republicanos e Democratas nos Estados Unidos, ou mesmo entre Conservadores e Trabalhistas no Reino Unido e entre Republicanos e Socialistas na França[2].

---

1 A crítica de Popper se direcionou particularmente a Platão, no volume 1, e a Hegel e Marx, no volume 2, como representantes mais característicos das sociedades fechadas. Embora Rousseau não tenha sido um alvo privilegiado das críticas de Popper, o seu conceito de vontade geral mereceu grande atenção e reprovação em razão de o seu uso ser um dos responsáveis pelo totalitarismo do século XX, no seu entender. Ver POPPER, 1945, p. 1-4. Sobre o conceito de vontade geral, sua evolução e seus principais críticos, ver FARR; WILLIAMS, 2015, p. xv-xxxv.

2 Alguém poderia objetar que a vitória de E. Macron na França na última eleição presidencial revelaria que essa contraposição programática, a qual apresento, não daria conta de explicar a realidade política atual, uma vez que ele derrotou os dois partidos franceses mais tradicionais, o Republicano e o Socialista. Mesmo considerando que isso é parcialmente verdadeiro, chamo atenção para o fato de que a forma com que um presidente terá de lidar com os problemas reais nacionais e mundiais ainda estará centrada nessa oposição. Veja o caso de sua proposta de corte nos impostos para 2018 e de como isso aponta que beneficiará os 10% mais ricos. Se observarmos exemplos de outros países, como Espanha, Portugal e Alemanha, parece que essa contraposição ideológica ainda consegue espelhar parcialmente as disputas eleitorais e as decisões políticas tomadas. Sobre a falência dos partidos tradicionais na França, ver matéria de A. Chrisafis, publicada no jornal *The Guardian* em 12 jun. 2017.

O que quero chamar atenção nesse ponto é que a disputa política atual parece se concentrar sobre algumas questões que procuram levar em consideração o que seria mesmo a realidade a que todos deveriam prestar atenção e reconhecer como verdadeira, a saber: a realidade corresponderia ao que concerne à esfera individual ou coletiva? Exemplos dessas questões seriam: Reconhecer o mérito pessoal não seria contraditório à defesa das oportunidades equitativas? Qual tamanho o Estado deveria ter e em que medida o pagamento de impostos não seria injusto? Os povos dos países ricos teriam deveres especiais para com os povos de países pobres, especialmente àqueles onerados por guerras, como o dever de acolher os refugiados e incluí-los em suas sociedades? Em que medida os povos teriam o dever de reduzir suas emissões de carbono para refrear o aquecimento global[3]?

Essas e outras questões similares que são corriqueiras no debate político contemporâneo parecem estar particularmente centradas em certa disputa sobre o que é a realidade mesma: seria o indivíduo o que deveria contar como o centro das leis ou seria a sociedade que deveria ser observada para o estabelecimento das políticas públicas? Mas o que é mesmo que significaria falar em direitos de uma sociedade ou responsabilidade coletiva de um povo sobre seus erros do passado, como o de ter instituído a escravidão? Pode-se saber do que se trata quando se apela para essa ideia de vontade geral em contraposição à vontade de todos os indivíduos ou quando se apela para certo ideal de identidade ou intencionalidade coletiva? Por outro lado, parece bastante evidente a que se estaria referindo quando se fala de vontade dos agentes, de sua identidade pessoal ou intencionalidade de um indivíduo. No entanto, isso seria assim tão evidente? Essas duas instâncias seriam realmente tão diferentes?

O ponto central deste capítulo é defender que estar comprometido com uma ontologia do social não implicaria um comprometimento metafísico mais robusto do que estar comprometido com uma ontologia do indivíduo e, também, que a realidade social é imprescindível para lidar com os problemas morais satisfatoriamente. E isso parece ser assim, pois também pairam muitas dúvidas a respeito do que significaria a vontade do

---

3   É importante notar que essa contraposição pode ser observada na formulação de uma das teorias da justiça mais influentes da contemporaneidade, a saber, a teoria rawlsiana, que procurou harmonizar os valores da liberdade e igualdade. Ela é uma concepção de justiça liberal-igualitária que afirma que os dois princípios de justiça podem ser entendidos como um esforço de expressar o conteúdo da vontade geral. Para Rawls: "A ideia essencial é que nós queremos considerar os valores sociais, o bem intrínseco das atividades institucionais, comunitárias e associativas a partir de uma concepção de justiça que é individualística em sua base teórica" (RAWLS, 1971, p. 264 e 233 rev.).

indivíduo, sua identidade pessoal, ou mesmo se existiria algo como o livre-arbítrio. De forma similar, parece haver muitos problemas com o conceito de intencionalidade. Por exemplo, se apelar para a intencionalidade dos sujeitos para procurar distinguir entre mente e cérebro já não implicaria dualismo[4].

Uma alternativa possível ao comprometimento metafísico em uma teoria política, por exemplo, seria o reducionismo, quer dizer, procurar reduzir toda atividade mental como consciência, intencionalidade, valoração, deliberação e escolha moral a uma atividade meramente cerebral, isto é, física. Essa posição materialista parece se esquivar de toda metafísica, uma vez que busca descrever e explicar como as coisas realmente funcionariam, evitando o dualismo, o que é claramente positivo. No entanto, essa posição materialista reducionista estaria isenta de problemas? Penso que não, uma vez que ela não parece capaz de explicar eventos mentais que são fundamentais para o mundo humano, tais como a intencionalidade e a valoração. Por exemplo, seria justo punir alguém por um crime de roubo se não se levar em conta que a pessoa teve a intenção de roubar, a capacidade de agir livremente e de deliberar e escolher moralmente? Parece que não[5].

Com o afastamento de uma estratégia reducionista materialista, defendo que não é tão problemático assim uma teoria política ter certo comprometimento ontológico, isto significando um comprometimento com certos pressupostos postulados pela própria teoria, como certa ideia de indivíduo e de sociedade. Ao contrário, essa estratégia parece promissora, uma vez que esses pressupostos seriam aqueles que se poderia reconhecer como adequados com base em certos procedimentos. E mais, essa estratégia poderá contar com uma distinção entre uma ontologia de primeira e segunda natureza, de

---

4   John Searle, por exemplo, é um dos filósofos que procuram explicar o funcionamento da mente como consciência e intencionalidade, a distinguindo do funcionamento puramente cerebral. Para ele, a consciência é causada por um processo biológico (de nível baixo) no cérebro e é ela mesma uma característica (de nível elevado) do sistema cerebral. Note-se, porém, que uma das fortes objeções que se faz a essa concepção é que ela implicaria epifenomenalismo, isto é, dualismo. Isso quer dizer que a consciência, embora causada por processos cerebrais, não poderia ela própria causar nada. Seria um tipo de resíduo vaporoso que não funcionaria causalmente na produção de uma ação, por exemplo. Ver SEARLE, 1998, p. 57-62.

5   Em *Mind & Cosmos*, Thomas Nagel afirma que uma concepção materialista da natureza e da vida, como a neodarwinista, não conseguiria explicar conceitos centrais do mundo relacionados à mente (por exemplo, consciência, intencionalidade, significado e valor). E, dado que esses eventos mentais seriam fundamentais no mundo, a tese reducionista seria falsa ou ao menos incompleta. Ver NAGEL, 2012, p. 3-12.

forma a ver o mundo tanto individual quanto social um tanto distanciados do puramente material, embora em conexão com essa realidade.

No momento em que se puder observar que as teorias políticas que tomam como central o indivíduo e sua realidade também precisarão contar com pressupostos (metafísicos) que são assumidos pela teoria, então se poderia reconhecer que as outras teorias que estabelecem o coletivo como sua referência norteadora também estariam no mesmo barco, pois também precisarão contar com certos pressupostos. Como, porém, avaliar esses pressupostos? Seria uma questão de pura preferência subjetiva ou se teria algum método para garantir certo nível de objetividade? Por mais que não se tenha uma resposta definitiva a essa questão, procurarei esclarecer o que seria mesmo uma dimensão como a da intersubjetividade e de como isso poderia representar uma alternativa mais eficiente ao problema investigado.

No restante do texto, refletirei sobre o problema da identidade pessoal e da necessidade de se contar tanto com a identidade e intencionalidade coletiva no raciocínio moral. A seguir, problematizarei a existência mesma do livre-arbítrio. E, por fim, distinguirei entre uma ontologia de primeira natureza de uma ontologia de segunda natureza, defendendo que os comprometimentos de uma ontologia social que resguarda a dimensão individual parecem mais adequados à forma com que se avaliam os diversos fenômenos sociais, políticos econômicos e, por isso, deveriam ter prioridade no desenvolvimento de uma teoria política.

Identidade pessoal

Deixem-me iniciar com o problema da identidade pessoal. O que seria para uma pessoa persistir através do tempo? Ela seria a mesma pessoa em todos os momentos de sua existência? E quando mudasse suas crenças, memórias e desejos, ela ainda seria a mesma ou apenas o seu nome se preservaria? Por exemplo, o que seria para uma pessoa *A1* no tempo *t1* ser a mesma que a pessoa *A2* no tempo *t2*? Imagine uma artista plástica, reconhecida em *t1*, que é professora de pintura, realiza diversas exposições pelo mundo e vive a sua vida com base uma identidade "artística". Agora imagine essa pintora desenvolvendo Alzheimer em *t2*. Ela poderá ser considerada ainda a mesma pessoa? Se sim, em que sentido e em que medida (uma vez que suas memórias serão distintas, assim como suas crenças e desejos)? E, também, em *t2* esse agente parece não poder contar mais com uma capacidade autoconsciente, isto é, com a capacidade de poder definir a si mesmo como ele próprio em diferentes tempos e lugares. Como considerá-la, então, uma pessoa nessas condições e, mais ainda, como considerá-la a mesma pessoa[6]?

É claro que se pode evidenciar alguns aspectos importantes da identidade pessoal, tais como a aparência física, a voz, as impressões digitais e também as memórias. Isso parece suficiente para em *t2* o agente *A2* sacar o dinheiro que foi depositado no Banco X pelo agente *A1* em *t1*. Da mesma forma que parece suficiente para *A2* em *t2* ser condenado por um crime cometido em *t1* por *A1*. No entanto, veja que isso não é tão simples como se poderia estipular em uma primeira avaliação. Imagine que se tenha a tecnologia para se fazer clones humanos com a intenção de usar seus órgãos em transplantes em razão de possíveis doenças que poderiam surgir no futuro. Nesse caso, um clone meu teria a mesma aparência física, a mesma voz e as mesmas impressões digitais. Além do mais, ele poderia ter memórias semelhantes às minhas em razão de um processo de implante artificial de memórias. Mesmo considerando a continuidade espaçotemporal (física) e a continuidade psicológica, creio que se teria grandes dificuldades em considerar esse clone como igual a mim mesmo. Por que razão mesmo[7]?

Derek Parfit oferece uma explicação para isso, argumentando que a identidade não pode ser redutível aos critérios de continuidades físicas, tais como o corpo ou o cérebro, e nem de continuidades psicológicas, tais como as memórias e os desejos, mas seria mais bem compreendida em termos de conectividades psicológicas. Ele questiona a crença amplamente aceita de que a identidade da pessoa seria aquilo que de fato importa para as questões de moralidade, por exemplo. Para ele, a realidade pode ser inteiramente descrita em termos impessoais, isto é, que seria possível falar de sobrevivência, memória e até mesmo responsabilidade sem apelar ao conceito de pessoa, defendendo uma concepção reducionista. Assim, a existência e a identidade continuada de um agente poderia ser entendida de forma impessoal[8].

---

6 "Pessoa" está sendo tomada como um ser mental autoconsciente de forma muito similar à concepção de Locke. Vejamos sua definição: pessoa é "um ser pensante, inteligente, que tem razão e reflexão e que pode considerar a si mesmo como ele próprio, a mesma coisa pensante, em diferentes tempos e lugares" (LOCKE, 1961, p. 280).

7 Em *Never Let Me Go*, Kazuo Ishiguro propõe um cenário semelhante ao que estou descrevendo. Ele imagina uma sociedade hipotética distópica em que são fabricados clones de seres humanos com a finalidade de transplante de seus órgãos para salvar a vida das pessoas "originais". Os clones estudam em escolas especiais que os prepararam para seu futuro e têm algumas memórias implantadas. São divididos entre os "doadores" e os "cuidadores", sua vida terminando ao final de quatro ou cinco transplantes. Ver ISHIGURO, 2010, p. 3-12.

8 Importante ressaltar que se a identidade pessoal não é o que importa, então, a teoria do interesse próprio perderia toda a sua força. Para Parfit: "Às vezes se pensa que é especialmente racional agir em nosso melhor interesse. Mas eu sugiro que o princípio do autointeresse

Para comprovar seu argumento, apresenta um experimento da fissão cerebral. Imaginem que uma pessoa tenha o seu cérebro dividido ao meio e que cada um dos hemisférios seja transplantado para dois corpos sem cérebro. Após a operação, as duas pessoas resultantes despertam, e cada uma delas é psicologicamente similar à que teve o cérebro dividido ao meio, tendo as mesmas crenças, memórias e o mesmo caráter. A questão relevante aqui seria o de saber em que medida o agente sobreviveria à cirurgia: (i) ele não sobreviveria, (ii) sobreviveria em uma das duas ou (iii) sobreviveria nas duas pessoas resultantes (PARFIT, 1971, p. 4-5)?

A inteligente solução de Parfit é abdicar do vocabulário da identidade, sugerindo que se sobreviveria à operação de divisão cerebral enquanto dois resultados diferentes, sem a implicação de que se seria igual a esses resultados. O ponto é mostrar que um agente não seria idêntico a nenhuma das duas pessoas resultantes, embora possa se reconhecer uma continuidade tanto física – o mesmo cérebro (dividido) – quanto psicológicas – as mesmas memórias, crenças, desejos etc. Compreendendo isso, a identidade não seria o que importa, mas, sim, as conectividades psicológicas. Isso parece significar que a identidade não seria uma relação necessária de um para um e nem de tudo ou nada; antes, ela seria mais bem compreendida em termos de relações de graus. Nas palavras de Parfit: "Eu tentei mostrar que o que importa na existência continuada de uma pessoa consiste, na maior parte as vezes, em relações de graus" (PARFIT, 1971, p. 26)[9].

No entanto, as memórias dos agentes e a sua responsabilidade não seriam fator para que novamente se admitisse a natureza especial da identidade pessoal? E isso porque é de entendimento comum que só se pode recordar das próprias experiências e que só se pode ser responsável pelas próprias ações e intenções. A resposta de Parfit vai na direção de mostrar que ambas as pessoas resultantes têm memórias aparentes de ter vivido a vida da pessoa original. Se elas concordarem que de fato não são essa pessoa, então, teriam de ver essas memórias apenas como q-memórias. O ponto de Parfit é concluir

---

não tem força. Existem apenas dois genuínos competidores neste campo particular. Um é o princípio da racionalidade parcial: fazer o que melhor realizará o que você realmente quer. O outro é o princípio da imparcialidade: fazer o que é no melhor interesse de todos os concernidos" (PARFIT, 1971, p. 26). Ver, também, PARFIT, 1984, p. 307-320.

9 A questão central é compreender que essa forma de refletir sobre a identidade dos agentes nos possibilita usar a palavra "eu" para indicar o grau máximo de conectividades psicológicas. Quando as conexões diminuem, por exemplo, com uma mudança de caráter, estilo de vida ou perda da memória, pode-se fazer referência a um "eu" anterior, distinguindo, assim, entre "eus" sucessivos. Ver PARFIT, 1971, p. 26-27.

que todas as memórias de agentes humanos seriam q-memórias, uma vez que as memórias são simplesmente q-memórias das próprias experiências. E, de forma similar, se poderia falar de q-intenções e de q-responsabilidade[10].

Dito isso, quero chamar atenção para uma importante consequência do argumento de Parfit. É que a pessoa pode merecer uma punição menor quanto menos ela tiver psicologicamente conectada com seu "eu" criminoso anterior. Note-se que se considera o agente responsável pelo seu ato quando o tomamos como apto para compreender o erro ou o ilícito, no caso de responsabilidade jurídica, tendo a intenção de praticar tal ação. Sendo tomado como responsável, a punição ao agente é vista como justa, de uma forma geral, mas e quando em *t2* um agente se arrepende de um erro cometido e corrige seu caráter? Ele ainda poderia ser tomado como responsável pelo ato praticado em *t1*? De que maneira o agente arrependido seria a mesma pessoa que cometeu o crime ou em que sentido "ambos" teriam a mesma identidade pessoal? Deixem-me dar dois exemplos para esclarecer essa questão.

Imaginem dois amigos, Augusto e Beto. Eles têm uma relação de amizade de vários anos, trocam confidências, costumam visitarem-se mutuamente e sentem prazer na companhia um do outro. Agora imaginem que Augusto descobre que Beto está tendo um caso com a sua mulher, Bárbara. É bastante razoável acreditar que a reação de Augusto seja a de se sentir ressentido com a traição e terminar a sua amizade com Beto. Agora considerem que, em razão da traição cometida, Beto, além de perder o amigo, perde também a própria mulher, Cássia, que pede o divórcio após saber do ocorrido. Além do mais, isso o priva do contato direto com seus dois filhos. Imaginem que tudo isso seja razão suficiente para Beto repensar as suas ações e identificar que seus valores não eram adequados. E que, após algum tempo, tenha se sentido culpado e arrependido e, por fim, tenha pedido desculpas a Augusto pela traição cometida. Sendo o arrependimento sincero, qual o significado dessa mudança quando se pensa na importância da identidade pessoal para a responsabilização moral e também para a punição?

Lembrem-se de um exemplo similar encontrado em *Les Misérables* de Victor Hugo. Jean Valjean em *t1*, após sair das galés, rouba o bispo Benvindo

---

10 Parfit cunha o termo "q-memória" para dar conta das memórias dos agentes resultantes sem fazer uso do conceito de pessoa. Sua definição é: "Eu q-lembro uma experiência se (1) tenho uma crença sobre uma experiência passada que parece em si mesma uma crença de memória, (2) alguém teve tal experiência, e (3) minha crença é dependente dessa experiência da mesma maneira que uma memória de uma experiência é dependente disso. De acordo com (1), q-memórias parecem memórias. Então, eu q-lembro *ter* experiências" (PARFIT, 1971, p. 15).

(que o havia auxiliado) e, também, rouba uma moeda de 40 francos de um rapaz saboiano, o Gervásio. Acontece que em *t2*, quando acontece o julgamento por esses atos ilícitos (mais o roubo de frutas), ele não é mais Jean Valjean, de temperamento sombrio e indiferente, e sim o senhor Madeleine, prefeito da cidade de Montreuil-sur-Mer, que é bondoso, sempre preocupado com os outros, generoso, caridoso e altruísta. O relevante aqui seria questionar se a desconectividade psicológica observada entre Jean Valjean em *t1* e Madeleine em *t2* já não seria suficiente para se perceber que a punição de Madeleine seria injusta e a substituição pelo perdão se imporia[11]?

É claro que o Beto arrependido (o Beto2) guardaria similaridade com o Beto desleal (o Beto1), como a mesma aparência física, a mesma voz, as mesmas impressões digitais, além de compartilhar de uma série de memórias e crenças. Vejam, porém, que o problema seria estabelecer o quanto Beto2 estaria conectado psicologicamente com Beto1, uma vez que os valores de lealdade e fidelidade agora seriam centrais em sua "nova" vida, assim como o seu caráter teria sido modificado, passando de vicioso para virtuoso. De forma similar, se pode observar continuidades físicas e psicológicas entre Jean Valjean e Madeleine, mas não se observaria nenhuma conectividade psicológica, uma vez reconhecida a transformação moral ocorrida. Considerando a forte desconexão psicológica, não seria injusto responsabilizar e punir Beto2 e Madeleine pelos atos cometidos por Beto1 e Jean Valjean? Se é possível avaliar isso como injusto, então parece que a identidade pessoal, ao menos parcialmente, seria insuficiente para lidar com esses casos complexos de responsabilização moral e justificação da punição como os apresentados.

Identidade e intencionalidade coletivas

No subcapítulo anterior, procurei mostrar que o vocabulário da identidade pessoal não auxilia muito para tratar do problema da responsabilidade moral e da punição, além de ser um grande empecilho para se pensar o que seria mesmo a sobrevivência de um agente ao longo de sua vida. E isso com o pro-

---

11 Importante notar que essa transformação moral se dá a partir do perdão que Jean Valjean recebe do Bispo Benvindo. Mesmo tendo recebido hospedagem do Bispo, após passar dezenove anos nas galés por ter roubado um pão, rouba a prataria do Bispo e, depois, a moeda do rapaz saboiano. Acontece que a culpa e o arrependimento pelos atos cometidos opera a correção no caráter do personagem, como fica demostrada pela vida altruísta levada em Montreuil-sur-Mer. Mesmo ao ser descoberto seu verdadeiro nome, Jean Valjean continua agindo virtuosamente, como se evidencia pelo cuidado dispensado a Cosette, por exemplo. Ver HUGO, 1999, Tomo I.

pósito de defender a ideia de que fazer uso de uma ontologia do social não significaria necessariamente um comprometimento metafísico mais robusto do que quando se utiliza de uma metafísica do indivíduo. Agora, quero defender a relevância de se utilizarem os conceitos de identidade e intencionalidade coletiva para se poder lidar melhor com esses complexos problemas morais. E, além disso, que sem o uso desses conceitos seria difícil compreender o fenômeno moral em sua abrangência.

Considerem a seguinte situação. Como responsabilizar os cidadãos de certa nação B que, durante três séculos, elegeu a escravidão como um modelo econômico preferencial e a tornou institucional, além de moralmente aceitável? Considerando que o repúdio à escravidão e à discriminação racial se dê em *t2* e os atos escravagistas em *t1*, como se daria a responsabilização, isto é, a quem seriam direcionadas a censura moral e a merecida punição? Notem a dificuldade do caso, pois, individualmente, os cidadãos que de fato teriam escravizado em *t1* já não estariam mais vivos, bem como os que teriam sofrido a escravidão (cidadãos1). Além do mais, os cidadãos atuais desta nação *B* (cidadãos2) não seriam os que teriam escravizado nem os que teriam sofrido com essa instituição imoral. Então, como lidar com esse problema?

Uma forma possível seria reconhecer que haveria algo em comum entre os cidadãos em *t1* e *t2*: eles compartilhariam certos laços culturais e emocionais, tais como uma língua, valores culturais e morais e, em muitos casos, uma mesma religião ou alguma religião semelhante, laços estes que assegurariam o caráter reconhecível de um povo. Em outras palavras, esses laços compartilhados pelos cidadãos *1* e *2* da nação *B* poderiam ser entendidos enquanto a identidade coletiva de um povo. No entanto, qual a relevância em se ressaltar a interconexão entre povo e nação para a presente investigação? Parece que a importância estaria no reconhecimento de uma força normativa que seria compartilhada por esses indivíduos enquanto entidade coletiva, que organizariam a vida em torno de certas atividades que ocorrem em certo espaço[12].

Por mais difícil que seja tentar descrever o que seria mesmo a identidade coletiva de um povo, parece que é ela que pode garantir que seus cidadãos no presente assumam certos contratos feitos no passado ou mesmo que assumam certas obrigações de reparar os antigos erros que geraram danos.

---

12 Veja o interessante paradoxo que se pode observar na relação entre Estado e povo. O Estado, que é criado pelo povo – por meio de um contrato, por exemplo –, transforma-se em algo do qual o próprio povo emerge, uma vez que um povo vive e se desenvolve em uma nação. Sobre a conexão histórica entre o Estado e o povo, ver EDER, 2003, p. 6-7.

Lembrem os casos do nazismo e do franquismo, por exemplo. Parece ter sido a identidade comum do povo alemão e espanhol que foi capaz de expressar uma vontade coletiva com a afirmação dos valores comuns de tolerância e democracia, respectivamente, permitindo a superação dos interesses particulares e criando uma disposição de reparação desses traumáticos erros ocorridos. Mesmo considerando a abstração do conceito, parece que esses compromissos políticos assumidos atualmente, pelos europeus ao menos, se mostram bastante concretos.

Agora, retornando ao nosso caso, é razoável estipular que seria a identidade coletiva do povo de *B* que possibilitaria que em *t2* os seus concidadãos se sentissem responsáveis pela escravidão ocorrida em *t1*, em razão de reconhecerem fazer parte do mesmo povo e terem um objetivo comum de estabilidade social e prosperidade econômica. Como isso, eles poderiam, além de censurar seus antepassados ou até mesmo punir seus contemporâneos se estes repetissem o erro, tentar encontrar mecanismos que possibilitassem uma maior integração na sociedade. Parece que seria esse sentimento de pertencimento e vinculação a um grupo que obrigaria os cidadãos2 em *t2* a buscar formas de reparação com alguma ação afirmativa ou mesmo com algum tipo de indenização, por exemplo. Notem a dificuldade em justificar ações afirmativas desse tipo apenas usando uma noção tradicional de responsabilidade moral e intencionalidade individual. É possível que se precise contar com uma noção especial de responsabilidade que esteja conectada com os comprometimentos normativos de um povo e com a sua intencionalidade comum[13].

No entanto, o que seria mesmo a intencionalidade coletiva? Segundo Searle, é uma capacidade natural de não apenas se engajar em algum comportamento cooperativo, mas também de compartilhar estados intencionais, tais como crenças, desejos e intenções. Uma forma ilustrativa para entender esse fenômeno é procurar identificar casos em que um indivíduo está fazendo algo, desejando algo, acreditando em algo, apenas como parte de uma

---

13 Para Pollak, a memória é um importante elemento que compõe o sentimento de identidade, tanto individual como coletiva, pois é fator essencial do sentimento de continuidade e coerência de uma pessoa ou grupo em sua reconstrução de si. Em suas palavras: "Nessa construção de identidade [...] há três elementos essenciais. Há a unidade física, ou seja, o sentimento de ter fronteiras físicas, no caso do corpo da pessoa, ou fronteiras de pertencimento ao grupo, no caso de um coletivo; há a continuidade dentro do tempo, no sentido físico da palavra, mas também no sentido moral e psicológico; finalmente, há o sentimento de coerência, ou seja, de que os diferentes elementos que formam um indivíduo são efetivamente unificados" (POLLAK, 1992, p. 204).

realização coletiva. Vejam a situação de jogadores de futebol que agem de certa maneira, por exemplo, atacando ou defendendo, como parte de uma estratégia coletiva de ganhar o jogo, que é o objetivo comum do grupo. De forma similar, pode-se observar músicos em uma orquestra sinfônica. Um violoncelista, por exemplo, tocando a sua parte da música – digamos, a Sinfonia No. 3 de Beethoven – na performance coletiva da orquestra, que pretende realizar um excelente espetáculo. Note-se que nesses casos e em outros similares o comportamento coletivo não seria redutível a uma mera soma dos comportamentos individualizados dos membros do grupo, tal como observado em treinos e práticas individuais[14].

Com isso, estipula-se que toda tentativa em reduzir a intencionalidade coletiva à intencionalidade individual parece falhar. E a falha se daria em razão de a intencionalidade coletiva ser um fenômeno primitivo que não poderia ser reduzido a outra coisa. Concordando com Searle, a principal razão de não se poder admitir essa redutibilidade é que isso anularia o sentido de coletividade que é central para a agência humana. Em suas palavras: "O elemento crucial em intencionalidade coletiva é um sentido de fazer (querer, acreditar etc.) algo em comum, e a intencionalidade individual que cada pessoa tem é derivada da intencionalidade coletiva que compartilham" (SEARLE, 1995, p. 24-25). Retomando o exemplo da orquestra sinfônica, a intenção do violoncelista em executar seu movimento da melhor forma possível seria uma parte da intenção coletiva da orquestra em executar a "Eroica" com perfeição.

É importante ressaltar que essa irredutibilidade se daria em razão da conexão da intencionalidade coletiva com os fatos sociais (institucionais) e com as regras constitutivas. Observem o casamento, eleições e dinheiro. Eles são fatos institucionais, uma vez que não existem de forma independente das instituições humanas, se distinguindo de fatos brutos – como o de existir neve eterna no cume do Monte Everest ou de a água ser formada por uma composição de H_2O, que são fatos observáveis e sem um forte componente interpessoal. Outra característica importante é que esses fatos parecem

---

14 Searle também menciona casos de conflitos humanos que parecem requerer a intencionalidade coletiva. Veja-se o caso de uma guerra, em que um soldado deve fazer certas ações – matar o inimigo, por exemplo, ou curar quem está ferido – em razão de um propósito comum, que é a vitória na guerra (digamos, a destruição de um grupo terrorista como o do Estado Islâmico). Outro exemplo seria o de um tribunal, em que se podem observar litigantes que desejam resolver sua disputa apelando para a autoridade do sistema jurídico do país. Ver SEARLE, 1995, p. 23-24.

adquirir realidade por meio das regras constitutivas que se diferenciam de regras puramente regulativas. Pensem no caso do casamento. Quando alguém diz "eu aceito", estaria demostrando não apenas a sua intenção de constituir uma família e ser feliz, mas uma intenção coletiva – do casal e da sociedade – em assumir certos deveres em vista de certo fim, tal como alcançar felicidade e a harmonia social. E notem que essa instituição é formada por um conjunto de regras que lhe dá realidade (tais como a do compromisso de cuidado e companheirismo mútuo), que são criadas e aceitas pelos envolvidos[15].

Essa irredutibilidade também pode ser estipulada quando se pensa nas relações entre identidade pública e privada. Por mais que se imagine que seria a identidade privada (pessoal) dos cidadãos que constituiria a identidade pública, parece que, antes, o oposto é que é verdadeiro. Imaginem um caso de um cidadão que troca suas crenças religiosas, políticas e econômicas ao longo de sua vida. Por exemplo, em *t1* o cidadão *A* era católico, conservador e neoliberal, e em *t2* passou a ser ateu, liberal e igualitarista. O que garantiria a liberdade religiosa, política e de pensamento para o cidadão *A* senão os próprios valores de tolerância, liberdade e igualdade, entre outros, que constituiriam a identidade pública de povos liberais e democráticos? E se isso é assim, então, não seria a identidade pública a condição de possibilidade da identidade pessoal[16]?

É forçoso reconhecer, entretanto, que essa concepção de senso comum é reforçada por vários filósofos que defendem a tese da redutibilidade da intencionalidade coletiva à individual. A tese estipula que, porque a intencionalidade existe no cérebro de seres humanos individuais, a forma da intencionalidade apenas poderia fazer referência aos indivíduos existentes nos

---

15 Para Searle, as regras constitutivas se caracterizam por darem realidade a certa instituição ou atividade, como as regras do xadrez, enquanto as regras regulativas apenas regulariam o funcionamento dessa mesma atividade ou instituição, como a regra de dirigir do lado direito da estrada no Brasil. As regras constitutivas apresentam a seguinte forma: X conta como Y em C. Por exemplo, dizer "eu aceito" contaria como nossa "aprovação aos compromissos assumidos" no contexto de uma "relação de casamento", assim como uma "nota de 10 reais" contaria como "dinheiro – tendo certo valor de compra" no contexto da "economia brasileira". Sobre fatos institucionais e regras constitutivas, ver SEARLE, 1995, p. 31-57.

16 Rawls dá um exemplo interessante sobre essa questão. Ele observa que Saulo de Tarso, na estrada para Damasco, tornou-se Paulo, o apóstolo, e que tal conversão não implicaria nenhuma mudança da identidade pública nem da identidade pessoal, mudando apenas as crenças religiosas do agente (concepção de bem). O ponto aqui é destacar que uma concepção política de justiça que se pretende *freestanding* não tomará por base as concepções de bem dos agentes, mas apenas a identidade pública dos cidadãos. Ver RAWLS, 1996, p. 31-32.

cérebros. No entanto, creio que se pode objetar essa tese demonstrando que seu argumento é falacioso. Podemos reconhecer a verdade da afirmação que diz que a vida mental está no interior dos cérebros dos seres humanos, mas disso não segue que toda vida mental desses seres seria sempre expressa na forma singular de um "eu quero" ou "eu acredito", uma vez que eles também poderiam expressar sua vida mental na forma coletiva de um "nós queremos" e "nós acreditamos". E, nesses casos, o "eu intenciono" tal e tal coisa seria apenas parte de "nossa intenção" que seria compartilhada (SEARLE, 1995, p. 25-26).

Sendo razoável reconhecer o fenômeno da intencionalidade coletiva, ao menos provisoriamente, se poderia, então, admitir a sua importância para resolver casos morais complexos, como o de saber qual seria a responsabilidade com os erros passados e quais seriam as obrigações com as gerações futuras. Dessa forma, se poderia contar com um "nós intencionamos" no interior mesmo do raciocínio moral, de forma a tornar mais claro quais seriam os deveres morais que se teria enquanto membros de uma coletividade. Uma vez que problemas morais e políticos são comuns a todos os participantes da comunidade, buscar soluções individualísticas parece insatisfatório.

O livre-arbítrio é necessário?

Quero já esclarecer que não estou defendendo uma posição coletivista contraposta à individualística, mas que estou estipulando uma posição holística em contraposição ao atomismo. E isso significa pensar na realidade individual sempre em relação aos demais sujeitos, isto é, em suas interações sociais, econômicas e políticas, por exemplo. Seguindo Pettit, creio que essa posição permite avaliar a dimensão social do indivíduo adequadamente, isto é, como uma forma de "individualismo holístico" (PETTIT, 1993, p. 111-116). Essa dimensão parece revelar a intersubjetividade que estaria pressuposta aos fenômenos anteriormente abordados, porque a intersubjetividade parece se constituir como a característica central da realidade social, que não poderia ser confundida com a realidade objetiva dos fatos brutos e nem ser redutível a uma mera soma da realidade subjetiva dos agentes, tal como ligada aos seus desejos mais profundos e gostos variados.

O problema dessa conclusão – que defende a importância da realidade social para a melhor compreensão dos problemas morais –, porém, seria o de se ter que descartar ou enfraquecer a importância do agente e sua individualidade no âmbito moral. No entanto, não seria a própria ideia de sujeito, sua identidade e, sobretudo, sua liberdade uma condição essencial tanto para a responsabilização quanto para a exigência de direitos, por exemplo? E se isso é assim, como compreender a complexidade moral sem levar em conta a liberdade desses agentes? Em que medida seria justo responsabilizar alguém moral e juridicamente por um ato errado e ilícito, tal qual um ato de linchamento, por exemplo, sem considerar que a pessoa poderia ter agido de maneira diferente? E se isso não pode ser visto como justo, então, não seria o livre-arbítrio uma condição necessária para a moralidade e legalidade?

É sabido que o livre-arbítrio é um conceito central para as esferas ética, política, econômica e religiosa da vida dos agentes, como se pode evidenciar tanto pela moral de senso comum como pelo código penal. Para ilustrar, um agente com uma grave deficiência mental não seria censurável nem punível por participar de um linchamento, uma vez que se reconheceria facilmente que sua ação foi determinada, significando que o ato não teria sido livre. Vejam, porém, que o próprio conceito de livre-arbítrio não estaria isento de problemas. Embora pareça que se age livremente quase a todo momento, que se pode decidir livremente fazer um ato caridoso, que se pode escolher livremente certo candidato numa eleição, existira mesmo algo como a liberdade? O que seria algo como o livre-arbítrio? Essa ideia de liberdade não seria apenas uma ilusão em relação a certa capacidade que os agentes não têm[17]?

Experimentos feitos por neurocientistas têm questionado vivamente essa ideia amplamente compartilhada de liberdade. Vejam o experimento de Benjamin Libet, realizado na década de 1980, envolvendo uma medição da atividade cerebral durante um processo de tomada de decisão para compreender a relação entre os fenômenos neurológicos e a vontade do agente. Voluntários eram instruídos a levantar o pulso ou um dedo e ao mesmo tempo registrar onde estava o ponteiro do relógio quando tomavam essa decisão. Enquanto isso, os cientistas mediam a atividade cerebral desses voluntários. A conclusão da experiência foi estarrecedora, uma vez que mostrou que se podia detectar no cérebro o começo do movimento pelo menos 0,5 segundo antes de as pessoas registrarem que tinham tomado a decisão. Com isso, a

---

17 Mesmo considerando a grande divergência que há a respeito da existência ou não do livre-arbítrio, a maior parte dos filósofos o define como uma capacidade de agir diferentemente, isto é, como uma capacidade de o agente A fazer uma ação F diferente da que ele realmente fez em certo tempo t e em um dado mundo M. Esta é uma característica metafísica da responsabilidade moral, por exemplo, uma vez que não estão em jogo aqui as condições epistemológicas de saber o certo e o errado, nem as condições psicológicas de ter certa disposição para a ação. O que estaria em jogo seria uma condição de abertura aos contrários, uma vez que no momento t e no mundo M tanto F como não F seriam igualmente possíveis para A. Sobre uma definição de livre-arbítrio, ver MELE, 2006, p. 14-17.

sensação de ter tomado a decisão não seria correspondente ao que de fato teria causado o movimento, o que parece implicar o reconhecimento de causas inconscientes para as decisões[18].

Experiências como essa e similares fornecem fortes evidências para aumentar a desconfiança sobre a existência do livre-arbítrio. Todas elas parecem compartilhar de um mesmo argumento determinístico ao atacar a pretensão de liberdade, tentando provar empiricamente que o universo é determinado. O argumento determinista defende que dadas as leis da natureza e dado o estado do universo em qualquer tempo passado, é fisicamente impossível para a história do universo ser diferente do que é. Por exemplo, imaginem certo agente A realizando uma ação F, como a de fazer um sinal de positivo com a mão. Se F é uma ação livre, então, A poderia ter se abstido de realizá-la. Segundo o determinismo, porém, dadas as leis da natureza e dado o estado do universo em qualquer tempo t anterior a F, o futuro do universo não poderia ter sido diferente do que realmente ocorreu. Assim, A não poderia ter se abstido de fazer o sinal de positivo com sua mão, o que implicaria que A não fez F livremente.

De forma similar aos deterministas, também os fatalistas procuram minar a crença geral que se tem no livre-arbítrio. Eles tentam mostrar que se seria prisioneiro do destino e, assim, não se poderia fazer nada diferentemente do que de fato se fez. O seu argumento central é afirmar que existirá apenas um futuro real e que para qualquer proposição P, se P é verdadeiro agora, foi verdadeiro em qualquer tempo passado que P. Por exemplo, se fiz um ato de caridade em t então esse ato caridoso já era verdadeiro em um tempo anterior a t. A conclusão é que não haveria dois ou mais futuros reais, existindo apenas uma forma em que o universo de fato ocorrerá. E isso parece colocar em xeque a ideia de livre-arbítrio como uma capacidade de agir de outra maneira[19].

---

18 É importante notar que esse experimento e similares não são provas conclusivas a respeito da não existência do livre-arbítrio. Muitos filósofos libertistas procuram refutar a tese determinista distinguindo entre causação e determinação ou mesmo distinguindo entre querer, intencionar e decidir. Esta última é a estratégia usada por Mele ao dizer que, se distinguirmos entre o "querer", o "intencionar" e o "decidir", então, poderíamos salvar o livre-arbítrio. Ver MELE, 2006, p. 30-46. Para mais detalhes do experimento, ver LIBET, 1985, p. 529-540.

19 B. Garret explica os dois princípios do fatalismo da seguinte maneira: o papel do primeiro princípio seria o de afirmar a não existência de dois futuros reais possíveis. O segundo princípio, por sua vez, defenderia a intemporalidade da verdade, uma vez que, se é verdadeiro agora que P, então P foi verdadeiro em qualquer tempo passado. Ver GARRET, 2006, p. 104.

Por mais sofisticado que seja esse argumento, que leva em conta uma questão sutil sobre a intemporalidade da verdade, penso que o fatalismo teológico é mais ameaçador em razão de ele usar crenças amplamente aceitas. O argumento procura mostrar a contradição entre a tese da onisciência divina e a do livre-arbítrio humano. O problema – que já foi muito debatido desde o período medieval – é que se Deus conhecesse todas as verdades presentes, passadas e futuras, então, ele deveria conhecer o que cada ser humano faria. No entanto, se é assim mesmo, então, nenhuma ação humana seria livre. Esse é um paradoxo interessante porque essas considerações sobre a onisciência divina e sobre a liberdade humana parecem centrais na forma como se vive e como os agentes interpretam o mundo, embora pareçam crenças contraditórias. E o problema é que a verdade de uma crença implicaria necessariamente a falsidade da outra[20].

Além dos argumentos determinista e fatalista, a ideia de livre-arbítrio também é atacada por ser incoerente; assim, ela seria incompatível tanto com o determinismo quanto com o indeterminismo. Galen Strawson adota essa estratégia, dizendo que o conceito de livre-arbítrio é incoerente por não se ter a capacidade de autodeterminação e, sendo assim, tanto a responsabilidade moral quanto o livre-arbítrio não passariam de ilusões, uma vez que requereriam uma condição de *causa sui* que é logicamente impossível de ser satisfeita. O seu argumento destaca que uma ação verdadeiramente responsável pressuporia uma escolha verdadeiramente responsável pelo tipo de pessoa que se é. No entanto, dado que as pessoas não podem escolher verdadeiramente quem são, elas não seriam verdadeiramente responsáveis por suas ações; por isso, não seriam livres (STRAWSON, 1994, p. 5-7).

Strawson destaca que, como as pessoas estão interessadas no livre-arbítrio, o foco recai sobre as ações que são realizadas por certas razões. Quando se age por uma razão, porém, o ato da pessoa está relacionado a como ela é mentalmente, isto é, como são os seus valores, desejos, ideias, bem como o seu caráter. Isto implica que alguém, para ser verdadeiramente responsável pelo ato, deveria ser verdadeiramente responsável por como é, mas, para ser verdadeiramente responsável por como se é, deveria ter podido escolher (de maneira consciente) a forma que é. O problema identificado é que ninguém poderia ter

---

20 O fatalismo teológico de Steven Cahn é formulado com uma pequena variação. Ele diz o seguinte: "Se é verdadeiro que eu realizei uma ação particular, então, Deus, que sabe todas as verdades, sabe que eu a realizarei. Contudo, se eu pudesse abster-me de realizar esta ação, provavelmente eu poderia refutar o conhecimento de Deus, o que é impossível. Entretanto, se eu não posso abster-me desta ação, ela não é livre" (CAHN, 1995, p. 169).

dito que escolheu a menos que o agente estivesse equipado com alguns princípios de escolha *P1*, tais como preferências, valores, atitudes, ideias, e tivesse sido o responsável por ter esses princípios, tendo-os escolhido racional e conscientemente. Além do mais, ele deveria ter acesso a outros princípios *P2*, à luz dos quais teria escolhido *P1* e assim sucessivamente. A acusação de Strawson é que se estaria em uma situação de regresso ao infinito. E a sua conclusão trágica é que os agentes não seriam livres nem responsáveis em razão de não poderem contar com uma capacidade de autodeterminação[21].

A ausência de livre-arbítrio, porém, seria fatal para a compreensão que se tem dos deveres e direitos, por exemplo? Seria necessário que existisse uma capacidade de se agir de outro modo para se poder responsabilizar os agentes? Parece que não necessariamente, uma vez que se pode conceber situações em que o agente não poderia agir de outro modo e mesmo assim seria tomado como livre e responsável. Vejam um exemplo de tipo-Frankfurt que parece elucidar muito bem esse ponto. Imaginem um agente, digamos Salman, que passa a integrar o Estado Islâmico (EI) por concordar com sua ideologia. Agora, imaginem que esse agente decide detonar um explosivo em um concerto de uma cantora *pop* – em que haveria 20 mil pessoas presentes – a fim de castigar os infiéis. Para ser tomado como livre e responsável pela, digamos, morte de 22 pessoas e pelo ferimento de 59, ele deveria, na hora de detonar o explosivo, ter tido a capacidade de não o fazer? Adotando uma concepção tradicional de livre-arbítrio, a resposta seria positiva, mas notem que a questão não é tão simples assim.

Estipulem, em acréscimo, que os dirigentes do EI, com medo de Salman não realizar o ato programado, implantassem um dispositivo cerebral nele – sem ele saber, é claro – para controlar seus pensamentos e movimentos. E, se na hora determinada ele não detonasse o explosivo, o dispositivo entraria em funcionamento e o forçaria a explodir a bomba. Acontece que, na hora determinada, Salman detona o explosivo pelos próprios desejos e crenças – o que traz por consequência a própria morte. O que isso parece mostrar? Que ele não podia agir diferentemente, mas que ele seria igualmente

---

21 Importante frisar que o ponto de Strawson é lógico e não empírico, uma vez que seu argumento nos aponta para uma situação de regresso *ad infinitum* que comprovaria a incoerência da ideia de livre-arbítrio, sendo uma posição independente em relação à tese do determinismo ser verdadeira ou falsa. Em suas palavras: "Uma verdadeira autodeterminação é impossível porque requer um domínio real de uma série infinita de escolhas de princípios e, assim, a verdadeira responsabilidade moral é impossível porque requer uma autodeterminação verdadeira, e ninguém pode se autodeterminar" (STRAWSON, 1994, p. 7).

livre e responsável. Seguindo esse exemplo de tipo-Frankfurt se pode concluir, a princípio, que o livre-arbítrio não exigiria a capacidade de agir de outra forma, mas requereria que a ação se dê conforme as próprias crenças e valores dos agentes[22].

A importância dessa solução compatibilista parece ser a de mostrar a irrelevância, ao menos parcial, da falsidade do determinismo para se poder pensar na liberdade e na responsabilidade dos agentes. Essa estratégia nos permite conceber a coexistência da liberdade e determinismo no interior mesmo da escolha humana. Isso quer dizer que, mesmo em um universo determinado, se poderia ver a escolha humana, sobretudo a moral, como um tipo de ação não determinada. E dizer que a escolha é um tipo de ação não determinada não seria o mesmo que tomá-la como incausada. E, também, nos permitiria compreender a escolha como um tipo de ação que está associada à deliberação, que é um ato de pesar razões, significando que essa ação não estaria ligada redutivelmente a causas (físicas), mas, sim, a razões (morais). E, por fim, que essa escolha (moral) seria um tipo de ação que se dá em um âmbito social[23].

Penso que a vantagem do compatibilismo, então, estaria na possibilidade de compreender o livre-arbítrio não apenas como uma escolha de certo curso de ação feito por um indivíduo isolado, mas realizá-la de acordo com uma capacidade de comandar as vontades e de justificá-las diante dos membros da comunidade moral e política. Isso já não seria uma razão ao menos *pro tanto* para desinflacionar a importância da realidade individual no âmbito moral, procurando conectá-la com a realidade social para lidar melhor com sua complexidade?

Ontologia de segunda natureza

É importante deixar claro que as ponderações feitas ao logo do texto não tiveram por objetivo defender um tipo de coletivismo diante do individualismo,

---

22 Os exemplos de tipo-Frankfurt procuram mostrar que há circunstâncias que constituem condição suficiente para uma ação F ser realizada por um agente A livremente e que seria impossível para A agir de outra forma; porém, não impele a agir ou produz a sua ação de alguma forma. Não haveria algo que impulsionaria A para F, porém A não poderia agir de outro modo. A conclusão é que a responsabilidade moral estaria descolada do princípio das possibilidades alternativas. Ver FRANKFURT, 1969, p. 830.

23 Essa estratégia compatibilista argumenta que as ações humanas, sobretudo as escolhas, não seriam governadas por leis causais, mas pertenceriam a uma esfera diferenciada, a saber, seriam explicadas por razões. Essa distinção nos permitirá eliminar as causas materiais como explicações de nossas ações, sendo a ação humana explicada pela atribuição de razões. Sobre o papel de razões normativas na ação, ver PARFIT, 2011, p. 31-42.

isto é, defender a dimensão coletiva como predominante em uma teoria política, desconsiderando a realidade individual. Ao contrário, meu propósito foi o de defender uma posição holística em contraposição ao atomismo, significando a tentativa de compreender a importância da esfera individual em conexão com as dimensões intersubjetivas da realidade, tais como a política, a social, a econômica, a religiosa, entre outras. Lembrando Ortega y Gasset, se pode dizer que "O homem rende o máximo de sua capacidade quando adquire a plena consciência de suas circunstâncias. Por elas, se comunica com o universo" (1998, p. 62). Um "individualismo holístico", assim, apresentaria uma perspectiva atraente para uma consideração mais adequada das questões de identidade, intencionalidade, conhecimento e liberdade – levando em conta as dimensões tanto pessoal quanto coletiva – para melhor se poder lidar com os complexos problemas morais e políticos.

Meu argumento central foi defender que estar comprometido com a realidade social não implicaria necessariamente um comprometimento metafísico mais robusto do que estar comprometido com a realidade individual. E isso seria assim porque ambas as realidades parecem ter que contar com pressupostos estipulados pelas teorias políticas, tais como as ideias de indivíduo e sociedade. Por exemplo, a concepção de indivíduo usada por Nozick (1974) é o pressuposto básico de sua recusa ao distributivismo. No entanto, até que ponto essa concepção de indivíduo que tem direitos inalienáveis não está sendo apenas estipulada? Qual seria a sua diferença básica em relação à concepção de sociedade bem ordenada de Rawls? Ambas não estariam apelando para certa ideia construída e que não poderia ser redutível a uma mera descrição? Agora devo esclarecer o argumento postulando que tanto a dimensão pessoal quanto a coletiva se constituiriam de uma ontologia de segunda natureza, e não de primeira. Deixem-me abordar essa importante característica com um comentário sobre os fatos institucionais e as virtudes.

O que significaria dizer que a democracia, os direitos humanos, o livre mercado e até mesmo o casamento seriam fatos institucionais? Em primeiro lugar, seria considerá-los como diferentes dos fatos brutos, que não necessitam da aceitação interpessoal dos agentes em sua dimensão comunicativa. Por exemplo, a lei da gravidade e a estrutura do DNA podem ser tomados como fatos brutos, uma vez que são vistos como uma realidade independente dos sujeitos, realidade esta que é objetiva, embora, é claro, mediada por uma teoria. Agora, quando se fala em direitos individuais de vida, liberdade e igualdade, bem como quando se defende a democracia e o livre mercado, não teria nada aqui que pudesse contar como algo independente das mentes dos agentes. No entanto, dizer isso não é o mesmo que subscrever que essa realidade seria subjetiva, pois, uma vez criada, essa esfera passa a ter objetividade. Por exemplo, o dinheiro é um fato institucional, mas vale objetivamente, uma vez que seu valor de compra é universal, da mesma forma que o valor dos direitos humanos é objetivo, pois é um critério universal de sanções utilizado entre os países.

Em segundo lugar, é importante reconhecer que esses fatos institucionais seriam construídos coletiva e não individualisticamente. Assim como não se pode ter uma língua privada, as regras sociais também são compreendidas enquanto coletivamente dadas. Pensem nas regras morais, políticas e jurídicas, tais como a regra da imparcialidade ou utilidade. Haveria alguma forma disponível de entender essa realidade como construída por algum agente isolado? Notem que a própria ideia de indivíduo parece ter sido uma construção social da modernidade, como uma forma de legitimar o poder político horizontalmente. Assim, esses fatos seriam tomados como uma ontologia de segunda natureza, que manteriam algum contato com os fatos brutos, tais como a constituição físico, química e biológica do universo humano, mas que não poderiam ser redutíveis a essa realidade de primeira natureza em razão de sua dimensão intersubjetiva.

Mas e as virtudes? Elas não nos conduziriam novamente a uma ontologia de primeira natureza? Em primeiro lugar, é importante identificar que a virtude não é algo natural nem contrário à natureza. Ela é mais bem compreendida como um traço comportamental permanente que é desejável por garantir uma vida bem-sucedida. Depende de uma disposição (*héxis*) do sujeito em agir de forma virtuosa para aquisição do hábito e de sua deliberação para usar os meios adequados para realizar o fim bom. Vejam, porém, a complexidade do caso, pois é a própria ação que possibilita essa disposição, uma vez que se adquire uma virtude agindo virtuosamente. Por exemplo, só se será temperante praticando atos de temperança. É certo que a virtude moral tem relação com a função própria (*ergon*) do ser humano como agente racional e de linguagem, mas, mesmo com essa característica, ela parece se constituir efetivamente como em uma segunda natureza.

Vejam os casos da virtude de lealdade e fidelidade para esclarecer esse ponto. Lembrem-se de Beto1, que tinha um caráter vicioso em razão de não levar em consideração os sentimentos de seus amigos e esposa. Seria esse caráter passível de mudança? Inicialmente sim. Uma vez se dando o arrependimento da traição e uma reflexão sobre a importância da confiança nas relações afetivas, Beto2 passou a se comportar de forma leal e fiel, substituindo o seu caráter vicioso, traidor, para virtuoso, isto é, confiável. Esse exemplo nos possibilita reconhecer que até mesmo a dimensão das virtudes dos sujeitos pode ser vista como uma ontologia de segunda natureza, uma vez que essas disposições teriam sido adquiridas com ações repetidas, o que teria possibilitado a habituação do agente. Importante reconhecer, também, o caráter coletivo das virtudes, uma vez que quem determina o padrão normativo parece ser o grupo, e não os indivíduos. Pensem, por exemplo, nas virtudes da coragem e da solidariedade. Embora a coragem tenha sido central no contexto antigo e medieval, essa virtude parece ter perdido sua centralidade no contexto moderno e contemporâneo, sendo substituída por outras virtudes, tais como a curiosidade e a solidariedade[24].

Ao se observar tanto os fatos institucionais como as virtudes no interior mesmo da linguagem moral e política, se pode reconhecer facilmente o caráter relacional da normatividade, sobretudo a moral. E essa identificação relacional da normatividade parece permitir distinguir o mundo tanto social como individual do mundo que seria puramente material, uma vez que sua constituição se daria intersubjetiva e não objetivamente. E mais, parece que permite, também, admitir a irredutibilidade do social diante do individual. E isso porque a pluralidade observada na esfera social e política não poderia ser reduzida a unidade, que é característica da esfera individual ou associacional. Por exemplo, ao se adotarem as regras de funcionamento dos grupos para se pensar na organização de uma sociedade plural contemporânea, não se anularia a própria pluralidade que caracteriza esta sociedade[25]?

Notem que uma sociedade democrática contemporânea é formada por indivíduos que se associam em grupos que têm certas crenças religiosas,

---

24 A habituação é central na ética das virtudes de Aristóteles, por exemplo, pois para saber se uma ação é correta se observará o próprio caráter do agente como critério normativo, lembrando, é claro, que esse caráter é formado por atos repetitivos que se tornam hábitos. Assim, se teria uma precedência e prevalência das ações diante das disposições dos sujeitos. Nas palavras de Aristóteles: "[...] pelos atos que fazemos em nossas relações com os homens, tornamo-nos justos ou injustos; [...] Para sumarizar isso em uma concepção simples: um estado [de caráter] resulta da [repetição de] atividades similares" (ARISTÓTELES, 1999, 1103b14-17; 21-22).

25 Essa irredutibilidade também é defendida por Aristóteles ao dizer que a *pólis* é anterior à família e ao indivíduo, uma vez que o todo é anterior às partes e, também, que a *pólis* não poderia tornar-se unitária, tal qual a família ou um indivíduo, pois deixaria de ser plural. Para Aristóteles: "Não é óbvio que uma *pólis* que se tornasse cada vez mais unitária deixaria de ser uma *pólis*? A natureza da *pólis* é ser uma pluralidade e, em tornando-se mas unitária, passaria de Estado (*pólis*) a casa (*oikía*), e de casa a homem individual, uma vez que podemos afirmar que a casa é mais unitária que o Estado e o indivíduo mais que a casa" (ARISTÓTELES, 2000, 1261a15-20).

políticas e econômicas. Por exemplo, ela é formada por sujeitos que têm religiões diversas, assim como têm diferentes posições políticas e econômicas. Mas como caracteriza-se o funcionamento de um grupo? Basicamente, ele conta com a adesão dos seus membros, isto é, ele conta com crenças compartilhadas. Dessa forma, um crente participa de certa igreja em razão de sua fé e de sua aceitação aos dogmas proferidos, bem como um liberal (progressista) ou conservador votam em certo partido em razão de sua aceitação ao programa partidário respectivo. E a sociedade, funcionaria igualmente? Tudo indica que não, uma vez que ela seria a condição de possibilidade da própria divergência dos seus cidadãos em questões religiosas, políticas, econômicas etc. Pensem em um caso de deliberação coletiva sobre a pertinência ou não de uma ação afirmativa para afrodescendentes. Ela não teria de contar com os critérios de publicidade e tolerância para possibilitar o debate entre os opositores e garantir a legitimidade do resultado? Se sim, algo parece transbordar quando se compara a razão pública com as diversas razões não públicas de uma sociedade pluralista.

Adotando uma estratégia pragmatista ao estilo de Quine, creio que se pode sustentar um comprometimento com a realidade social que resguarda a dimensão individual em razão de ele estar mais adequado à forma com que os agentes avaliam os diversos fenômenos interpessoais da vida e se relacionam com eles, operando com uma narrativa mais coerente. E, por isso, deveria ter prioridade no desenvolvimento de uma teoria política. A razão disso é porque esse comprometimento ontológico revelaria tanto o sentido de coletividade como o de individualidade, que parecem centrais na existência social. Notem que por mais relevante que seja o princípio do autointeresse para se buscar soluções dos problemas políticos, bem como pareça muito importante o princípio consequencialista que avalia como correta a ação que maximiza o bem-estar, creio que não se poderia ver como algo justo a punição de um inocente com fins de prevenção e nem a distribuição dos bens públicos com base apenas no mérito pessoal[26].

Penso que o significado dessa recusa seja revelar um ponto de vista imparcial ou de reciprocidade que seria a perspectiva por excelência das

---

26 Em "On What There Is", Quine defende a tese do comprometimento ontológico em termos de variáveis de quantificação – levando em consideração a teoria das descrições de Russell –, assim, ser é ser o valor de uma variável. Por exemplo, dizer que "alguns cães são brancos" não implicaria um comprometimento nem com a "canidade" nem com a "brancura" enquanto entidades. Apenas haveria um comprometimento ontológico em um plano semântico, dizendo que há algumas coisas que são cães e que são brancas. Essa estratégia pragmatista estabelece uma comparação interessante entre a aceitação de uma ontologia e a de uma teoria científica. Ver QUINE, 1980, p. 13-19.

dimensões intersubjetivas, como a social, a política, a econômica etc., implicando o reconhecimento dos direitos individuais de dignidade e liberdade, por exemplo, bem como a compreensão da necessidade de oportunidades equitativas para os membros da comunidade. Essa perspectiva imparcial estaria mais apta para conciliar as virtudes privadas e públicas dos cidadãos, melhor conectando seus direitos individuais e sociais. É claro, porém, que isso não provaria em definitivo que se deve escolher uma teoria política de tipo liberal-comunitarista em contraposição às teorias políticas tradicionais disponíveis, tais como a liberal, a conservadora, a marxista, a utilitarista, a libertarista e a comunitarista, entre outras.

Como a questão ontológica é ainda uma questão em aberto, bastaria que se afirmassem esses comprometimentos ontológicos com tolerância e certo tipo de espírito experimental para se poder evitar tanto os posicionamentos absolutistas, bem como as atitudes de acrasia epistêmica no interior mesmo do debate político. Essa estratégia, embora não definitiva, poderia ser vista como uma alternativa mais eficiente para o enfrentamento dos complexos problemas práticos que exigem soluções urgentes.

Capítulo 2

Cognitivismo e desacordo moral

O objetivo central deste capítulo é defender uma interpretação cognitivista do desacordo moral, de forma a não o compreender como uma evidência da inexistência de verdades morais objetivas. Inicio com a interpretação não cognitivista desse desacordo, apresentando o argumento da relatividade de Mackie e uma objeção já usual que se faz a ele. Posteriormente, apresento minha interpretação cognitivista que fará uso de quatro argumentos centrais, de forma a considerar o desacordo valorativo: (i) mais sobre crenças não morais do que sobre valores éticos e influenciado por condições distorcidas, (ii) como não coerente com a ideia de progresso moral, (iii) mais bem compreendido como uma prova da falsidade do não cognitivismo e, por fim, (iv) como uma expressão do processo de amadurecimento do pensamento normativo, com destaque para o método do equilíbrio reflexivo.

O problema da relatividade ética

É muito comum atualmente nos depararmos com desacordos morais profundos em nossas sociedades. Alguns parecem defender que a tortura poderia ser justificada em uma guerra ou mesmo como uma prática punitiva regular em vista da segurança da maioria das pessoas. Para outros, a tortura sempre feriria algum direito inalienável da pessoa humana, tal como dignidade e integridade, o que implicaria sua desaprovação. Outro exemplo que pode ser dado é a respeito dos deveres que se teria em relação aos imigrantes ou refugiados. Alguns pensam que se teria o dever moral de auxiliá-los, enquanto outros acreditam que não haveria dever algum. Antes, que o dever moral deveria ser prioritário em relação à própria população. Mas o que isso poderia significar?

Que as crenças que afirmam que "a tortura é certa visando ao bem-estar social", que "a tortura sempre é errada", que "devemos auxiliar os refugiados" e que "não temos deveres benevolentes com estrangeiros" seriam apenas subjetivas, não se podendo falar de verdades objetivas no âmbito moral?

O problema se torna ainda mais dramático se reconhecermos que existem variações de códigos morais de uma sociedade a outra. Por exemplo, nas comunidades ocidentais, a poligamia é tomada como errada, além de ser ilegal, enquanto para algumas sociedades africanas e do Oriente Médio de religião muçulmana a poligamia é legal, além de ser vista como um ato moralmente correto. Estima-se que a poligamia seja aceita em mais de 50 países ao redor do mundo, tais como Marrocos, África do Sul, Arábia Saudita, Etiópia, enquanto no Brasil a poligamia é considerada crime pelo Código Penal Brasileiro, que no seu artigo 235 estipula pena de reclusão de dois a seis anos para quem contrair novo casamento já sendo casado. E, também, podemos identificar variações de valoração moral de um período histórico a outro. Por exemplo, hoje a escravidão é considerada errada, mas duzentos anos atrás esse ato era tomado tanto como legal como correto moralmente. Como poderíamos interpretar essa variação nos julgamentos morais de uma sociedade a outra e de um período histórico a outro? Isso implicaria necessariamente a inexistência de verdades objetivas no campo da moralidade e o reconhecimento de que os juízos morais seriam puramente emocionais?

Uma das formas de interpretar esse desacordo moral referido anteriormente é por meio de uma abordagem não cognitivista, que considera os juízos morais apenas como expressões dos sentimentos ou como expressando um tipo de aprovação às normas. Por exemplo, dizer que a "tortura é sempre errada" seria apenas uma expressão de nossa desaprovação à tortura. Tanto os sentimentalistas, subjetivistas, emotivistas, prescritivistas, expressivistas ou teóricos do erro parecem defender a inexistência de verdades morais objetivas, conectando a normatividade não a razões, mas a aspectos emocionais do sujeito. Por exemplo, a discordância em relação aos nossos deveres morais de benevolência com os imigrantes apenas mostraria a dificuldade em considerar esses juízos morais como apreensões de verdades objetivas. Antes, eles revelariam somente a multiplicidade de nossos estados conativos, porque juízos valorativos não estariam determinados pelo modo como o mundo é, mas seriam apenas respostas afetivas ao modo como consideramos o mundo[1].

---

1 Em *Wise Choices, Apt Feelings*, Allan Gibbard propõe uma análise dos juízos normativos de forma a expressarem uma atitude não cognitiva de aceitação a normas ou regras. Para

Essa abordagem não cognitivista é claramente defendida por Mackie em seu argumento da relatividade, que diz que "[...] diferenças radicais entre juízos morais de primeira ordem tornam difícil tratar esses juízos como apreensões de verdades objetivas" (MACKIE, 1977, p. 36). O ponto central defendido por Mackie é observar que o desacordo moral não poderia ser explicado da mesma forma como interpretamos os desacordos científicos, que resultariam de inferências especulativas ou hipóteses explanatórias com base em evidências inadequadas. No caso moral, diferentemente das questões de história, biologia ou cosmologia, os desacordos não teriam por base o mundo tal como ele é, mas apenas refletiriam a aderência e a participação das pessoas a diferentes tipos de vida. Por exemplo, as pessoas aprovariam a monogamia porque participam de práticas monogâmicas de vida em vez de participarem de práticas monogâmicas de vida porque aprovam a monogamia (MACKIE, 1977, p. 36-370)[2].

O ponto forte do argumento da relatividade ou do desacordo moral parece ser apresentar uma razão para se duvidar que a moralidade possa ser objetiva, uma vez que a relatividade dos juízos morais e, muitas vezes, a própria contraposição mostrariam a inexistência de fatos morais objetivos. Para maior careza, podemos apresentar o argumento da relatividade com a seguinte formulação em *modus tollens*: (i) para existirem verdades morais objetivas ou fatos morais objetivos, deveria existir uma unidade moral, isto é, uma concordância entre juízos morais de primeira ordem; (ii) mas, dado que se identifica uma variação dos códigos morais entre sociedades e tempos distintos, além de desacordos morais em sociedades complexas; (iii) verdades morais objetivas não existiriam. Vejam que o argumento procura mostrar que, pelas evidências empíricas que temos sobre o desacordo moral, se poderia provar a inexistência de verdades objetivas, pois, havendo essas verdades objetivas, não seria razoável encontrar uma relatividade valorativa tão profunda.

---

o expressivismo de Gibbard, dizer que uma ação é racional ou correta, então, apenas expressaria a aceitação de alguém a um sistema de normas que permitiria a ação. De forma similar, dizer que uma ação é irracional ou incorreta apenas expressaria a aceitação de alguém a um conjunto de normas que proibiria a ação. Importante frisar que para ele esses juízos normativos não estariam conectados a verdades objetivas. Ver GIBBARD, 1990, p. 46. Para a posição quase realista de Simon Blackburn, ver BLACKBURN, 2009, p. 8-14.

2   Importante ressaltar que Mackie não está defendendo que esse desacordo provaria que os códigos morais seriam puramente convencionais, uma vez que podemos identificar tanto os heréticos como os reformadores morais, sendo a consistência um critério central para avaliação das diferentes formas de vida. Entretanto, afirma que essa variação nos códigos morais refletiria as várias formas de vida que as pessoas assumem, em vez de serem expressões de valores objetivos. Ver MACKIE, 1977, p. 37.

Uma das formas já usuais de se tentar objetar esse argumento da relatividade é negar a premissa empírica, identificando que o desacordo moral apontado não seria tão grande, pois sob a aparência da relatividade encontraríamos um acordo em um nível mais profundo, que permitiria identificar princípios morais fundamentais, tais como o princípio da universalizabilidade, ou o princípio utilitarista da maximização da felicidade ou mesmo o princípio da regra de ouro, que diz que devemos tratar os outros como queremos ser tratados. O próprio Mackie, em *Ethics: Inventing Right and Wrong*, procurou responder a essa objeção identificando que as pessoas julgam certas coisas como boas e corretas e outras como más e erradas não porque elas explicariam algum princípio geral que demonstraria uma aceitação implícita. Antes, a razão dessa valoração seria porque algo sobre essas coisas suscitaria certas respostas imediatas a elas, embora possam suscitar diferentes respostas em situações diversas. Nas palavras de Mackie: "'Senso moral' ou 'intuição' é uma descrição inicialmente mais plausível do que supriria muitos dos nossos juízos morais básicos em vez da 'razão'" (MACKIE, 1977, p. 38).

Por mais que possamos reconhecer muitos méritos na estratégia cognitivista e objetivista tradicional de procurar identificar o acordo a certos critérios normativos centrais que serviriam de base para princípios morais universais e, assim, mostrar que o fato empírico do desacordo moral não serviria como prova da inexistência de verdades objetivas, procuraremos interpretar o desacordo ético de forma diferenciada, adotando uma estratégia cognitivista mais pedestre[3].

Em primeiro lugar, apontaremos que o desacordo em questão é mais sobre crenças não morais do que sobre crenças morais. Por exemplo, que o desacordo é mais sobre crenças científicas (fatuais) e sobre crenças religiosas do que sobre valores morais. A aprovação ou reprovação da poligamia, para citar um dos casos iniciais de relatividade, estaria mais conectada a uma diferente consideração religiosa do que a uma diferente avaliação moral. Ainda,

---

3   Em *Contrato & Virtudes*, no capítulo intitulado "Significado e contexto", apresentei um modelo cognitivista coerentista e contextualista, de forma a tomar as verdades objetivas no campo da moralidade como vinculadas a certos contextos semânticos e a uma justificação coerentista. A ideia geral foi defender que a atribuição de verdade aos juízos normativos se dá em um âmbito de convergência prática: "A ideia básica é a de que se nós formos chamados para filtrar os juízos normativos cotidianos a partir de um conhecimento convergente e, então, identificar os juízos normativos em que temos confiança e que nos parecem verdadeiros, parece não haver problema em reconhecer que identificaríamos alguns juízos normativos ponderados. Juízos normativos que não tivessem nossa confiança plena, nem que nos parecessem verdadeiros, seriam descartados" (COITINHO, 2016, p. 169).

que o desacordo seria fortemente influenciado por condições distorcidas, como saber se se é nacional ou estrangeiro ao se pensar sobre os deveres que teríamos com os imigrantes ou refugiados. Em segundo lugar, ressaltaremos que a relatividade valorativa apontada não é coerente com a ideia de progresso moral. Como explicar o progresso moral sem a existência de certas verdades morais objetivas? Ele seria arbitrário? Mesmo levando em conta a verdade da relatividade moral, parece razoável reconhecer que há certo progresso moral na história da humanidade. A condenação da escravidão e do sexismo parece ser uma boa evidência disso. Trezentos anos atrás esses atos eram considerados moralmente corretos; hoje, são tomados como errados. No entanto, seria possível que eles fossem considerados certos novamente daqui a duzentos anos? Provavelmente não, se levarmos em conta certo ponto de vista histórico de longa duração.

Em terceiro lugar, interpretaremos o desacordo moral de uma forma não favorável a uma teoria do erro, argumentando que esse desacordo é mais bem compreendido como uma prova da falsidade do não cognitivismo. E isso porque a posição não cognitivista afirma que a normatividade não seria encontrada na propriedade dos atos, mas apenas em nossas atitudes em direção a esses fatos. Assim, quando se diz que tal ato é errado, isso apenas demonstraria uma atitude de desaprovação. Por isso, se alguém dissesse que "torturar é errado" e outro dissesse que "torturar não é errado", essas declarações não deveriam conflitar, pois poderiam ser ambas verdadeiras por descreverem nossas atitudes diante do ato de tortura. Acontece que de fato discordamos sobre a tortura ser certa ou errada. Por fim, destacaremos o aspecto intersubjetivo das verdades morais por meio do método do equilíbrio reflexivo, em que a justificação de uma crença moral pode ser alcançada por sua coerência com um sistema coerente de crenças, que tem juízos morais ponderados, princípios morais e também crenças não morais. E, assim, poderíamos reconhecer que o que seria realmente revelado pelo desacordo moral não seria a inexistência de verdades morais objetivas, mas, antes, que o nosso pensamento normativo ainda está em processo de amadurecimento e, portanto, ainda é falível em várias circunstâncias.

O escopo do desacordo

Antes de defender que o desacordo moral é mais sobre crenças não morais propriamente ditas do que sobre valores morais, deixem-me fazer dois esclarecimentos iniciais. Um é em relação aos problemas da abordagem cognitivista tradicional e outro é em relação à falácia do argumento do relativismo moral-cultural.

Em geral, os autores que adotam a estratégia de querer identificar um acordo normativo mais profundo sob um aparente desacordo fazem uso de um cognitivismo ou intuicionista ou naturalista. Muitas abordagens cognitivistas defendem uma radical oposição entre fatos e valores ou entre crenças científicas (fatuais) e crenças morais, defendendo um tipo de intuição especial para se conhecer os valores morais objetivos que seriam irredutíveis aos fatos, pois os fatos seriam puramente descritivos, enquanto os valores seriam puramente prescritivos, ou ao menos primariamente prescritivos. O problema dessa abordagem um tanto platonista é que ela não esclarece que tipo de conhecimento seria esse, como o de uma intuição a valores, uma vez que o conhecimento que temos do mundo baseia-se nos sentidos. Outra dificuldade vinculada é que parece que se teria que contar com propriedades morais que seriam muito estranhas ao que se conhece da estrutura natural do mundo[4]. Outra abordagem cognitivista muito comum é a naturalista, de forma a reduzir os valores morais a fatos naturais, fazendo desaparecer a linha divisória entre a esfera descritiva e a esfera prescritiva. Por exemplo, defendendo um tipo de naturalismo evolucionista. O problema é que, podendo-se reduzir o aspecto prescritivo a uma forma fatual, todo o valor parece desaparecer[5]. O modelo cognitivista que usarei tentará evitar essas deficiências, não sendo

---

4   David Ross, por exemplo, defende que temos intuições morais para conhecermos a natureza dos deveres da mesma forma que temos intuições matemáticas para conhecermos a natureza dos números, e que esse conhecimento é não inferencial em razão de essas intuições serem autoevidentes (por exemplo, é autoevidente que devemos manter as promessas). Ver Ross, 1930, p. 20-30. Moore defende um modelo intuicionista similar ao dizer que o bem é indefinível por ser uma noção simples tal como o amarelo e que só pode ser explicado para quem já tem conhecimento sobre ele. Ver MOORE, 1959, p. 7.

5   Para o naturalismo reducionista, como o de Jackson, as propriedades morais são propriedades naturais ou propriedades descritivas. Ele diz que nossas práticas com termos éticos podem plausivelmente ser descritas de uma perspectiva externa, em termos puramente descritivos. Ver JACKSON, 1998, p. 127. Em uma perspectiva evolucionista de naturalismo, sociabilidade, altruísmo, cooperação e cuidado mútuo, por exemplo, são explicados puramente em termos das raízes biológicas do comportamento social humano. Como dito por Wilson, a prevalência do egoísmo faria a comunidade vulnerável e possibilitaria a extinção do grupo. Ver WILSON, 1975, p. 175. O problema com o naturalismo reducionista é que, sendo as propriedades morais puramente externas, tais como as propriedades naturais, toda a moralidade deveria ser explicada de um ponto de vista em terceira pessoa. No entanto, em várias dimensões, pensamos que os deveres morais deveriam ser assumidos ou em primeira pessoa, internalisticamente, ou em segunda pessoa, de uma forma intersubjetiva.

nem intuicionista nem naturalista reducionista. Antes, adotarei um modelo cognitivista que buscará conectar os fatos com os valores[6].

Em relação ao argumento do relativismo moral, o problema é que ele parece falacioso. Vejamos. O relativista moral, especialmente o que está ligado ao relativismo cultural, defende que os juízos morais são verdadeiros ou falsos somente em relação a um ponto de vista particular – por exemplo, uma dada comunidade ou cultura – e que nenhum ponto de vista particular pode ser objetivamente superior a outro. Assim, diferentes culturas geralmente exibiriam diferentes valores morais, o que traria por consequência a negação da existência de valores morais universais que seriam compartilhados por todos. Por exemplo, para nós o sexismo é errado, mas para as sociedades ocidentais do século XVIII o sexismo era correto. Assim, como não existiriam verdade morais objetivas, ambas as crenças seriam tomadas como verdadeiras, o que traria por conclusão que as verdades morais seriam relativas. Vejam, porém, que, se substituirmos as crenças morais por crenças científicas, o resultado seria absurdo. Por exemplo: (i) diferentes culturas têm diferentes crenças geográficas; (ii) algumas comunidades defendem que a Terra é esférica, outras defendem que ela é plana; (iii) logo, não existiriam verdades geográficas. O resultado seria absurdo porque diríamos que as comunidades que defendem que a Terra é plana estão erradas e que o argumento transita indevidamente das crenças (premissas) para a realidade (conclusão). Por que seria diferente no caso moral, dizendo que quem defende que o sexismo é certo estaria errado? Talvez pela pressuposição da dicotomia entre fatos e valores e que não existiria algo como a realidade moral mesma que serviria de referência para a prova da crença. Ao longo do capítulo, procurarei mostrar que esses pressupostos são apenas parcialmente corretos[7].

---

[6] Esse modelo cognitivista estará fortemente influenciado por Hilary Putnam em *Ethics without Ontology*, que defende uma concepção de objetividade sem objetos, tal como na lógica e na matemática, podendo os juízos éticos ser descritos como razoáveis ou não razoáveis, tomados como uma forma de reflexão, que é uma atividade cognitiva governada por regras de verdade e validade. Ver PUTNAM, 2005, p. 71-85. Também seguirá a influência de Derek Parfit em *On What Matters*, que defende um cognitivismo não naturalista e não metafísico, tomando as verdades normativas como irredutíveis, similares a verdades matemáticas, lógicas ou modais, sem implicações ontológicas, isto é, sem existência de *truthmakers*. Por exemplo, dizer que dois mais dois são quatro é verdadeiro, embora os números não existam na natureza. Ver PARFIT, 2011, p. 479.

[7] James Rachels, em *The Elements of Moral Philosophy*, mostra que o argumento das diferenças culturais não é válido. O argumento diz que: 1) diferentes culturas têm diferentes códigos morais; 2) assim, não existiriam verdades objetivas na moralidade, sendo o certo e o errado apenas uma questão de opinião, e opiniões variam de uma cultura a outra. O

Após esses esclarecimentos iniciais, quero defender que o desacordo moral é mais sobre as crenças não morais do que sobre um real desacordo entre valores éticos. Mais especificamente, defenderei que o desacordo em questão se concentra mais (i) sobre as crenças científicas e (ii) sobre as crenças religiosas e metafísicas e, também, (iii) que é influenciado por condições distorcidas que estão na base das declarações das crenças. No fim, pode-se compreender que o argumento da relatividade parece ser postulado em uma perspectiva de tudo ou nada, mas que, de fato, a divergência no campo da moralidade pode ser mais bem compreendida como uma questão de graus.

Iniciemos com o desacordo a respeito do aborto. Muitos pensam que "o aborto é certo", considerando, especialmente, a autonomia da mulher, enquanto outros tantos pensam que "o aborto é errado", levando em conta, particularmente, o estatuto do feto enquanto pessoa. Haveria algum desacordo valorativo ou o desacordo seria antes fatual ou mesmo religioso? Vejam que ambos os grupos aceitam sem nenhuma problematização que "é errado matar pessoas inocentes", pois, se não fosse assim, o infanticídio também seria alvo de disputa, o que não é o caso. Ninguém discorda a respeito do erro em se matar uma pessoa inocente. O problema parece residir no que consistiria mesmo uma pessoa. O embrião e o feto já são considerados pessoa? Há uma diferença significativa entre embrião e feto? A pessoa humana teria algum caráter sagrado ou seria puramente animal? Observando essas questões em disputa, isso parece implicar que o desacordo é antes científico do que valorativo, uma vez que o problema do aborto parece recair sobre uma questão fatual a respeito de o feto ser uma pessoa ou não, ou mesmo sobre uma questão religiosa a respeito do caráter sagrado da pessoa humana, isto é, se o embrião já teria uma alma dada por Deus ou não.

Creio que o principal problema, quando se fala na relatividade ética, é tomar os juízos morais como puramente prescritivos, isto é, como contendo apenas prescrições de conduta, dizendo como se deveria agir em tal e tal situação, os diferenciando dos juízos fatuais por serem descritivos. E, assim, apenas juízos descritivos poderiam ser verdadeiros ou falsos em razão de o que é dito poder corresponder ou não com o real. Esse parece ser o motivo central que levou Mackie a diferenciar entre o desacordo científico e o desacordo moral. Para ele, os desacordos científicos resultariam de inferências especulativas ou

---

problema do argumento é que do fato de haver diferentes culturas com diferentes códigos morais não segue a inexistência de verdades morais objetivas, uma vez que haveria uma passagem indevida das crenças subjetivas dos indivíduos para a realidade mesma das coisas. Ver RACHELS, 2003, p. 16.

hipóteses explanatórias com base em evidências inadequadas, mas que questões éticas não teriam por base o mundo tal como ele é, isto é, eles não seriam descritivos, mas apenas refletiriam a aderência das pessoas aos diferentes modos de vida, o que revelaria a sua prescritividade. O problema dessa abordagem é não reconhecer que juízos éticos, que são juízos valorativos, também contêm aspectos descritivos importantes – por exemplo, quando se diz que "Nero foi um imperador cruel" ou que "o professor de nosso filho é muito gentil". Questões éticas reais são uma espécie de questão prática e questões práticas parecem envolver não apenas valores, mas uma mistura muito complexa entre valores, crenças fatuais, tais como crenças econômicas, psicológicas ou sociológicas, e crenças religiosas e até mesmo metafísicas[8].

Deixem-me exemplificar a complexidade de uma questão ética real. Embora todos concordem que matar uma pessoa inocente, estuprar e roubar sejam atos errados que merecem punição, muitos discordam a respeito do que justificaria a punição mesma. Para alguns, ela se justificaria pela prevenção de futuros crimes; para outros, apenas o sofrimento do culpado poderia justificá-la, por exemplo. Nesse caso, haveria uma mesma valoração moral, de que somente é justa uma punição quando ela for justificada, uma vez que a punição implica um ato intencional (Estatal) para causar dano a um agente e isso é tomado como errado em situações normais. A discordância estaria apenas no que poderia contar mesmo como a justificação da punição, que parece recair sobre questões não morais, tais como: haveria algo como o livre-arbítrio dos agentes que seria o pressuposto central da correção da retribuição ou eles estariam sempre determinados de alguma forma, sendo melhor, então, olhar para os efeitos práticos da punição? Notem, porém, que essa é uma questão metafísica a respeito do livre-arbítrio, e não uma questão propriamente moral, que parece estar conectada com uma questão empírica a respeito do que poderia garantir maior estabilidade social.

---

8   Estou defendendo que juízos éticos, em vez de serem vistos como puramente prescritivos, poderiam ser interpretados como juízos valorativos que conectam fatos e valores, envolvendo tanto os valores morais como as crenças não morais (tais como crenças científicas, religiosas e metafísicas), e, mais, que os juízos valorativos são os pressupostos dos juízos fatuais. De forma similar, Putnam diz que juízos éticos "[...] não envolvem apenas valores, eles envolvem uma mistura complexa de crenças filosóficas, religiosas, bem como crenças fatuais" (PUTNAM, 2005, p. 75). Lacey também defende posição semelhante, dizendo que a avaliação científica, em certas condições, pode envolver não só considerações empíricas, mas também a sustentação de juízos de valor. Por exemplo, para legitimar a implementação da tecnologia transgênica é preciso aceitar a hipótese valorativa de que não há sérios riscos para o meio ambiente e a saúde dos seres humanos. Ver LACEY, 2006, p. 259-260.

Penso que se pode identificar a mesma complexidade valorativa no desacordo a respeito da correção ou incorreção da tortura e sobre o erro ou acerto da poligamia. Mesmo os que defendem que "a tortura seria correta" em uma guerra ou em uma prática punitiva com um argumento de maximização de bem-estar não negam a incorreção da tortura sem nenhuma consideração. Por exemplo, seria correto torturar um inocente para garantir a segurança das pessoas ou a vitória na guerra? Ou, se poderia considerar como correta a tortura dos soldados que estão lutando do "lado certo"? Parece que não. Isso talvez mostre que haveria uma mesma valoração moral, de forma a exigir o respeito intrínseco à pessoa humana, discordando sobre o que contaria para o agente perder esse estatuto moral, seja um soldado inimigo, seja o que é culpado de um crime. No entanto, essa discordância é uma questão fatual, e não propriamente moral. Sobre a discordância a respeito do erro da poligamia, penso que é muito fácil identificar que o desacordo é predominantemente religioso. Por exemplo, alguns muçulmanos consideram "a poligamia certa" porque no Alcorão está escrito que os homens podem ter até quatro mulheres, desde que as tratem de forma equitativa. Para muitos cristãos, essa prática é tomada como atrasada e empobrecedora. Inclusive, as feministas a consideram uma violação dos direitos das mulheres. O ponto crucial, porém, é reconhecer que haveria uma mesma valoração moral a respeito do cuidado que se deve ter com a esposa e familiares em geral, estando a discordância estabelecida no campo das verdades reveladas.

Por fim, gostaria de tematizar a influência das condições distorcidas para a enunciação das crenças éticas discordantes. Em muitos casos, quando se verifica que pessoas estão defendendo crenças morais divergentes, até mesmo contraditórias, não é difícil apontar para certas condições distorcidas, tais como medo, raiva, falta de confiança ou hesitação. Imaginem alguém tendo que julgar se a pena de morte é certa ou errada logo após ter sofrido um assalto ou algum tipo de violência. Agora imaginem a mesma pessoa julgando o mesmo caso sem ter passado por nenhuma situação ameaçadora. Em princípio, essas condições que iriam além do próprio julgamento parecem influenciar fortemente o agente em uma determinada direção. No caso em tela, avaliando a pena de morte como correta, além de necessária para a garantia da segurança da sociedade. No caso inicialmente referido a respeito do desacordo sobre os deveres com os imigrantes ou refugiados, parece que as condições distorcidas que poderiam influenciar decisivamente o julgamento moral teriam relação, também, com o conhecimento sobre a situação particular do agente. Por exemplo, tendo o conhecimento de que se é de tal nacionalidade e de que o refugiado ou imigrante é pertencente a um diferente povo ou nação. Se por hipótese, por meio de um experimento mental, não tivéssemos como acessar esse tipo de conhecimento particular sobre a nacionalidade, procurando identificar um ponto de vista imparcial ou recíproco, muito provavelmente os deveres que seriam estipulados abrangeriam todo o grupo humano, sem diferenciação de nacionalidades, o que possivelmente nos levaria, ao menos, a um dever imperfeito de assistência, ou, no limite, a um dever perfeito de benevolência[9].

Com base nesses casos analisados, creio que podemos identificar certa fraqueza no argumento da relatividade, a saber, que ele parece ser formulado em uma perspectiva de tudo ou nada. A acusação de que não haveria verdades morais objetivas em razão da ausência de unidade moral parece pressupor que o conhecimento moral implicaria saber de forma infalível o que é certo e errado, ou o que é justo e injusto, de maneira que a crença teria de corresponder a certa propriedade moral que seria conhecida por alguma intuição especial. Entretanto, parece que a reflexão ética é mais complexa do que isso, uma vez que ela envolveria, para além de valores morais, crenças científicas, religiosas e até metafísicas. Em vez de tudo ou nada, a questão das verdades objetivas no campo da moralidade parece envolver graus, de forma que a identificação do certo e errado, bem como do justo e do injusto, estaria ligada a uma capacidade complexa de conectar valores morais e religiosos com uma classe diversificada de descrições.

O progresso moral

Passo agora ao argumento do progresso moral. Mesmo reconhecendo a verdade empírica da existência de uma relatividade moral profunda, seja a que

---

9   Em sua teoria da justiça como equidade, Rawls argumenta nesse sentido, dizendo que escolheríamos os dois princípios de justiça que defendem a igual liberdade e a igualdade equitativa de oportunidade, além do princípio da diferença, se não soubéssemos nosso lugar específico na sociedade, isto é, se não soubéssemos nossa classe ou *status* social e nem nossa sorte na distribuição de habilidades e capacidades naturais, inteligência, força etc. Esse experimento mental é chamado por Rawls de véu da ignorância, de forma a ver a escolha dos princípios de justiça na posição original por trás desse ponto de vista recíproco. Ver RAWLS, 1971, p. 12. O mesmo procedimento do véu da ignorância é usado para se escolher os oito princípios do Direito dos Povos, com as partes, que são representantes de povos liberais e decentes, escolhendo sem ter conhecimento do tamanho de seu território ou de sua população, ou da força relativa dos povos que representam. Esse modelo de representação revelaria as condições equitativas e razoáveis da escolha. Ver RAWLS, 1999g, p. 30-32. Brink também aponta para as condições distorcidas que influenciariam o desacordo moral, a saber, autointeresse, preconceito e outras formas de ideologia política. Ver BRINK, 1989b, p. 198-209.

se observa nas sociedades complexas contemporâneas, seja a que se identifica nos diferentes períodos históricos e grupos culturais diversos, é importante ter em mente que esse desacordo valorativo não eliminou o fenômeno chamado por alguns de progresso moral. Se olharmos para a história da humanidade, observando as diferenças de atitudes entre as primeiras sociedades humanas de caçadores-coletores até as sociedades industrializadas do presente, podemos perceber uma ampliação do círculo moral em uma direção de maior inclusividade. A condenação à discriminação racial, à servidão, ao estupro e à desigualdade de gênero, bem como a proibição da escravidão, de tortura em guerras e trabalho infantil, além das mudanças de atitudes em relação aos direitos dos homossexuais, de minorias em geral, e ao sofrimento dos animais, parecem evidenciar uma mudança em uma direção à inclusividade, o que pode ser compreendido como um progresso no campo da moralidade. Se antes, apenas o pequeno grupo era incluído na preocupação moral, por meio dos sentimentos empáticos, agora, essa preocupação parece abranger toda a humanidade, além dos animais não humanos e natureza em geral. O problema seria como explicar esse progresso moral sem fazer uso das verdades morais objetivas. Se não existissem verdades morais objetivas, o progresso moral seria fruto do acaso, dado arbitrariamente ou seria explicado na forma de um milagre.

Para maior clareza, deixem-me apresentar o argumento do progresso moral na forma de *modus ponens*: (i) se existir progresso moral, deveriam existir verdades morais objetivas, pois, senão, ele seria fruto de um acaso ou milagre; (ii) existe progresso moral, mesmo levando em conta a relatividade valorativa ética; (iii) logo, existiriam verdades morais objetivas. Esse argumento parece levantar um sério problema para os não cognitivistas, que, como já vimos, procuram provar a inexistência de verdades objetivas em razão da existência da relatividade ética. Como, então, eles poderiam explicar o progresso moral sem apelar para a existência de verdades objetivas, considerando que esse progresso não seria anulado pela relatividade moral? Ele seria um fenômeno que não poderia ser explicado? Seria um acaso histórico ou mesmo um milagre? Penso que uma forma de resposta iria na direção de negar o próprio fenômeno do progresso moral, seja apontando para o regresso moral em várias situações históricas, como o Holocausto na Segunda Guerra Mundial e genocídios em vários países africanos no século XX, seja pela dificuldade de ver o progresso globalmente uma vez que haveria sociedades mais progressistas do ponto de vista moral e outras menos. Por exemplo, os direitos iguais às mulheres são assimetricamente assegurados ao redor do mundo.

Procurarei responder a essa objeção por meio de um maior detalhamento do fenômeno do progresso moral. Antes, porém, gostaria de apontar para uma semelhança do argumento do progresso moral com o argumento do milagre como é usado na ciência.

Um dos argumentos mais decisivos usados contra os antirrealistas no campo da ciência é o argumento do milagre (*no-miracle argument*), que diz que apenas o realismo poderia explicar o progresso científico na forma de não ser entendido como um milagre. Nas palavras de Putnam: "[...] o argumento positivo para o realismo consiste em que ele é a única explicação teórica que não faz do sucesso da ciência um milagre" (PUTNAM, 1975, p. 73). E isso porque para o realismo as teorias científicas diriam como o mundo é. Mais especificamente, (i) o que elas dizem sobre o mundo é verdadeiro, (ii) os objetos e processos dos quais elas falam de fato existiriam e (iii) elas descreveriam corretamente a maneira como essas coisas estariam relacionadas. Por outro lado, a posição antirrealista é cética em relação à capacidade de a teoria científica descrever verdadeiramente os fatos do mundo. Por isso, seria difícil para um antirrealista explicar o progresso científico. Dado que nenhuma teoria poderia descrever verdadeiramente como o mundo é, como entender o progresso que foi responsável pelas recentes transformações nas áreas da medicina, comunicações, transportes, computação etc., além de uma mudança na maneira de entender o mundo com base em teorias como a da relatividade (Einstein), a evolucionista (Darwin) e a psicanalítica (Freud), por exemplo? Esse progresso científico-tecnológico seria tomado como um milagre? Parece que apenas o reconhecimento de uma conexão intrínseca entre as teorias científicas e certos fatos do mundo poderia explicar o progresso científico de uma forma não arbitrária.

A semelhança dos argumentos do progresso moral e do milagre no campo da ciência parece residir na pressuposição da existência de certas verdades objetivas que seriam capturadas pelas teorias, sejam elas éticas, sejam científicas, que fariam o fenômeno do progresso ser explicado adequadamente, e não de maneira aleatória. Entretanto, podem-se identificar alguns problemas para essa posição realista, especialmente no caso da ciência. Em primeiro lugar, se poderia questionar a verdade das teorias porque no curso da história muitas teorias que foram bem-sucedidas empiricamente no passado se revelaram falsas posteriormente, como é o caso da teoria geocêntrica de Ptolomeu. Em segundo lugar, como a teoria verdadeira seria determinada pela evidência, o que fazer quando se encontram as mesmas evidências para sustentar teorias rivais? É claro que isso só seria um problema para um tipo de realismo correspondentista e metafísico. No entanto, se se toma como referência um modelo falibilista como o de Popper, então, nunca se poderia provar uma teoria como verdadeira ao se acumular mais e mais observações de um dado fenômeno, pois sempre poderia haver um fenômeno ainda não observado que falsificaria a teoria. O máximo que se poderia esperar é uma aproximação em direção à verdade. Por exemplo, a teoria de Newton seria uma melhor aproximação da verdade que a teoria de Galileu. Para Popper: "O melhor que temos a dizer de uma hipótese é que até agora ela foi capaz de mostrar o seu valor e que ela tem tido mais sucesso que as outras hipóteses" (POPPER, 2002, p. 317). Aqui se pode identificar um importante teste intersubjetivo para aprovar uma teoria pelo seu sucesso, considerando que à medida que a ciência progride, aumenta constantemente a sua aproximação à verdade.

O motivo de se apontar para a semelhança dos argumentos referidos anteriormente foi esclarecer a conexão que estou pressupondo entre ética e ciência ou entre fatos e valores, já servindo, também, como uma forma de responder antecipadamente a uma possível objeção a essa aproximação. O não cognitivista poderia objetar que o argumento do progresso moral seria igual ao argumento do milagre, mas como ética e ciência não compartilhariam dos mesmos pressupostos epistemológicos, pois apenas na ciência se teria conhecimento em razão de os juízos científicos descreverem o mundo, sendo verdadeiros quando correspondessem adequadamente a ele, o argumento do progresso moral perderia sua força. Em outras palavras, o argumento ameaçaria apenas a posição antirrealista na ciência, mas não a posição não cognitivista na ética. Será mesmo?

Tanto a ciência como a ética fazem uso de teorias que têm o papel de tentar descrever certo fenômeno e identificar sua(s) lei(s) reguladora(s) para poder estabelecer previsões ou até mesmo prescrições. A teoria teria sucesso, então, quando ela conseguisse descrever adequadamente os fenômenos, tanto de entidades observáveis como inobserváveis, estabelecendo certas previsões que de fato se usariam na vida real. Por que não se tem dificuldade em aceitar isso para a física, a química e a biologia, mas se é extremamente cético em relação à ética? Notem que até a teoria da relatividade geral de Einstein só foi comprovada muitos anos depois da sua publicação e aceitação inicial, sobretudo no que diz respeito às previsões de distorção do espaço-tempo. Uma das razões poderia ser a de pensar que apenas as teorias científicas lidam com fatos ou fenômenos observáveis e contariam com um método adequado para sua correta compreensão. Mesmo aceitando essa observação, sobretudo no que diz respeito ao método, é importante notar que não se tem acesso ao mundo independente das teorias científicas e que estas são produtos sociais sujeitos a mudanças profundas, além de contarem, muitas vezes, com ideias de cunho puramente especulativo[10]. Além disso, é importante notar que a ética também lida com fenômenos que pretende compreender – os fatos sociais e o aspecto emocional dos agentes em suas relações, por exemplo –, além de poder contar igualmente com um teste intersubjetivo para validar uma teoria pelo seu sucesso. Assim, onde residiria mesmo toda a diferença[11]?

Deixem-me concluir este subcapítulo com um maior detalhamento do fenômeno do progresso moral, e isso para responder a uma possível objeção ao meu argumento que ameaçaria a posição não cognitivista, argumento que diz que, se existisse progresso moral, deveriam existir verdades objetivas e que se tem progresso moral mesmo considerando a relatividade valorativa; assim, deveriam existir essas verdades normativas. Essa objeção poderia levantar dúvidas a respeito do fenômeno do progresso ético, por poder-se identificar facilmente um grande regresso em várias questões. Por exemplo, atualmente há muitos casos de hipernacionalismo, xenofobia, críticas à democracia e até questionamento ao politicamente correto. No mínimo, se poderia questionar a ideia de um progresso moral global, uma vez que se pode reconhecer a existência de comunidades mais progressistas e outras menos. Por exemplo, a Hungria atualmente é considerada por muitos um dos países europeus mais xenófobos, enquanto a Alemanha é vista como um dos mais acolhedores aos imigrantes. A despeito de concordar com a existência de algum regresso moral e assimetria, isso não parece anular o próprio fenômeno do progresso moral. Vejamos.

---

10 Abandonando o dogma positivista da separação radical entre fatos e valores, não é muito difícil reconhecer a relação intrínseca entre enunciados científicos e juízos de valor. Por exemplo, ao tratar do problema da demarcação, Popper diz o seguinte: "[...] Olhando a questão por um ângulo psicológico, estou inclinado a pensar que a descoberta científica é impossível sem fé em ideias que são puramente especulativas e, por vezes, até nebulosas; uma fé que não é garantida pelo ponto de vista da ciência, e que, em tal medida, é metafísica" (POPPER, 2002, p. 16). Ver, também, PUTNAM, 1981, p. 127-149.

11 Por mais estranho que pareça aos olhos contemporâneos essa ideia de aproximar a ética da ciência, considerando a ampla aceitação do dogma positivista, se observarmos o projeto dos iluministas escoceses – tais como D. Hume, F. Hutcheson, C. Maclaurin e A. Smith –, creio que o estranhamento enfraqueceria. Uma de suas características centrais foi aplicar a metodologia das ciências naturais e aplicadas às ciências humanas e sociais, usando o método newtoniano na moral, por exemplo. Assim, a tarefa era descrever o fenômeno moral e tentar encontrar sua lei reguladora, que, no caso de Adam Smith, era o princípio da empatia ou do espectador imparcial, o que possibilitava demonstrar empiricamente as regularidades da vida social. Sobre o método científico e o iluminismo escocês, especialmente sobre o newtonianismo, ver WOOD, 2003, p. 99-107.

Em primeiro lugar, é importante dizer que se está interpretando esse progresso como um desenvolvimento do raciocínio moral, de forma a existir uma convergência entre nossas crenças morais e o padrão normativo do que seria o correto e o justo ao longo da história da humanidade. No passado, não era rara a realização de certas práticas excludentes e tribalistas que horrorizariam os contemporâneos. Por exemplo, práticas de genocídio e escravidão eram consideradas corretas desde que direcionadas aos "outros", o que parece revelar a existência de modelos distintos de justificação moral; assim, certos atos seriam corretos se direcionados a outros grupos, mas seriam errados se fossem direcionados aos seus membros. Os próprios atos eugenistas e de extermínio cometidos durante o nazismo parecem corroborar essa ideia de assimetria normativa entre "nós" e "eles", que era usual no passado. Uma mudança significativa que ocorreu após a Segunda Guerra Mundial, por exemplo, com a Declaração Universal dos Direitos Humanos, adotada e proclamada pela Assembleia Geral das Nações Unidas em 1948, foi o reconhecimento da dignidade inerente a todos os membros da família humana e de seus direitos iguais inalienáveis, isso sendo tomado como o fundamento da liberdade, justiça e paz no mundo.

Isso parece apontar para uma maior inclusividade, de forma a ver esse progresso como uma expansão do círculo moral, passando a incluir na preocupação ética os outros povos, pessoas de outras etnias, as mulheres, os animais não humanos e mesmo a natureza de forma geral. Nessa linha, Buchanan e Powell afirmam corretamente:

> É por isso que pensamos que é apropriado iniciar nossa investigação do progresso moral com a pressuposição que desenvolvimentos em inclusividade – mudanças que envolvem ampliar o *status* básico igual ou algum tipo de padrão moral para classes de indivíduos que eram previamente excluídos – são instâncias relativamente incontroversas do progresso (BUCHANAN; POWELL, 2018, p. 15).

Essa perspectiva inclusivista do progresso parece apontar, também, para um aumento de convergência a respeito de importantes normas morais universais, como é o caso da ampla aceitação dos direitos humanos atualmente, sendo o progresso tomado como uma confiança nessas normas para a diminuição da arbitrariedade nos julgamentos morais.

Em segundo lugar, é fundamental ter em mente que o progresso moral como se está apresentando não é linear, pois pode-se encontrar certos regressos morais, como é o caso do aumento da xenofobia contemporaneamente. No entanto, a direção da mudança é inegável. E, mais importante, que esses regressos são compatíveis com a própria ideia de progresso moral se se observa a questão de um ponto de vista histórico mais abrangente, isto é, de um ponto de vista de longa duração. Vejam o caso do estupro. Durante uma grande parte da história da humanidade, o estupro foi tratado em muitos sistemas jurídicos como violação de propriedade, uma vez que em muitas sociedades as mulheres eram tomadas como mera propriedade dos homens, principalmente do pai, marido ou irmão. E, assim, a vítima do estupro não seria a mulher, mas o seu proprietário, e a sentença, nesse caso, seria a transferência de propriedade. Mais assustador ainda, estuprar uma mulher que não pertencesse a nenhum homem não era considerado crime algum, bem como não era considerado crime o marido estuprar a própria mulher[12]. Por mais que se possa considerar a existência de certos regressos éticos, parece muito improvável que a mulher volte a ser tratada como propriedade do homem e o estupro volte a ser naturalizado, e não visto como um ato de violência. Isso não parece indicar claramente um progresso no campo moral?

Por fim, quero concluir apontando brevemente que o progresso em questão não está sendo tomado como necessário ou inevitável, mas que está sendo considerado apenas como possível e como identificável na história humana, sobretudo se levarmos em consideração o processo evolucionário. A moralidade foi originalmente excludente, apenas com a preocupação normativa por meio de sentimentos empáticos envolvendo um pequeno grupo humano. Hoje o círculo é mais abrangente. Mesmo considerando essa origem, foi possível romper com o tribalismo, dado que as capacidades humanas morais são plásticas, isto é, adaptativas, e isso representou uma melhora na estabilidade social[13]. Por mais que se tenha ainda muito o que esclarecer sobre

---

12 Em *Sapiens: A Brief History of Humankind*, Harari traz dados interessantes sobre o tema. Diz que o estuprador era obrigado a pagar o valor de uma noiva ao pai ou irmão da mulher, e a partir de então a mulher estuprada se tornava propriedade do estuprador. Também faz referência à Bíblia, que diz que o estuprador deve pagar ao pai da moça cinquenta peças de prata, além de ter que se casar com ela, e que os antigos hebreus achavam esse acordo razoável. Também destaca que esse pensamento não se restringiu ao Oriente Médio. Ainda em 2006 havia cinquenta e três países em que um marido não podia ser processado por estuprar a esposa. Ver HARARI, 2015, p. 144-145.

13 Buchanan e Powell chamam atenção sobre a importância de se compreender melhor o processo evolucionário para se pensar adequadamente sobre o progresso moral, o que envolve fazer uso de estudos de biologia evolutiva, psicologia moral e mesmo de uma teoria evolucionária da cultura. A ideia geral seria reconhecer que a evolução produziu mecanismos psicológicos (morais) adaptativos, possibilitando que hoje se faça juízos morais inclusivos a partir de mecanismo psicológicos que estavam configurados para a realização de avaliações morais excludentes, levando em conta apenas os mais próximos. Ver BUCHANAN; POWELL, 2018, p. 115-186.

o fenômeno, penso que essa explanação inicial é suficiente para o não cognitivista ter de levar minimamente a sério o argumento do progresso moral.

Falsidade do não cognitivismo

De forma similar ao argumento do progresso moral já apresentado neste subcapítulo, continuo a interpretar o desacordo moral de uma maneira não favorável a uma teoria do erro, argumentando que essa relatividade valorativa é mais bem-vista como uma prova da falsidade do não cognitivismo em vez de ser compreendida como uma evidência da inexistência de verdades morais objetivas. O ponto central será defender que se o não cognitivismo fosse verdadeiro, então, não se deveria ter desacordos morais profundos, uma vez que a normatividade seria explicada tão somente como uma atitude de aprovação ou desaprovação diante de certos atos e, assim, ambas as atitudes discordantes poderiam ser tomadas como verdadeiras ou aceitáveis pelos agentes, porque as convicções morais seriam mais bem entendidas como consistindo em certo tipo de desejo ou atitude conativa. No entanto, dado que de fato há discordância sobre questões éticas, considerando a convicção moral antagônica muitas vezes como falsa, então, o não cognitivismo não pode ser verdadeiro[14].

Vejam um desacordo moral como o existente diante do ato de mutilação genital feminina. A mutilação genital feminina, também chamada de circuncisão feminina, é a remoção total ou parcial, de forma ritualística, dos órgãos sexuais externos femininos. Geralmente envolve a retirada do clitóris. Na sua forma mais drástica, envolve também a retirada dos grandes e pequenos lábios vaginais, o que é chamado de excisão. Segundo a Organização Mundial de Saúde, a circuncisão feminina ocorre em mais de trinta países na África, no Oriente Médio e na Ásia, atingindo mais de 200 milhões de meninas e mulheres atualmente. Algumas vezes, a prática faz parte de um ritual

---

14 A teoria do erro, especialmente na versão apresentada por Mackie, defende como tese central a não existência de valores morais objetivos, estabelecendo que a pressuposição de objetividade nos juízos prescritivos implicaria a existência de entidades morais metafísicas e um tipo de intuição racional para conhecer essas entidades diferentes de tudo o que conhecemos do mundo natural e que essa pressuposição é um erro. Ver MACKIE, 1977, p. 30-42. Nas palavras dele: "Mas a negação de valores objetivos terá que ser apresentada não como o resultado de uma abordagem analítica, mas como uma teoria do erro, uma teoria que diz que, embora a maioria das pessoas ao fazer juízos morais afirme implicitamente, entre outras coisas, para algo objetivamente prescritivo, essas alegações são todas falsas" (MACKIE, 1977, p. 35).

tribal realizado em pequenas comunidades e considerado uma forma de as meninas entrarem no mundo adulto. Outras vezes, a prática acontece em cidades e muitas mulheres apresentam uma forte resistência a ela. É um ritual comumente praticado na cultura muçulmana, embora não seja uma obrigação religiosa absoluta, que gera um forte desacordo na comunidade mundial diante da sua correção.

Para muitas pessoas, especialmente para os que fazem parte de comunidades muçulmanas em que a prática de circuncisão feminina é habitual, esse ato é tomado como correto em razão de ele impedir a promiscuidade e garantir a pureza feminina e a fidelidade conjugal, por exemplo. Para tantos outros, essa prática é vista como errada porque implicaria uma violação aos direitos das mulheres, refletindo uma profunda desigualdade entre os sexos e constituindo uma forma de discriminação contra a mulher, além de representar uma violação aos direitos humanos, à saúde, à segurança e à integridade física. Notem que, em um desacordo nesse nível tão profundo, a convicção moral antagônica não parece ser tomada apenas como uma atitude de aprovação ou desaprovação diante do ato de circuncisão, que estaria ligada puramente às emoções dos agentes, podendo ser vista como uma avaliação legítima ou adequada, que se respeitaria em razão do pluralismo. Antes, essa convicção moral parece estar sendo tomada claramente como uma crença falsa e que deve ser combatida e derrotada. Isso já parece mostrar que é no mínimo limitada a forma com que os não cognitivistas procuram explicar os juízos morais por meio da dicotomia entre fatos e valores[15].

Derek Parfit, em *On What Matters*, volume II, propõe um argumento similar, ao identificar que os não cognitivistas distinguem entre fatos e valores e consideram que nenhum fato poderia ser normativo, uma vez que nenhum fato poderia ter papel relevante em nossa vida em termos de normas ou valores. Assim, para eles, a normatividade seria encontrada não nas propriedades dos atos propriamente ditos, mas apenas nas atitudes dos agentes em direção a esses atos (PARFIT, 2011, p. 378). Então, quando se considerasse que tal ato seria errado, isso apenas significaria que se teriam algumas atitudes de desaprovação diante desse ato, considerando que a moralidade

---

15 Para um emotivista como Stevenson, por exemplo, os desacordos sobre valores éticos seriam predominantemente desacordos sobre atitudes e apenas secundariamente desacordos sobre crenças. Stevenson vê esse desacordo valorativo como envolvendo expressões de emoções conflitantes, em vez de tomá-lo como crenças conflitantes sobre a natureza de uma realidade moral objetiva; assim, esses desacordos não poderiam ser tomados como verdadeiros ou falsos. Ver STEVENSON, 1963, p. 1-9.

envolveria paixões em vez da razão, sendo as convicções morais mais bem entendidas como consistindo em certo tipo de desejo ou atitude conativa. Nas palavras de Parfit:

> Se essa posição fosse verdadeira, não teríamos desacordos morais. Se eu dissesse que "roubar é errado" e você dissesse que "não é errado", essas declarações não conflitariam, e elas seriam ambas verdadeiras, uma vez que poderíamos ambos estarmos corretamente descrevendo nossas atitudes ao roubar. Entretanto, quando fazemos tais declarações, nós estamos discordando (PARFIT, 2011, p. 379).

Isso parece implicar que se a compreensão dos não cognitivistas acertasse o alvo, então, não deveríamos nos deparar com desacordos profundos na moralidade, mas, como de fato encontramos esse tipo de desacordo valorativo, a tese não cognitivista parece ser no mínimo incompleta. E o seu principal problema estaria associado com a aceitação incondicional da teoria *humeana* da motivação que considera que nenhuma crença poderia nos motivar, a menos que essa crença estivesse combinada com algum desejo[16].

Outra objeção importante aos não cognitivistas feita por Parfit e que parece vir em auxílio ao nosso argumento é que eles não poderiam explicar adequadamente a importância dos juízos sobre os deveres morais ou mesmo sobre os nossos juízos a respeito de como devemos viver nossa vida. Se a tese não cognitivista fosse verdadeira, essas seriam questões de escolha arbitrária, não sendo questões de certo ou errado; assim, não seria fundamental tentar encontrar respostas significativas a elas. Ao contrário, porém, essas são questões muitos relevantes na vida de um agente moral regular, que busca refletir acertadamente sobre os seus deveres com os outros ou como ele deve conduzir sua vida, se de forma virtuosa ou viciosa (PARFIT, 2011, p. 389-400). Imaginemos alguém refletindo se deve cumprir ou não a promessa feita em uma circunstância de injustiça, considerando uma situação em que o não cumprimento desse dever implicaria perda da própria identidade do agente. Isso já não mostraria uma limitação importante da tese não cognitivista?

---

16 O problema com essa concepção reducionista é que ela não explicaria certas decisões dos agentes com base em razões em vez de desejos. O exemplo dado por Parfit é interessante. Imaginemos alguém com depressão profunda. O agente poderia crer que existe uma razão decisiva para fazer algo, como agir de certa forma visando à proteção de seu futuro bem-estar, mesmo sem estar motivado para agir dessa forma. Parfit diz, acertadamente, que seria implausível considerar que tal pessoa não acreditaria que ela teria uma razão decisiva para proteger seu futuro bem-estar, o que mostra que razões também podem motivar as ações. Ver PARFIT, 2011, p. 383.

Com a finalidade de mostrar essa limitação referida, deixem-me apontar em maior detalhe a posição emotivista de Stevenson sobre o desacordo moral. Em "The Nature of Ethical Disagreement", Stevenson inicia estabelecendo uma distinção importante entre desacordos sobre crenças e desacordos em atitudes. O primeiro é exemplificado como um desacordo sobre a causa de uma doença, em que um agente A acredita em p e um agente B acredita em $\sim p$. O segundo é exemplificado como um desacordo sobre em qual restaurante jantar ou como um desacordo em relação à modernização de escolas e parques, em que os agentes teriam preferências divergentes e cada um estaria tentando direcionar sua preferência ao outro. A diferença básica apontada por Stevenson é que em desacordos sobre crenças, elas não poderiam ser tomadas ambas como verdadeiras, enquanto em desacordos em atitudes isso não seria verificado, pois o desacordo implicaria que ambas não pudessem ser satisfeitas. Discordando de uma posição naturalista, em que os juízos morais estariam sendo tomados como declarações científicas que poderiam ser descritas e, assim, o desacordo valorativo poderia significar um desacordo sobre crenças, Stevenson dirá que a natureza dos desacordos éticos envolvem tanto os desacordos em atitudes como os desacordos em crenças, mas que o primeiro desacordo é predominante em razão (1) de ele determinar que tipo de desacordos sobre crenças seriam relevantemente disputados em uma discussão ética e (2) por ele determinar o fim de uma discussão no campo moral (STEVENSON, 1963, p. 1-6).

O ponto central de Stevenson é defender que os desacordos éticos só poderiam ser explicados por um desacordo em atitudes, na forma de identificar dois interesses antagônicos. Os descordos sobre crenças que estariam envolvidos seriam apenas secundários. Tomem o exemplo dado por ele. Imaginem um desacordo sobre o aumento salarial de uma dada categoria de trabalhadores. O representante sindical reivindicaria o aumento para sua categoria, enquanto o representante patronal reivindicaria a permanência dos salários no patamar atual. Para Stevenson, esse seria um desacordo em atitudes de aprovação e desaprovação diante do aumento salarial e revelaria apenas um pequeno desacordo sobre crenças. Por exemplo, eles poderiam discordar sobre o aumento do custo de vida e sobre o tamanho do sofrimento dos trabalhadores, mas essa discordância sobre crenças só seria relevante em razão do desacordo sobre atitudes, encerrando-se ao término do desacordo demonstrado pelas atitudes dos agentes, que nada mais seriam que um desacordo em interesses. Notem que, nessa forma de interpretação, os desacordos no campo da moralidade revelariam, sobretudo, fatos psicológicos de aprovação ou desaprovação diante de algo em vez de apontar para fatos científicos que poderiam ser verdadeiros ou falsos. O ponto central de Stevenson é dizer que como dois agentes podem continuar discordando em atitudes, mesmo não existindo mais nenhuma discordância a respeito de crenças, o desacordo em ética não teria relação direta com verdades científicas, mas estaria ligado a uma perspectiva emocional, uma vez que o objetivo central seria o redirecionar as atitudes dos agentes em vez de provar certo tipo de conhecimento (STEVENSON, 1963, p. 4-8)[17].

De posse dessa compreensão mais detalhada de uma interpretação não cognitivista do desacordo moral, deixem-me concluir o subcapítulo retornando ao caso da discordância sobre a correção da mutilação genital feminina. Se a tese postulada por Stevenson, por exemplo, estivesse correta, então, o desacordo entre os que consideram a circuncisão feminina correta ou errada seria apenas uma questão subjetiva de aprovação ou desaprovação, respectivamente, diante do ato de retirada do clitóris, e as convicções antagônicas poderiam ser tomadas como verdadeiras ou aceitáveis, como seria o caso da discordância entre a correção do aumento salarial para os trabalhadores No entanto, não parece ser assim que os agentes compreenderiam o caso. Ao contrário, parece que em um desacordo moral tão profundo os agentes tomariam as convicções antagônicas como crenças falsas que precisariam ser combatidas e derrotadas. Por exemplo, para quem acredita que a circunscrição feminina é errada por ferir os direitos de igualdade e integridade, a convicção de aprovação ao ato não parece ser tomada apenas como uma atitude diferenciada legítima. Ao contrário, parece que ela seria tomada como uma crença falsa em razão do não reconhecimento do fato dos direitos humanos, sendo os direitos humanos aqui compreendidos como critérios normativos objetivos que teriam o papel de provar o erro ou a falsidade da atitude subjetiva de aprovação à circuncisão, o que já nos mostraria que o desacordo ético é, também, um desacordo sobre crenças. Parece semelhante se o desacordo em atitudes como formulado por Stevenson envolvesse uma atitude de aprovação em relação à escravidão. Imaginem, por hipótese, que o representante patronal, em vez de apenas expressar uma atitude

---

17 Ao final do texto, Stevenson conclui que os termos éticos como *bom*, *errado* e *dever*, que são usados habitualmente em desacordos morais, tomados predominantemente como desacordos em atitudes, têm um forte significado emocional. Mesmo ressaltando que esses termos não seriam puramente emocionais, uma vez que discussões éticas parecem envolver muitas disputas sobre crenças, aponta que os juízos éticos tentam moldar ou alterar as atitudes dos agentes, em vez de tentar descrevê-las, e que isso seria uma evidência da distinção profunda existente entre a ética e a ciência. Ver STEVENSON, 1963, p. 8-9.

de desaprovação diante da correção do aumento salarial, defendesse que os trabalhadores não mereceriam salários e, mais, que eles deveriam se tornar escravos. Provavelmente essa convicção moral seria considerada falsa, ilegítima e inaceitável, em razão de sua negação dos direitos humanos.

Com isso, creio que para uma melhor interpretação do fenômeno do desacordo moral é necessário estabelecer uma distinção mais fina entre desacordos profundos e superficiais e identificar que apenas em desacordos superficiais, como seria o caso do desacordo sobre o aumento salarial ou sobre o dever de cumprir a promessa feita em uma situação de injustiça, a convicção antagônica poderia ser tomada como um desacordo em atitudes e vista como subjetivamente legítima. No caso de desacordos éticos profundos, ao contrário, é fácil perceber que certas questões estariam relacionadas a fatos morais relevantes e sobre como se poderia provar ter um conhecimento adequado sobre eles. Pelo menos nesse nível profundo, seria possível compreender que os desacordos valorativos implicariam, também, crenças conflitantes sobre a natureza de uma realidade moral objetiva, o que já aproximaria a ética da ciência e colocaria em xeque a posição não cognitivista que busca interpretar esse desacordo como uma prova da inexistência de verdades objetivas no campo da moral.

Aperfeiçoamento do pensamento moral

Deixem-me concluir o presente capítulo com algum esclarecimento adicional a respeito de como se pode compreender o conhecimento moral e de como essa distinção entre desacordos morais profundos e superficiais pode ser mais bem qualificada com base em uma diferenciação entre a moralidade pública e privada. Ressaltarei, também, como essa importante distinção parece fundamental para se poder defender a existência de verdade morais objetivas, mesmo considerando o fenômeno da relatividade ética. Dessa forma, o desacordo moral poderá ser mais bem interpretado como uma expressão do processo de amadurecimento do pensamento normativo, em vez de ser tomado como uma prova irrefutável da inexistência de verdades objetivas no campo da moral. A despeito da alegação não cognitivista de que o objetivo da ética seria possibilitar um redirecionamento das atitudes em vez de querer provar certa verdade, é possível entender o conhecimento moral como um processo em aperfeiçoamento, que é falível, por um lado, mas que auxilia os agentes a melhor deliberar, por outro.

Um dos principais erros que se pode cometer ao se interpretar o conhecimento no campo da moralidade é querer tomá-lo como um conhecimento de tudo ou nada, isto é, ou se saberia absoluta ou infalivelmente o que é certo e errado, bom e mau, justo e injusto em cada situação cotidiana, ou se teria que decidir o que fazer ou como viver de forma puramente subjetiva, sem poder contar com nenhum critério normativo objetivamente garantido para auxiliar nas deliberações morais cotidianas. Creio que essa maneira de abordar a questão encobre a própria especificidade da ética que, como já dizia Aristóteles, corretamente, não pode ser considerada com o mesmo grau de exatidão que a matemática e a física, mas, ainda assim, pode ser classificada sob o domínio da ciência, mesmo que da ciência prática. Essa especificidade revelaria que a ética é um tipo de conhecimento cercado por diversidade de opiniões e incertezas sobre o bom e o justo, mas que pode auxiliar os indivíduos a melhor decidir em casos complexos e agir de forma apropriada, que seria a virtuosa, em razão de ela indicar a verdade de forma aproximada e em linhas gerais, estando esse conhecimento ligado intrinsecamente à experiência dos agentes. Em *Nicomachean Ethics*, Aristóteles exemplifica essa complexidade da ética dizendo que a coragem e a riqueza são tomadas geralmente como bens, mas que há casos de pessoas que pereceram devido a elas. Assim, já poderia ser tomado como um tipo de conhecimento o saber de que a coragem e a riqueza são bens geralmente, mas que não são bens quando forem prejudiciais aos agentes[18].

Esse exemplo já mostra que o conhecimento moral pode incluir princípios tanto gerais quanto universais, bem como a experiência particular dos agentes. Por exemplo, pode incluir princípios morais generalizantes que informariam que a coragem é um bem geralmente, isto é, na maior parte das vezes. E, também, poderia contar com a experiência de um sujeito particular que pereceu por causa da coragem, talvez em certo conflito ou ameaça, além de poder contar, igualmente, com um princípio universal que diria que a coragem não é um bem quando for prejudicial ao sujeito. De posse desses princípios morais e da experiência, além de contar com uma capacidade deliberativa para pesar as diversas razões identificadas em um caso e escolher o melhor curso de ação, que seria aquele que realizaria o fim bom, o agente poderia decidir agir de forma corajosa, por exemplo, mesmo com o risco

---

18 Essa consideração aristotélica de identificar a ética como uma ciência prática implica compreendê-la no âmbito da razão prática, e não no domínio da razão teoria. A distinção fundamental é que a razão teórica (*noûs*) tem relação com as razões para crer, em que se deve (i) intuir os princípios e (ii) descrever os fenômenos, enquanto a razão prática (*phrónêsis*) tem relação com as razões para agir, em que se deve (i) intuir os fins e (ii) deliberar sobre os meios adequados para a realização dos fins. Outra característica importante seria ver a ética com base na própria racionalidade humana, tomando o próprio homem como princípio da ação ética, sendo entendidos como inseparáveis o agente, a ação e a própria finalidade. Ver ARISTÓTELES, 1999, p. 2-3 (1094a25-1095a15).

existente de ela ser prejudicial, mas pesando as razões adequadamente, nas circunstâncias específicas que caracterizam uma deliberação particular.

No caso do agente que estivesse refletindo se deve cumprir ou não a promessa feita em uma circunstância de injustiça, por exemplo, se deveria pagar certa quantia prometida sob a coação de um criminoso, esse tipo de raciocínio poderia auxiliá-lo em sua decisão. Ele poderia saber que se deve cumprir a promessa, uma vez que, para ser honrado, sua palavra teria de ter valor. E poderia saber, também, que a honra é uma virtude importante para a felicidade dos agentes. Por outro lado, ele poderia saber que uma circunstância injusta, como a coerção, invalidaria toda obrigação, especialmente na esfera jurídica. E, assim, poderia decidir por não cumprir a promessa nessa situação específica, mesmo sabendo que se deve cumprir a promessa geralmente. Esse raciocínio moral, embora não sendo infalível, parece já capacitar os agentes na resolução de problemas éticos que surgem a todo momento; assim, uma deliberação moral poderia ser tomada como uma situação não trivial em que, mesmo não se sabendo teoricamente o que se deve fazer, se pode considerar integralmente as questões envolvidas e decidir por certo curso de ação ou tipo de vida, o que seria o mesmo que solucionar um problema prático[19].

Notem, porém, que o caso não é tão simples assim ao se analisarem as características do raciocínio moral, pois outro agente poderia decidir por cumprir a promessa mesmo em uma circunstância de injustiça. Vejam o caso de Sócrates, no *Críton*, que decidiu cumprir a promessa feita às leis, não fugindo de Atenas e aceitando a pena de morte, inclusive tendo sido condenado injustamente. Mesmo com o conhecimento de que era alvo de uma condenação injusta, a sua decisão foi na direção de uma reprovação absoluta de qualquer ato injusto, pois sua consciência não poderia conviver com a aceitação da realização de um ato não virtuoso. E isso em razão de considerar que se deve sempre cumprir as promessas e que nenhuma circunstância de injustiça invalidaria alguma obrigação; daí a regra de não se retribuir uma injustiça com outra injustiça. Isso já parece apontar para a necessidade de se fazer uma distinção mais detalhadas

---

19 Stuart Hampshire, em "Fallacies in moral philosophy", responde à primeira falácia não cognitivista que diz que os juízos morais seriam puramente prescritivos e, logo, seriam arbitrários por expressarem apenas as emoções dos sujeitos, defendendo que em um modelo deliberativo o agente pesa e reflete sobre alternativas e, então, pode justificar sua decisão, enquanto em um modelo emotivista a declaração moral seria feita sobre os próprios sentimentos dos agentes, não sendo uma justificação nem necessária nem suficiente. Sua conclusão é que um juízo moral seria como um silogismo prático, em que a ação correta é a melhor coisa a se fazer naquelas circunstâncias. Ver HAMPSHIRE, 1949, p. 466-482. Sobre o raciocínio prático em decisões éticas, ver AUDI, 2006, p. 187-199.

entre os desacordos morais. Antes, eu distingui esses desacordos como superficiais e profundos. Agora, quero sugerir que desacordos superficiais são mais bem interpretados como descordos da esfera privada da moral, enquanto desacordos profundos estariam circunscritos à esfera pública da moralidade. O exemplo anterior do desacordo sobre o dever de cumprir a promessa ou não penso que pode ser classificado, sem muita dificuldade, como um desacordo da moral privada, em razão de ele ter relação direta com aquilo que teria maior impacto ou importância na vida privada dos agentes, e não na vida de toda a comunidade. Por exemplo, a decisão de ser honrado e cumprir a promessa em todas as situações ou a decisão de não cumprir alguma promessa em caso de coação parece ter uma relevância prioritária para a vida do próprio indivíduo, o que revelaria uma autoridade em primeira pessoa para a decisão. Seria o mesmo em casos sobre coragem, moderação, benevolência ou integridade, em que parecem aceitáveis as decisões discordantes dos agentes, de forma que inclusive quem decidisse por descumprir a promessa ou não ser corajoso poderia ver a decisão antagônica como uma atitude legítima e, dessa forma, ser tomada como adequada. Similarmente, parece que mesmo quem decidisse por observar as obrigações absolutas e ser íntegro poderia considerar aceitável a decisão contrária, sobretudo, se se pensa em uma perspectiva de pluralismo. Nesse âmbito privado da ética, o desacordo parece mesmo uma questão subjetiva e as emoções e desejos dos agentes de toda ordem se mostram muito relevantes. No entanto, seria o mesmo em uma divergência no âmbito público da moralidade? Não parece ser o caso, uma vez que o desacordo público, ao contrário, envolveria o que teria importância para toda a comunidade moral e política.

Creio que a diferença central de um desacordo no âmbito público da moral é que a autoridade não seria mais em primeira pessoa. Isso é importante porque, como a moralidade pública trata de questões que impactam na vida de todos os agentes, a autoridade normativa não poderia se restringir às respostas emocionais dos diversos sujeitos; assim, comumente se apelaria ou para critério objetivos em terceira pessoa, ou mesmo para critérios intersubjetivos, em segunda pessoa. Reparem que em um desacordo sobre a correção da circuncisão feminina ou mesmo sobre a correção ou incorreção da tortura e escravidão, para exemplificar, o que parece estar em jogo é a disputa sobre quais crenças se podem tomar como legítimas e aceitáveis e quais crenças devem ser excluídas da disputa. Por exemplo, a crença de a igualdade de gênero e integridade não serem direitos, a de os soldados inimigos não serem pessoas ou a de os negros serem inferiores aos brancos seriam tomadas como crenças falsas por aqueles que defendem os direitos humanos, isto é, por aqueles que reconhecem como direitos de todos os membros da família humana a igualdade de gênero, integridade, liberdade e igualdade racial. Isso parece mostrar que ao menos nesse nível profundo de desacordo, em que estariam em jogo questões públicas fundamentais, como são os direitos, o raciocínio moral não poderia se reduzir a um processo de deliberação e decisão particulares, tendo que contar com verdades morais aceitáveis por todos, o que nos conduziria a uma discussão sobre as formas legítimas de justificação das convicções morais dos cidadãos.

Se eu estiver correto em considerar que em um desacordo no âmbito da moralidade pública envolveria uma disputa sobre quais crenças morais se poderiam tomar como legítimas ou aceitáveis e quais crenças deveriam ser excluídas do debate, o que já mostraria a falsidade da tese não cognitivista ao menos nesse nível, creio que o próximo passo seria refletir sobre métodos de justificação das convicções morais e com que tipo de verdades objetivas se poderia contar. Penso que o método do equilíbrio reflexivo propiciaria a consideração de um importante aspecto intersubjetivo das verdades morais, de forma a orientar as decisões normativas, especialmente na esfera pública, de maneira interpessoal e com proximidade à ciência. Assim, se poderia ter a justificação de uma crença moral por sua coerência com um sistema coerente de crenças, o que incluiria crenças morais ponderadas, isto é, crenças morais em que se tem grande confiança, princípios morais e crenças não morais, tais como crenças científicas e até mesmo crenças religiosas e metafísicas. Em uma justificação desse tipo, o que justificaria a crença moral que consideraria "a circuncisão feminina errada" seria a sua coerência com um sistema coerente de crenças, o que implicaria poder contar com crenças morais ponderadas, tais como: as que afirmariam que "é errado infligir dano intencional a pessoas inocentes" e que "é errado fazer procedimentos cirúrgicos que não tragam benefícios para a saúde da pessoa e que acarretem problemas psicológicos". Além de poder contar com princípios morais que diriam, por exemplo, que "devemos respeitar a igualdade de todos, sem discriminação de gênero" e que "devemos respeitar a integridade dos seres humanos". Além de poder contar com crenças não morais, como as que afirmariam que "o prazer sexual é importante para uma vida satisfatória" e que, "em um Estado laico, razões religiosas não devem se sobrepor às razões morais-políticas". E a importância desse método estaria na sua forma de conectar adequadamente fatos e valores[20].

---

20 A conexão entre fatos e valores se daria porque o método conecta crenças e princípios morais com crenças não morais (por exemplo, crenças científicas, que sao crenças fatuais). Nesse caso, se estaria falando de um equilíbrio reflexivo amplo e não estreito, pois a coerência não se restringiria apenas à crença moral com algum tipo de princípio, o que

Esse método do equilíbrio reflexivo parece fazer a convergência entre as crenças morais em direção a um padrão normativo do que seria o correto e justo não ser arbitrária, uma vez que se poderia ter respaldo na aceitabilidade dos envolvidos para sua validação, o que remeteria a uma perspectiva intersubjetiva de justificação. Vejam que seria diferente no caso de alguém querer justificar aos outros a sua crença moral de que "a circuncisão feminina é correta". Provavelmente, esse agente teria de fundamentar essa crença moral em certas crenças científicas e religiosas que muito dificilmente teriam aceitação dos envolvidos, tais como dizer que essa prática "impediria a promiscuidade" e que ela "garantiria a pureza e fidelidade feminina". E isso seria importante em razão de certas verdades reveladas, não esquecendo que essa prática é encontrada em algumas comunidades que professam a fé muçulmana. Aqui as verdades morais estariam fundamentadas em certas crenças religiosas que contariam como crenças autojustificadas.

Em um mundo cada vez mais plural, especialmente do ponto de vista religioso (e até mesmo político), parece temerário querer fazer uso de um modelo fundacionista como esse para a justificação das crenças morais dos sujeitos. Parece mais prudente apostar em um tipo de raciocínio moral que possibilite a revisibilidade dessas crenças éticas e não faça uso de crenças autojustificadas que funcionariam como crenças básicas. Mesmo interpretando o conhecimento moral como sendo falível, penso que ele já mostra que o desacordo moral, sobretudo no âmbito público da ética, não poderia ser tomado como uma prova da inexistência das verdades morais objetivas, uma vez que parece auxiliar fortemente nas decisões coletivas dos agentes. Provavelmente, o que o fenômeno em questão revela é que o pensamento normativo, sobretudo o moral, ainda precisa de aperfeiçoamento, mas isso só seria um problema para quem toma o conhecimento ético como de tudo ou nada, e não como uma questão de graus.

---

poderia implicar conservadorismo, uma vez que qualquer crença se justificaria pela coerência com algum princípio que já obtivesse aceitação. No caso do equilíbrio amplo, como o sistema coerentista é mais abrangente, ele propicia a revisibilidade das crenças morais do sujeito. Sobre essa característica de revisibilidade, ver RAWLS, 1971, p. 48-53. Sobre se o método é mais bem-visto de uma forma coerentista, contextualista ou mesmo fundacionista moderada, ver THOMAS, 2010, p. 198-211.

Capítulo 3
A complexidade da normatividade

O objetivo central deste capítulo é refletir sobre a complexidade da normatividade em relação estreita com uma concepção pedestre de agência moral. Para tal, inicio pensando a conexão entre a virtude da integridade e a gestão. Posteriormente, procuro estabelecer uma conexão entre os critérios de civilidade, tolerância e razoabilidade e a esfera do direito, de forma a diferenciar a força da normatividade da esfera privada em contraposição à força normativa da esfera pública. Ressalto aqui a especificidade da responsabilidade social. O ponto central será destacar que no âmbito da moralidade privada se precisaria contar com uma autoridade normativa em primeira pessoa, inclusive para garantir a felicidade pessoal. Em contrapartida, no âmbito da moralidade pública, se precisaria contar com uma autoridade normativa em segunda pessoa para a garantia da felicidade coletiva, o que remeteria a uma distinção entre uma justificação subjetiva de uma justificação interpessoal de normas. O próximo passo será apresentar a sofisticada concepção de normatividade de Derek Parfit, propondo uma pequena correção, de forma a se poder contar com dois princípios morais para se saber se a ação é certa ou errada, distinguindo a moralidade pública da moralidade privada.

Integridade e gestão

Imaginem a situação de dois amigos, Augusto e Beto. Augusto trabalha em um grande hospital como enfermeiro no setor da emergência. Depois de dez anos trabalhando no período noturno, é chamado pela administração do hospital para uma oferta de promoção no emprego. O administrador oferece para Augusto o cargo de supervisor da emergência, o que representaria um aumento salarial substancial, além de ter que trabalhar apenas no período diurno. A única exigência feita é que ele deveria aceitar fraudar os exames realizados para cobrança a mais do SUS. O administrador pondera que essa prática é necessária para cobrir outras áreas em que o hospital é deficitário e, assim, conseguir mantê-lo funcionando. Augusto pede dois dias para pensar. Em casa, consulta sua esposa, Bárbara. Os dois ficam contentes com a ideia de promoção, pois o aumento salarial seria importante no projeto da compra de um apartamento, bem como a mudança de turno significaria mais tempo para a convivência do casal.

Após os dois dias combinados, Augusto retoma a conversa com o administrador. Agradece a confiança, mas declina do convite. O motivo que alega é que ele se recusa a fazer algo errado, como fraudar os exames para cobrar a mais do SUS. Seria uma desonra para ele e para a sua família. Pondera que seus princípios morais e religiosos o impedem dessa prática, mesmo considerando sua necessidade para o bom funcionamento do hospital. O administrador o ameaça veladamente com demissão. Ele diz compreender a ameaça, mas é intransigente na sua decisão de não aceitar o novo encargo.

Considerando a recusa de Augusto, o administrador oferece o cargo a Beto. A mesma proposta é realizada, aumento salarial e turno diurno de trabalho, além da mesma exigência de aceitar fraudar o SUS. Contrariamente a Augusto, Beto não acredita que essa prática seria errada, uma vez que aquilo que o SUS paga ao hospital é muito pouco, além de concordar com o argumento amplamente aceito de que a corrupção generalizada no país anistiaria todo ato particular corrupto. Além disso, compreende que sem essa prática não seria possível manter o hospital funcionando. Pessoas perderiam seus empregos e os pacientes teriam de enfrentar grandes distâncias para encontrar atendimento médico. Conversa com sua esposa, Cássia, que o apoia. E, assim, aceita o novo cargo.

O que esses dois casos parecem ter em comum? Por mais estranho que pareça a um primeiro olhar, ambos os agentes parecem manifestar o mesmo caráter íntegro. Vejamos. Augusto não aceita o cargo porque dele se exige certa prática que contrariaria seus princípios morais de não mentir, não fraudar, ser honesto etc. Por sua vez, Beto aceita a promoção em razão de ela também não exigir uma contradição performativa, uma vez que a ação que é requisitada dele não se contraporia aos seus valores, pois ele admite que seria adequado mentir e fraudar em razão de essas práticas serem corriqueiramente realizadas por todos e necessárias para o bom funcionamento das coisas. O que essa situação parece mostrar é que a integridade não seria apenas entendida como a qualidade de uma pessoa de conduta irrepreensível ou honesta, isto é, como uma qualidade moral. Antes, a integridade parece apontar para uma maior complexidade normativa, uma vez que mesmo o caráter de um cínico poderia ser considerado íntegro.

Partindo dessa situação, que é no mínimo curiosa, meu objetivo aqui será investigar sobre o que seria mesmo a integridade, bem como se ela seria desejável para garantir uma vida bem-sucedida aos agentes. Mais especificamente, quero refletir em que medida a integridade seria um requisito fundamental tanto para a felicidade pessoal como para a felicidade coletiva, pensando, sobretudo, na vida das organizações. Notem que, contemporaneamente, a integridade, inclusive, está sendo usada como critério de seleção para gestores, tanto públicos como privados, além de ser requisito na contratação e promoção dos colaboradores de diversas empresas. Em uma época em que o assédio moral se mostra como um grande problema organizacional, apenas ter certas habilidades técnicas para desempenhar certa função com eficácia tem se mostrado insuficiente para se alcançar o sucesso coletivo.

Dito isso, no restante do texto, refletirei sobre o significado do termo integridade e sua relação com a prática da gestão. Inicio tomando a integridade como uma virtude. Posteriormente, relacionarei a virtude da integridade com uma concepção pedestre de agência humana, tomando a responsabilidade moral do sujeito de uma forma desinflacionada. De posse disso, o próximo passo será investigar a relação da integridade com o mundo do trabalho, pensando nessa virtude como uma condição necessária especialmente ao gestor. Na parte conclusiva do estudo, tentarei conectar a virtude da integridade com as virtudes públicas de civilidade, razoabilidade e tolerância. Disso se seguirá uma reflexão sobre o significado da responsabilidade social e a vida das organizações, bem como uma interpretação da abrangência e do significado da normatividade; por fim, haverá uma proposta de dois princípios morais com a distinção entre a moralidade privada e a moralidade pública como critérios normativos aos agentes.

A virtude da integridade

Mas o que é mesmo integridade? Inicio com uma definição como ponto de partida. Integridade é uma palavra que vem do latim *integritate* e significa a qualidade ou estado de algo ou alguém que é íntegro ou completo. Por exemplo, alguém ter inteireza física, um objeto estar intato ou uma pessoa ter retidão de caráter. Em ambos os casos é o mesmo que dizer que o objeto ou a pessoa é íntegro. Veja que o termo é sinônimo de honestidade, coerência, equilíbrio, imparcialidade e, também, previsibilidade. Em um sentido corriqueiro, ser íntegro é equivalente a ser honrado, puro, inocente. Pode indicar uma atitude de perfeição moral, tal como ser um agente incorruptível ou irrepreensível[1].

Como o objetivo é pensar na necessidade da integridade para a gestão, a integridade será tomada como a qualidade do caráter do agente íntegro. Dessa forma, ela pode ser interpretada como uma virtude. E isso porque a virtude é um traço comportamental desejável manifestado nas ações habituais, que é algo bom para a pessoa ter, em razão de garantir uma vida bem-sucedida, isto é, uma vida feliz. E, assim, a integridade sendo tomada como uma virtude pode ser vista como o traço de caráter de alguém que é reto, inteiro, uno, previsível etc. É importante frisar que é compreensão corrente tomar a integridade como uma qualidade do agente que é necessária para alcançar estabilidade pessoal, bem como para alcançar sucesso na convivência com os outros. Tal como a curiosidade e a moderação, por exemplo, o comportamento íntegro é entendido socialmente como essencial para uma vida boa, sendo fundamental tanto para garantir uma boa convivência com amigos e familiares, como com os colegas de trabalho.

Agora, é importante perguntar que tipo de virtude seria a integridade. Ela seria uma virtude moral ou, antes, pessoal? Sendo moral, todo ato íntegro do agente seria sinônimo de um ato correto, bom ou justo. Notem, porém, que um agente íntegro poderia realizar ações erradas, tais como atos de fanatismo. Vejam um caso de um membro do Estado Islâmico que coloca uma bomba em um carro, explodindo-o em uma praça cheia de gente em uma grande cidade europeia (Paris, por exemplo). Esse fanático poderia ser considerado íntegro? Parece que sim, uma vez que sua ação teria se seguido dos princípios e valores que ele consideraria adequado, quais sejam, que se deve empreender uma guerra santa contra o Ocidente para afirmar certas verdades no mundo. Mais especificamente, o atentado seria uma retaliação para o papel da França na intervenção militar na Síria e no Iraque. Assim, a ação seria coerente com os valores e, dessa forma, o agente poderia ser visto como íntegro, inteiro, mas não como correto ou bom. E isso porque, de um ponto de vista intersubjetivo, usar da violência para afirmar certos ideais não poderia ser tomado como algo que é moralmente correto, pensando-se em

---

1 Segundo o Dicionário Aurélio, integridade é definida como a "1. Qualidade de íntegro, inteireza. 2. Fig. Retidão, imparcialidade. 3. Fig. Inocência, pureza, castidade". Por sua vez, íntegro é definido como "1. Inteiro, completo. 2. Perfeito, exato. 3. Reto, imparcial, inatacável. 4. Brioso, pundonoroso" (Ferreira, 1986, p. 955).

uma justificação em segunda pessoa, é claro, preferencialmente uma justificação em terceira pessoa, que seria inteiramente impessoal[2].

Com isso em mente, creio que a integridade pode ser mais bem compreendida como uma virtude pessoal em vez de moral, posto que estaria conectada com uma disposição do agente em identificar um padrão normativo para ação, escolhendo princípios, valores ou mesmo virtudes, assumir esses valores como coerentes entre si, e agir com base em seus comprometimentos valorativos mais profundos. Em síntese, ela seria mais bem compreendida como atitudes de coerência e equilíbrio. Primeiro, coerência na escolha dos próprios valores e princípios do agente. Segundo, entre o conjunto valorativo do agente e as suas ações[3]. Passo a uma análise mais detalhada da virtude da integridade com base nessa circunstância pessoal.

A integridade exige que as ações dos agentes tomem como critérios normativos o conjunto valorativo que conta com sua aprovação. Isso parece implicar, em primeiro lugar, a harmonização dos vários tipos de desejo, harmonizando desejos de primeira ordem, tais como o de ter certos bens, tirar férias em certos lugares e comer em determinados restaurantes com os desejos de segunda ordem, tal como se orientar por certos princípios e valores. Em segundo lugar, isso parece significar a coerência entre as ações e os valores dos agentes, de forma que haja coerência entre os comprometimentos, princípios e valores de alguém, bem como coerência entre as ações e esse conjunto valorativo. Por exemplo, um agente íntegro não poderia desejar possuir carros de luxo, comer em restaurantes caros e passar férias nos locais mais badalados e, simultaneamente, desejar viver segundo os valores de simplicidade e sustentabilidade ambiental. Vejam que esse seria um caso de inconsistência entre os desejos de primeira ordem com os desejos de ordem

---

[2] Em *Contrato & Virtudes* defendo que o conhecimento moral pode ser mais bem compreendido a partir de um modelo coerentista holístico, de forma a justificar-se uma crença ou princípio moral por sua coerência com um sistema coerente de crenças, o que implica intersubjetividade. Veja a seguinte formulação apresentada: "Uma crença moral p estará justificada para um agente S em um tempo t e em circunstâncias C se e somente se ela for coerente com um sistema consistente de crenças CS" (COITINHO, 2016, p. 115).

[3] De acordo com Scherkoske, a integridade é mais bem classificada como virtude epistêmica antes que moral, em razão de ela não se constituir como uma disposição para uma dada motivação particular, como fazer certa ação, ou mesmo como uma disposição para ter certo pensamento. Em suas palavras: "Da mesma forma que as virtudes epistêmicas de exatidão (*accuracy*), abertura (*open-mindedness*) e perspicácia analítica (*analytical insightfulness*) não especificam nenhum conteúdo particular, a integridade também não fornece nenhum pensamento específico" (SCHERKOSKE, 2012, p. 201).

superior[4]. De forma similar, uma pessoa íntegra não poderia trabalhar em um laboratório que faz pesquisas com armas químicas e, ao mesmo tempo, ser pacifista, mesmo precisando muito do emprego para sustentar a família. A ação inconsistente com os valores pessoais parece implicar a violação da própria identidade[5].

O problema parece ser que violar um comprometimento de identidade seria deixar de ser a pessoa que se acreditava ser. No entanto, seria possível alguém ser feliz com esse tipo de violação? Provavelmente não, em razão de a felicidade requerer uma atribuição de valor na forma em que se vive, incluindo aqui o conjunto normativo que serve de parâmetro para as ações dos agentes. Imaginem o caso do pacifista que viesse a aceitar o emprego em um laboratório que faz pesquisas com armas químicas. Mesmo considerando a felicidade familiar que esse ato poderia gerar, com a maximização do bem-estar dos envolvidos, parece que essa violação ao comprometimento pessoal com a paz implicaria a violação do critério pelo qual o agente atribui valor à própria existência. E de que maneira se poderia considerar esse tipo de alienação do agente consigo próprio uma base adequada para uma vida feliz, bem-sucedida? Por mais tentador que seja justificar essa escolha de forma utilitarista, parece que uma justificação em primeira pessoa seria necessária para a felicidade.

Uma última questão ainda em termos de uma definição inicial. A integridade seria uma virtude pública ou privada? Embora tenha aspectos claramente sociais, penso que essa virtude seria mais bem definida como privada, pois, como a curiosidade, a coragem e a moderação, ela depende da disposição de uma pessoa específica em agir de certa forma para a obtenção do sucesso, não sendo requerido que os outros ajam de forma similar, como é o caso da tolerância e razoabilidade ou mesmo da civilidade. A felicidade aqui requer apenas atitudes pessoais, e não coletivas, o que não significa negar o seu

---

4   Tomando a classificação de Frankfurt, essa incoerência entre desejos de primeira ordem e desejos de uma ordem superior caracterizaria um *wanton* antes que uma pessoa. A integridade exigiria que a pessoa tivesse a capacidade de discriminar entre seus desejos de primeira ordem, assumindo uma linha coerente entre esses desejos e os desejos de ordem superior, sem ambivalência. Ver FRANKFURT, 1971, p. 10-14.

5   Este é um exemplo dado por Bernard Williams para se contrapor ao modelo utilitarista de raciocínio moral. George é químico e está desempregado, precisando sustentar a família. Surge uma oportunidade de emprego em um laboratório que realiza pesquisas com armas químicas. Ele deve aceitar o emprego ou não, considerando que ele se opõe ao uso de armas químicas? Do ponto de vista utilitarista, a resposta seria positiva, uma vez que aceitar o emprego é o que maximizaria o bem-estar dos envolvidos. No entanto, de um ponto de vista pessoal, isso implicaria a alienação de George aos próprios valores, isto é, implicaria a perda de sua integridade. Ver WILLIAMS, 1973, p. 97-98.

caráter social, uma vez que ela estaria conectada com os valores estipulados pela comunidade da qual o agente faz parte. Por exemplo, os valores de solidariedade e sustentabilidade ambiental são mais bem entendidos como valores sociais compartilhados por certo grupo do que valores que sujeitos isolados aprovariam. A vida íntegra é de um sujeito particular, é claro; entretanto, os valores identificados parecem pertencer ao grupo do qual ele faz parte.

Calhoun observa, acertadamente, que a ação íntegra é uma questão de ter um olhar apropriado para o próprio papel no processo coletivo de deliberação sobre o que teria valor. Em suas palavras:

> Pessoas com integridade tratam os próprios endossos como aqueles que importam a outros deliberadores, ou deveriam importar. Sem um tipo especial de história, mentindo sobre seus pontos de vista, escondendo-os, retratando-os sob pressão, vendendo-os por recompensas ou para evitar certas penalidades, e apelando para o que se considera uma visão ruim dos outros, todos indicam uma falha em considerar o próprio julgamento como aquele que deveria importar para os outros (CALHOUN, 1995, p. 258).

Concordando com Calhoun, a integridade parece ter um caráter social, de forma que uma pessoa íntegra não agiria apenas consistentemente com os seus comprometimentos mais profundos, mas estaria conectada com os valores estipulados pela comunidade da qual ela é membro[6].

Com isso em mãos, creio que se pode finalizar este subcapítulo com uma definição provisória de integridade. Ela é uma virtude pessoal, que exige coerência do agente entre os seus desejos de primeira ordem e desejos de ordem superior, além de exigir coerência entre esse conjunto valorativo e sua ação. Dessa forma, é uma condição necessária tanto para a identidade pessoal quanto para a felicidade. Além do mais, é uma virtude privada antes que pública, mas que tem um forte caráter social. E isso em razão de o padrão normativo que seria escolhido pelo agente estar conectado com os valores socialmente compartilhados. Não seria um caso de a integridade agir de forma sexista em uma comunidade que busca por igualdade de gênero, da mesma forma que não se consideraria íntegro um agente que constantemente pratica atos de intolerância em uma sociedade que afirma a tolerância e a razoabilidade como valores centrais de sua existência pública.

---

6 De forma semelhante ao argumento contra linguagem privada de Wittgenstein, que diz que seria impossível algum sujeito ter uma língua privada ou um sistema de regras individualmente válido, os valores, sobretudo morais, defendidos pelos agentes, parecem ser um caso de decisão intersubjetiva antes que subjetiva. Ver CALHOUN, 1995, p. 258-260.

Integridade e agência humana

Agora, qual concepção de agência humana parece estar vinculada a essa virtude da integridade como se acabou de definir? Certamente, não seria a de um agente que conheceria integralmente o certo e errado, bom e mau, justo ou injusto, e, também, que agiria sempre corretamente em todas as situações. E isso porque essa compreensão de agência humana exigiria imaginar a pessoa como tendo uma capacidade absoluta de agir diferentemente em cada situação particular, isto é, como tendo o livre-arbítrio, além de ter uma capacidade infinita de conhecimento moral. E isso parece estar conectado a certa imagem de perfeição moral que não seria necessária ao agente íntegro. Antes, a virtude da integridade parece conduzir a uma concepção de agência humana muito mais pedestre, em que a responsabilidade do agente estaria apenas em identificar razões morais de uma forma mitigada, isto é, identificando princípios e valores morais intersubjetivos relevantes para a ação; e, além disso, a uma motivação apropriada para agir a partir dessas razões de uma forma razoável. Essa seria uma maneira de ver a responsabilidade moral do sujeito de uma forma desinflacionada, considerando a agência humana de uma maneira não noumênica.

O relevante aqui seria identificar que a responsabilidade moral não estaria concernida à capacidade em agir diferentemente, isto é, com controle regulativo, mas estaria ligada mais centralmente aos desejos e valores que são expressos pelo sujeito em sua decisão/ação. Vejam que o importante seria identificar quais valores morais seriam defendidos pelo agente e se esses valores seriam coerentemente assumidos com regularidade ao longo de sua vida. E isso parece exigir apenas um controle de direcionamento, de forma a tomar o agente responsável pela sua ação atual, sendo capaz de identificar as razões morais de forma mitigada e agir moderadamente com base nessas razões[7].

Vejam que essa maneira mais pedestre de pensar a agência humana parece conectar estreitamente a virtude da integridade com uma concepção de responsabilidade moral vinculada ao controle de direcionamento. Como isso, parece bastar que o agente apresente a virtude da integridade para uma adequada responsabilização moral. Margaret Walker defende uma posição semelhante

---

7 O controle regulativo seria a capacidade de agir diferentemente em cada situação, enquanto o controle de direcionamento estaria conectado à ação que de fato foi realizada. Essa distinção é usada por Fischer e Ravizza para defender uma posição semicompatibilista de responsabilidade moral, de forma a exigir do agente apenas o controle de direcionamento, que seria a capacidade de, na ação real, identificar as razões relevantes para ação e agir moderadamente a partir dessas razões. Assim, a responsabilidade estaria vinculada a uma capacidade de responder apropriadamente às razões. Ver FISCHER; RAVIZZA, 1998, p. 51-54, 62-64.

ao considerar a virtude da integridade como uma disposição para ter uma postura moral coerente e responsável, o que significa uma disposição para agir coerentemente com base em seus valores morais mais profundos. Dessa forma, as ações dos agentes manifestariam seus valores e isso seria uma maneira mais flexível de compreender a agência humana, bem como uma forma mais exequível de pensar sobre a responsabilização moral. Em suas palavras:

> As pessoas que conhecemos como tendo integridade são aquelas que foram desafiadas exatamente dessa forma; sua integridade consiste no fato de que elas são capazes de se posicionar e responder em termos de incorporar comprometimentos morais que possam ser necessários. Elas mantêm integralmente e bem o que poderia, de outra forma, sofrer deformidade, colapso ou deserção: uma postura moral coerente e responsável (WALKER, 1993, p. 242)[8].

Dessa maneira, um agente íntegro seria aquele que age regularmente de forma coerente e responsável. Ele não seria um desertor dos próprios comprometimentos.

Um exemplo interessante para melhor compreender esse ponto é dado por Dworkin em *Law's Empire*, em que a integridade seria uma virtude essencial para os juízes, pois ela auxiliaria a identificar os direitos e deveres legais com base nos pressupostos que foram criados por uma dada comunidade política, expressando uma concepção coerente de justiça e equidade (*fairness*). E, assim, os juízes poderiam identificar as proposições jurídicas verdadeiras, que seriam as derivadas dos princípios de justiça, mais a equidade, além do respeito ao devido processo legal, oferecendo a melhor interpretação construtiva da prática jurídica da comunidade[9].

Para concluir, deixem-me retornar ao exemplo inicial. Beto seria íntegro porque suas atitudes seriam coerentes e estariam em equilíbrio, não violando sua identidade nem comprometendo sua felicidade. E isso seria assim porque seus desejos de primeira de ordem seriam coerentes com seus desejos

---

[8] Em vez de pensar no agente moral como aquele que escolhe de forma livre, independentemente das circunstâncias, poderíamos compreender a agência humana de uma forma mais imperfeita e limitada, ressaltando que o julgamento moral deveria recair sob a integridade do agente, e não exclusivamente sobre os resultados das ações ou as circunstâncias da escolha. Ver WALKER, 1993, p. 238-240.

[9] Dworkin defende que qualquer concepção de interpretação construtiva de nossas práticas políticas bem-sucedidas como um todo deve reconhecer a integridade como um ideal político distinto que algumas vezes clama por um compromisso com outros ideais. E, dessa forma, a integridade seria mais bem compreendida como uma virtude política essencial ao direito. Ver DWORKIN, 1986, p. 176-224. Ver, também, DWORKIN, 2002, p. 270-274.

de ordem superior. Por exemplo, seu desejo de um salário maior e de trabalhar no turno diurno parece consistente com o princípio do autointeresse e da maximização do bem-estar, de forma a considerar uma ação como correta se ela traz benefício ao agente e ainda produz o maior benefício a um número maior de pessoas. E é importante reconhecer que esse princípio tem uma grande aceitação social. Considerando essa concepção de agência humana mais pedestre, Beto poderia ser tomado como responsável moralmente e íntegro. Com isso, porém, ele seria um bom gestor? Para responder a essa questão posteriormente, analisarei primeiro as características especiais da gestão e do gestor.

A integridade e a complexidade da gestão

"Contrate o caráter, treine as habilidades (*Hire character, train skill*)". Esta frase proferida por Peter Schutz, ex-CEO da Porsche, no contexto da reorganização da empresa ocorrida na década de 1980, penso que representa uma mudança paradigmática que se pode observar no mundo organizacional. Se antes a vida moral privada dos colaboradores não era relevante, contemporaneamente essa dimensão ética parece central, uma vez que a ausência de certos comprometimentos morais pode implicar casos de assédio moral e sexual, bem como casos de fraudes e corrupção que as empresas buscam evitar de toda maneira.

O que essa mudança de paradigma parece exigir é uma maior conexão entre o âmbito moral e o âmbito técnico. Notem que a maioria das organizações atualmente procura funcionários que, além de terem uma competência técnica específica, sejam confiáveis, resilientes e íntegros. Esses componentes éticos determinariam não só que uma pessoa execute as tarefas desejadas e esperadas eficientemente, mas também que ela possa ajustar-se à cultura da organização da qual faz parte, sendo colaborativa. Dito isso, é possível estipular que a integridade parece ser uma das virtudes mais significativas no mundo do trabalho nos dias de hoje, uma vez que o agente íntegro é aquele que agiria coerentemente com base em seu conjunto valorativo e conseguiria conectar-se com os princípios e valores que são defendidos intersubjetivamente, isto é, de forma coletiva. Por mais que a virtude da integridade não conste nas listas das virtudes cardeais ou teologais da tradição, hoje ela parece estar altamente cotada para figurar na lista das virtudes mais importante que garantiriam o bem-estar organizacional, bem como o pessoal[10].

---

10 As virtudes cardeais eram tomadas como o padrão normativo básico que garantiria uma vida feliz aos agentes, pensando no contexto da Antiguidade grega e romana. Desde Platão e Aristóteles, as virtudes cardeais foram classificadas por Prudência (*Phronesis*), Coragem

Importante reconhecer que essa virtude se mostra basilar não apenas para a felicidade pessoal, garantindo a estabilidade psicológica do agente, mas também parece ser tomada como uma virtude essencial principalmente no mundo do trabalho. Além de a integridade ser sabidamente uma qualidade fundamental do gestor, tanto público como privado, muitas empresas estão usando o critério de integridade como uma importante qualidade normativa na seleção de seus colaboradores, bem como uma maneira de lidar com casos de corrupção e assédio que pretendem evitar. Há inclusive um teste de integridade que está sendo aplicado em várias empresas para saber se seus funcionários compartilham os valores éticos organizacionais, chamado Potencial de Integridade Resiliente (PIR), como sendo uma forma de mostrar a capacidade de resistência dos agentes a pressões quando expostos a situações de conflito e dilemas éticos[11].

E uma vez identificada a distância entre os valores individuais e os valores esperados pela organização, a plataforma contribui com a diminuição dessa distância por meio de um programa de treinamento interativo, discutindo e analisando casos similares à realidade profissional. A ideia geral da Consultoria é defender uma "integridade inteligente", de forma que os interesses pessoais não sejam inteiramente coibidos, mas que sejam mitigados conforme as circunstâncias concretas de forma realista[12].

Por mais que testes de integridade desse tipo possam trazer uma série de problemas no futuro, quero destacar que ele parece apontar para uma

---

(*Andreia*), Temperança (*Sophrosyne*) e Justiça (*Dikaiosyne*). No contexto medieval, as virtudes teologais foram adicionadas às virtudes cardeais para garantir uma vida completa ao indivíduo e foram classificadas por Fé (*Fides*), Esperança (*Spes*) e Caridade (*Caritas*). Ver PLATÃO, 2006, IV, 426-436, e ARISTÓTELES, 1999, III, 1115a6-1119a20; V, 1129a1-1130a15; VI, 1140a25-1140b30. Sobre as virtudes teologais, ver AGOSTINHO, 1958, IV, 20.

11 Importante ressaltar que resiliência não é o mesmo que integridade, embora pareçam estar conectadas. A resiliência é mais bem compreendida como resistência às pressões externas, como um poder de recuperar-se rapidamente das dificuldades; assim, seria uma capacidade de continuar íntegro, não importa o que aconteça. Ela pode ser vista como uma reinterpretação da virtude *enkrateia* socrática ou *ataraxia* estoica, significando o controle das paixões, instintos, o mesmo que autocontrole. Também poderia ser tomada como o autodomínio, conceito muito usado na modernidade. Em Adam Smith, por exemplo, em sua obra de 1759, *The Theory of Moral Sentiments*, o autodomínio (*self-command*) é tomado como uma metavirtude que é essencial para garantir tanto a felicidade pessoal como coletiva, e que deveria estar conectada com as virtudes da prudência (*prudence*), benevolência (*benevolence*) e justiça (*justice*). Ver SMITH, 1976b, VI, p. 250-311.

12 Ver artigo de Vera Batista no *Correio Braziliense*, publicado em 27 mar. 2017, que aborda essa realidade de teste de integridade para seleção de funcionários. Ver, também, artigo de Cíntia Junges na *Gazeta do Povo*, de 31 mar. 2017, comentando que testes de integridade ganham espaço como critério seletivo.

mudança importante e significativa. Se antes a integridade era apenas uma virtude que poderia ser exigida de um agente público, tal como um juiz ou um legislador, agora o próprio mercado está usando esse critério normativo para selecionar um profissional mais eficiente que, além de sua competência técnica, apresente uma competência específica de resiliência e coerência com os comprometimentos organizacionais. Talvez isso já esteja apontando que uma separação radical entre os domínios privado e público da moralidade não seria mais desejável, bem como não seria mais desejável defender uma dicotomia entre a esfera moral e técnica, uma vez que a estabilidade social parece conectar-se intrinsecamente com a estabilidade pessoal e que a felicidade e prosperidade parecem depender dessa estreita conexão.

Agora, para além da importância da virtude da integridade para o mundo do trabalho, qual seria a sua relevância para a gestão e o gestor? Partindo de uma definição prévia, gestão é amplamente compreendida como o ato de administrar e gerenciar uma dada organização, seja ela uma empresa privada ou mesmo certo órgão público. E, assim, gestor seria o indivíduo que tem a responsabilidade de realizar esse ato de administração e gerenciamento. Suas funções básicas seriam, entre outras, fixar metas, conhecer e analisar os problemas que devem ser enfrentados, sugerir soluções para esses problemas, tomar decisões, organizar os recursos financeiros e tecnológicos, bem como ser um líder e comunicador ao dirigir e motivar as pessoas. E, para desempenhar bem essas funções, o gestor deveria ter certas qualidades, tais como empatia, autoconfiança, proatividade, capacidade de escuta, comunicação eficaz e humildade para reconhecer erros e acertos.

E a virtude da integridade, qual papel ela teria nesse contexto da gestão? O gestor deveria ser íntegro, além de ter as qualidades referidas anteriormente? Se se pensa na responsabilidade social implicada no cargo, a resposta seria positiva, porque todo gestor tem um dever de administrar a organização de forma a maximizar o impacto positivo sobre a comunidade e minimizar o negativo. E isso parece ter por consequência assumir diversos tipos responsabilidade, a saber: a legal, de forma a seguir todas as leis e regulamentos; a econômica, de forma a maximizar a riqueza ou valor; a filantrópica, de maneira a restituir à sociedade o que dela foi recebido. Além dessas, o gestor parece ter, também, uma obrigação ética de seguir os padrões de conduta aceitáveis sobre o certo e errado, justo e injusto, e sobre o que seria o equitativo.

Imaginem certo gestor de um órgão público, como uma dada Secretaria Estadual ou Ministério Federal, que toma conhecimento de casos sistemáticos de assédio sexual às funcionárias mulheres e não toma nenhuma providência para resolver esse problema. Chegando o caso ao conhecimento público, provavelmente ele seria fortemente censurado. Dependendo da dimensão tomada, poderia até mesmo sofrer um processo administrativo. De forma similar, uma empresa fabricante de roupas que fizesse uso de trabalho infantil mal remunerado ou mesmo trabalho escravo provavelmente também seria alvo de censura e até boicote.

Isso já parece revelar que um gestor tem uma forte responsabilidade em desenvolver uma cultura ética corporativa, o que parece envolver, em um primeiro momento, a identificação dos valores éticos centrais que serão defendidos, tais como honestidade, manter a promessa, transparência, confiabilidade, lealdade etc. Além disso, parece ser tarefa do gestor, também, a criação de certos programas éticos que favoreçam a reflexão moral e o enfrentamento dos problemas, tais como o de assédio moral, descaso ambiental e fraude. Por fim, essa responsabilidade parece estar vinculada a um papel de liderança ética, de forma a motivar e cobrar certos comportamentos desejáveis de seus colaboradores[13].

É nessa dimensão que penso que a virtude da integridade parece ser um requisito necessário para todo gestor, uma vez que o seu papel, também, é respeitar os valores compartilhados da organização e fazer os colaboradores agirem sempre com base nesses mesmos valores. E o que parece estabelecer a exigência de coerência entre o conjunto valorativo e deste com as ações é exatamente o critério de integridade. Vejam o caso de Anne Mulcahy, que, logo depois de se tornar CEO da Xerox, anunciou que o negócio da empresa era insustentável e que a empresa teria de se confrontar com a realidade e usar dos meios necessários para restaurar a competitividade. Por causa de sua honestidade, tendo a coragem de dizer o que era necessário naquele contexto, Anne Mulcahy ganhou a confiança dos colaboradores da empresa. E foi essa base de confiança gerada pela integridade da gestora, entre outros motivos, é claro, que fez a empresa se recuperar e voltar a ser lucrativa, tornando-se um importante exemplo no meio empresarial[14].

Por mais que pareça ultrapassado fazer uso da linguagem das virtudes no âmbito da gestão, ela se mostra cada vez mais necessária, uma vez

---

[13] Ver o texto de Mark Schwartz, em que ele aborda os elementos centrais de uma cultura ética para as organizações. Os pilares básicos de uma cultura ética são: valores éticos centrais, programas éticos formais e liderança ética. Ver Schwartz, 2014, p. 679-685.

[14] Interessante relatar que em 2018 a Xerox ganhou um prêmio de "Companhia mais Ética do Mundo" (*2018 World's Most Ethical Companies*), dado pelo Instituto Ethisphere. Sobre a trajetória de sucesso de Anne Mulcahy na Xerox, ver Morris, 2003, p. 42-47.

que um gestor desonesto e sem integridade, por mais inteligente, brilhante e bem-sucedido que seja, destruiria toda confiança que deve existir entre os membros de uma organização para a obtenção do sucesso corporativo que é gerado pelo esforço comum. Os verdadeiros gestores parecem líderes eficazes para obter a responsabilização e comprometimento de todos[15].

Integridade e as virtudes públicas

Com base no exposto, creio que se pode concluir que a integridade se mostra como uma virtude necessária ao gestor, mas que não poderia ser tomada como suficiente, uma vez que a ausência de outras qualidades, tais como a responsabilidade social, a liderança ética e a honestidade, por exemplo, inviabilizariam a confiança do grupo e, por conseguinte, o sucesso corporativo. Como isso, então, penso que é possível responder à questão: Beto poderia ou não ser tomado como um bom gestor?

Imaginem que Beto, ao assumir o cargo de supervisor da emergência do hospital, começasse a fraudar os exames realizados pelos pacientes, de forma a cobrar em dobro do SUS, e que, além disso, ele também passasse a ser conivente com os atrasos de vários médicos e enfermeiros que tivessem vários empregos com alguns conflitos de horários. Agora imaginem essa fraude sendo descoberta pelo tribunal de contas e sendo denunciada e divulgada pela imprensa. Além do pagamento de uma multa certa, provavelmente o hospital passaria por um descrédito junto a sociedade. De forma similar, imaginem que o ato de conivência com o erro de alguns profissionais poderia gerar desconfiança entre os colaboradores e certo clima de vale-tudo. E que, dada essa situação, seria possível que o administrador percebesse seu erro e destituísse Beto, e voltasse a oferecer o cargo a Augusto.

Veja que o problema central do comportamento hipotético de Beto não teria sido a falta de integridade, pelo menos nesse sentido pessoal, uma vez que haveria coerência entre o conjunto valorativo e suas ações. O problema parece que teria sido a ausência de responsabilidade social, uma vez que ele não teria cumprido as leis e regulamentos que vigoram no país, bem como não teria exercido uma liderança ética, de forma a ter certas atitudes para

---

15 Peter Drucker, em *The Practice of Management*, esclarece que o que faz os líderes eficazes é a execução de certas práticas, a saber: (i) práticas que levam ao conhecimento necessário; (ii) práticas que transformam conhecimento em ação; (iii) práticas que asseguram que toda organização se sinta responsável e comprometida. Ver DRUCKER, 1954, p. 3-20.

cobrar o comportamento correto dos colaboradores, considerando os valores e as regras da própria organização.

O que esse cenário hipotético parece mostrar é que um gestor eficaz deveria seguir o imperativo de maximizar o impacto positivo sobre a comunidade e minimizar o negativo. E isso parece exigir uma capacidade de deliberar com base no comprometimento com os valores compartilhados pelos envolvidos, de forma a poder tanto exercer uma liderança moral como ter uma conduta responsável. Além disso, parece exigir uma estreita conexão com algumas virtudes públicas, tais como a civilidade, a tolerância, a razoabilidade e até mesmo a amizade cívica. Por isso, Augusto parece ter um perfil mais apropriado à gestão do que Beto. No final das contas, um cínico ou até mesmo um fanático poderiam ser vistos como íntegros e responsáveis, mas não gestores eficazes. Talvez a chave explicativa para tal esteja em certa capacidade de conectar coerentemente certas virtudes privadas e públicas que seria inerente à atividade da gestão.

Vejam que o caso anterior parece apontar claramente para uma importante distinção entre as autoridades normativa em questão. Por exemplo, no caso da virtude da integridade, a autoridade normativa parece se constituir hegemonicamente em primeira pessoa, uma vez que seria o próprio agente a exigir de si mesmo certo tipo de comprometimento com a coerência em relação ao seu conjunto valorativo, bem como em relação à coerência entre esse conjunto valorativo e suas ações. Lembrem o caso do pacifista e o emprego em um laboratório que faz pesquisas com armas químicas. Por mais vantajoso que fosse aceitar o emprego, inclusive com a aprovação da comunidade, aceitar o cargo poderia implicar a própria perda da identidade pessoal do agente, o que seguramente levaria a uma situação de infelicidade que, em situações normais, não é desejada por ninguém. Por outro lado, no caso das virtudes públicas de civilidade, tolerância e razoabilidade, a autoridade normativa parece se constituir primariamente em segunda pessoa, uma vez que a exigência em se adotar certo conjunto de valores, bem como em agir a partir desses valores, viria particularmente dos outros agentes, o que já possibilita observar-se uma aproximação à esfera do direito. Pensem em um caso de imprudência no trânsito, como o de dirigir usando o telefone celular para ler e enviar mensagens. Esse ato de incivilidade seria censurado tanto pelo agente de trânsito com uma multa, como pelos outros motoristas e mesmo pelos pedestres com sua reprovação ao ato de imprudência, em razão de ele trazer insegurança coletiva. O mesmo fenômeno parece ocorrer com as virtudes da tolerância e razoabilidade, em que a exigência parece estar não em um agente particular, prioritariamente, mas na sociedade como um todo, que exige dos outros indivíduos um comprometimento aos valores que são intersubjetivamente aceitos. E essa instância de normatividade intersubjetiva pode ser aproximada da esfera do direito, que deve sempre contar com o que a comunidade como um todo considera como legítimo e razoável.

Outra forma de identificar essa autoridade normativa em segunda pessoa seria compreender que o agente não poderia justificar sua ação incivilizada, intolerante e irrazoável na forma de um equilíbrio reflexivo, de maneira que seus juízos morais nos quais tivesse confiança fossem coerentes com princípios morais assegurados socialmente, além de serem coerentes com crenças não morais, tais como crenças fatuais e até mesmo religiosas. No caso em tela, os juízos do agente imprudente que apontariam para alguma urgência para o uso do celular não seriam respaldados por princípios morais socialmente partilhados que reivindicam segurança aos agentes, proteção ao dano e necessidade do cuidado, além de não serem confirmados pelas estatísticas dos profissionais do trânsito e da área médica, que demonstram que dirigir usando celular causa mais acidentes e mortes e que isso não é desejável pelo conjunto significativo da sociedade[16].

Por mais que Beto pudesse estar pessoalmente satisfeito com seus atos de fraude e conivência com os atrasos, em razão de eles oportunizarem aumento salarial e melhor turno de trabalho, esses atos seriam passíveis de censura dos funcionários, no caso dos atrasos tolerados e até mesmo passível de multa e prisão, no caso da fraude ao SUS, além de não poderem ser justificados em equilíbrio reflexivo. Isso parece destacar uma importante distinção na autoridade normativa, como já disse. Agora, ela parece mostrar, também, que uma autoridade normativa em primeira pessoa está no âmbito de uma moralidade privada, que requer apenas uma justificação em primeira pessoa, isto é, subjetiva, enquanto uma autoridade normativa em segunda pessoa parece encontrar-se na esfera da moralidade pública, que requer, diferentemente, uma

---

16 Importante ressaltar que o método do equilíbrio reflexivo parece oportunizar uma forma de justificação das crenças morais por sua coerência com um sistema coerente de crenças, que pode ser formado por princípios morais e crenças de outra ordem, o que parece implicar um modelo intersubjetivo ou interpessoal de justificação. Um agente incivilizado, intolerante ou mesmo irrazoável não poderia apelar para uma justificação nesses moldes, uma vez que suas crenças não seriam apoiadas por um sistema coerente de crenças, o que parece ser o mesmo que dizer que essas crenças não poderiam ser justificadas por uma autoridade de segunda pessoa, isto é, por uma concepção moral e política compartilhada. Sobre a conexão do método do equilíbrio reflexivo e a questão da responsabilidade moral, ver FISCHER; RAVIZZA, 1998, p. 10-11.

justificação intersubjetiva. Por exemplo, ser fiel ou leal, ou mesmo corajoso e moderado, parece exigir somente que um sujeito justifique seu comportamento para si mesmo, e isso porque a felicidade dos indivíduos parece ser uma questão de interesse apenas pessoal, pensando, é claro, em uma sociedade liberal e democrática. No entanto, não é o mesmo que ocorre se alguém for intolerante ou incivilizado, por exemplo. Nesse caso, esses atos não poderiam apenas ser justificados com a aprovação do próprio sujeito vicioso. Ao contrário, eles teriam de ser justificados por todos os envolvidos, inclusive no âmbito jurídico, o que remeteria a uma deliberação coletiva para a aprovação das regras que todos devem seguir. E isso porque apenas nesse âmbito intersubjetivo de justificação é que se poderia alcançar a felicidade coletiva.

No restante do capítulo, apresentarei em maior detalhamento essa distinção entre as autoridades normativas. Para tal, inicio tratando da responsabilidade social. Posteriormente, apresento a concepção de normatividade objetiva proposta por Parfit. Por fim, defenderei uma concepção de normatividade que buscará conectar aspectos subjetivos e intersubjetivos para a garantia da felicidade tanto pessoal como grupal, conectando algumas virtudes privadas com algumas virtudes públicas.

Responsabilidade social

Vou partir de uma definição geral de responsabilidade social, que pode ser tomada como o modo de pensar e agir eticamente na relação de um agente com os outros. No universo empresarial, a responsabilidade social pode ser traduzida como um princípio ético, aplicado à realidade por meio de uma gestão que deve levar em conta os diferentes públicos envolvidos, tais como os acionistas, clientes, funcionários, comunidade, meio ambiente, fornecedores, governos, entre outros. Dessa forma, é possível perceber que a responsabilidade social parece implicar uma conexão entre certas virtudes privadas com certas virtudes públicas do agente. Por exemplo, um gestor com responsabilidade social deveria levar em consideração, além do seu interesse pessoal pelo emprego e do interesse dos acionistas pelo lucro, o bem-estar da comunidade e do próprio meio ambiente, uma vez que seu cargo o obriga a se confrontar com várias demandas sociais e ambientais, o que parece conectar a virtude da prudência com a virtude do cuidado e da justiça, por exemplo.

Com essa compreensão, a responsabilidade social pode ser tomada como certo tipo de obrigação moral-política, em que indivíduos são tomados como responsáveis por cumprirem seus deveres cívicos e, dessa forma, as ações dos indivíduos deveriam beneficiar a sociedade como um todo, e não apenas ao agente individualmente. Com isso, deveria existir um equilíbrio entre o crescimento econômico e o bem-estar da sociedade e o meio ambiente. O critério básico aqui é o de dano à sociedade ou ao ambiente. Se uma decisão e ação individual prejudicar a toda sociedade, então, essa ação deve ser tomada como errada. Merrick Dodd, por exemplo, defende que uma corporação empresarial é uma instituição econômica que tem uma função social, além de sua óbvia função de alcançar lucros. Para ele, o propósito de uma corporação não poderia se reduzir à tentativa de obter lucros para os acionistas, uma vez que uma empresa faz parte de um todo social e ambiental. Assim, o real propósito poderia ser encontrado nos esforços para garantir empregos seguros aos funcionários, melhorar a qualidade dos produtos para os consumidores, além de contribuir para o aumento de bem-estar da comunidade como um todo. Em suas palavras:

> Um senso de responsabilidade social em relação aos empregados, consumidores e ao público em geral pode, assim, ser considerado a apropriação adequada a ser adotada por aqueles que estão engajados nos negócios, com o resultado de que aqueles que possuem os próprios negócios e são livres para fazer o que eles gostam podem adotar cada vez mais essa atitude. A ética empresarial pode, assim, tender a tornar-se, em algum grau, uma profissão em vez de um comércio (DODD, 1932, p. 1160-1161)[17].

Essa ideia de responsabilidade social sugere que uma entidade, tal como uma organização ou mesmo um indivíduo, tenha uma obrigação de agir para o benefício da sociedade como um todo. Mais especificamente, isso significa tomar os indivíduos como tendo um dever de agir de forma a manter o equilíbrio entre o crescimento econômico e o ecossistema. Essa responsabilidade pode ser passiva, como no caso de evitar atos que causem danos sociais e ambientais, ou pode ser ativa, agindo de forma a aumentar o bem-estar social ou mesmo a preservação do ambiente.

Tomemos como exemplo o caso de Brumadinho, em Minas Gerais, que ocorreu em janeiro de 2019. A forte reação da comunidade, entendida tanto como Ministério Público Federal, Ministério Público do Estado de Minas Gerais, Polícia Federal, Polícia Civil de Minas Gerais, além de diversos

---

17 A conclusão de Dodd é que a natureza de uma corporação empresarial não pode ser vista como uma questão especialmente privada, uma vez que as empresas estão inseridas na comunidade como um todo e na própria natureza. Ver DODD, 1932, p. 1163. Essa é uma forma holística e não atomística de considerar a natureza de uma corporação empresarial.

atores sociais, tornou claro que a empresa "Vale" tinha responsabilidade por fiscalizar as barragens, não importando o custo dessa fiscalização, de forma a não permitir que o seu rompimento matasse centenas de pessoas, além de poluir a natureza com os rejeitos de minério de ferro. A prisão de diversos funcionários envolvidos no caso, além do afastamento de alguns diretores da companhia, parece indicar que, para a sociedade, gestores têm claramente uma responsabilidade social. Não seria admissível justificar o desastre em razão do simples interesse pelo lucro, considerando o alto custo da manutenção e fiscalização das barragens. Além disso, parece haver um amplo consenso social de que a empresa seria responsável, também, pela ajuda financeira às famílias das vítimas, a prestar compensação financeira ao Município, a resgatar e assistir os animais e contribuir com medidas de contenção do rejeito, entre outras medidas, o que parece significar que de um ponto de vista social a responsabilidade do gestor é com o bem-estar de toda a comunidade e com a natureza à sua volta, e não apena com os acionistas[18].

Mesmo Milton Friedman, que diz que a única responsabilidade social da empresa é usar todos os seus recursos para aumentar os lucros dos acionistas, salienta que esse aumento de lucro deveria seguir as regras do jogo, o que significa se engajar na competição aberta e livre, sem fraude. Uma vez que a fraude ou o não seguir as regras do jogo anularia a livre concorrência, ela poderia ser tomada como um critério normativo-moral que não justificaria esse lucro[19]. Isso parece implicar que somente o lucro não justificaria automaticamente um comportamento antiético, tal como mentir, roubar, enganar, matar, por exemplo. A ideia central da responsabilidade social é que que se deve justificar os meios neles mesmos, e não apenas pelo fim que seria o lucro ou interesse pessoal. No caso de Brumadinho, anteriormente referido, apenas o interesse pelo lucro de parte dos acionistas da "Vale" não justificaria uma ação de negligência que poderia implicar a morte de centenas de pessoas e desastre ambiental, bem como não justificaria a realização de laudos fraudulentos para testar a segurança das barragens.

O ponto aqui parece bastante claro, a saber, que a comunidade moral e política estaria exigindo dos seus membros certo tipo de comprometimento ético, que é um comprometimento com o bem comum, que parece se

---

18 Sobre o desastre em Brumadinho, ver matéria de Rubens Valente, publicada na *Folha de S.Paulo*, em 28 jan. 2019, que destaca os sentimentos de raiva e indignação da população local diante do comportamento da "Vale" e sua política de barragens.

19 Ver o artigo de Milton Friedman, "The Social Responsibility of Business is to Increase its Profits", publicado na *New York Times Magazine*, em 13 set. 1970.

sobrepor aos interesses puramente individuais, o que traria por consequência uma importante distinção entre a moralidade pública e a moralidade privada e a afirmação da superioridade da perspectiva intersubjetiva sobre a perspectiva subjetiva[20].

Parfit e a normatividade

Após a definição de responsabilidade social e a conclusão da sobreposição normativa da perspectiva intersubjetiva sobre a subjetiva, é importante esclarecer o que estou entendendo por normatividade. Quero partir da concepção de normatividade de Derek Parfit como apresentada em *On What Matters*, em razão de ele situar a normatividade no âmbito da racionalidade, o que me parece acertado, e pelo importante papel que o equilíbrio reflexivo ocupa nessa visão, bem como por sua tentativa de defender uma teoria moral mista que busca integrar diferentes critérios normativos para a formulação de um princípio moral que teria o papel de aprovar ou desaprovar as ações dos agentes.

Em primeiro lugar, é importante ressaltar que a normatividade para Parfit é entendida em termos de razões, que seriam fatos que contam em favor de certo ato ou atitude, defendendo uma teoria objetiva do valor. Para ele, as razões para as ações seriam providas pelos fatos que tornam as ações com valor, como o erro da crueldade e sofrimento e a correção de defender-se o bem comum, a dignidade humana e a cooperação, entre outros. Dois exemplos são ilustrativos desse ponto. O primeiro é o da "Morte Prematura", em que o fato de que terá muitos anos de vida feliz é uma razão objetiva e externa para o agente tomar o remédio, mesmo que não esteja motivado internalisticamente a viver (PARFIT, 2011, II, p. 271). O segundo é o do "Hotel em Chamas", em que o fato de que o agente salvará a sua vida é uma razão objetiva e externa para ele pular no canal (PARFIT, 2011, II, p. 326).

Essa concepção de normatividade associada à racionalidade está comprometida com uma posição externalista e objetivista de razões. Mesmo não estando motivado a viver, o que seria uma razão internalista para o

---

20 Esse é o ponto central defendido por Robert Frederick, que diz que a busca por lucro não justificaria automaticamente um comportamento antiético, tal como mentir, roubar, fraudar e enganar. Imagina uma situação hipotética, em que o Jones pobre tem o objetivo de se tornar o Jones rico, não importando ter que cometer ações antiéticas para obter uma fatia maior da riqueza. Acontece que não aprovaríamos que todos os meios fossem utilizados em vista desse fim correto, o que deve nos conduzir a uma análise da correção dos próprios meios. Ver FREDERICK, 2014, p. 192.

agente tomar o remédio, Parfit defende que ele teria uma razão para tomar o medicamento, que seria o fato de que o indivíduo teria muitos anos de vida feliz. O mesmo aconteceria no cenário do hotel em chamas, em que, mesmo sem motivação interna, o fato de que salvará sua vida seria uma razão para o agente pular no canal. E seriam essas as razões relevantes para a ação que dariam uma razão decisiva para os agentes pautarem os seus atos. Para Parfit, alguns fatos dão uma razão decisiva para se fazer algo e esses fatos seriam verdades normativas irredutíveis. Isso parece mostrar que a normatividade não teria a sua fonte na vontade ou nas emoções dos agentes, mas na existência de verdades normativas, sendo algumas morais, sobre o que se tem razões para acreditar e fazer. Nas palavras de Parfit:

> Há algo correto na posição da Korsgaard. Nosso raciocínio prático não deveria terminar com tais crenças normativas. Para sermos inteiramente racionais do ponto de vista prático, devemos também responder a razões práticas ou razões aparentes com nossos desejos e atos. Mas apenas verdades normativas podem responder a questões práticas. A normatividade não é criada por nossa vontade. O que é normativo são certas verdades sobre o que temos *razões* para querer, ou desejar, ou fazer. Se não existirem tais verdades, não haveria razão para tentarmos decidir acertadamente. Nada importaria, e não haveria uma maneira melhor ou pior de viver (PARFIT, 2011, II, p. 424-425).

O ponto que parece estar sendo afirmado por Parfit é que a fonte da normatividade não estaria na vontade, mas em certas verdades sobre o que se tem razões para querer e fazer. Isso parece implicar a aceitação da existência de reivindicações normativas que estabelecem verdades e, também, que as verdades normativas seriam irredutíveis[21].

Em segundo lugar, é relevante ter em mente que Parfit defende uma posição cognitivista não naturalista e não metafísica, apelando para certas crenças intuitivas que se teria sobre verdades normativas irredutíveis. Sua estratégia é tomar as verdades normativas como verdades matemáticas, lógicas ou modais, que não seriam naturais, por um lado, e nem existiriam em

---

21 Parfit defende uma concepção de normatividade que envolve razões em vez de envolver regras, motivações ou mesmo atitudes ou imperativos. Defende um tipo de cognitivismo que não é naturalista, afirmando a existência de verdades normativas (morais) objetivas, com a aceitação: (i) da existência de reivindicações normativas que estabelecem verdades, (ii) da existência de verdades normativas e (iii) da existência de verdades normativas irredutíveis, isto é, que não podem ser reduzidas a propriedades naturais, por exemplo. Ver PARFIT, 2011, II, p. 263-264.

uma esfera separada da realidade, por outro, isto é, elas não teriam implicações ontológicas (PARFIT, 2011, II, p. 479). Por exemplo, se pode dizer que a operação de adição de dois mais dois ser igual a quatro é verdadeira, mas a sua verdade não é garantida pela existência dos números no mundo natural. O mesmo se daria com o princípio de validade lógica, que também não teria existência no mundo natural, mas, entretanto, ninguém duvidaria de sua verdade. O ponto de Parfit é apresentar as verdades normativas como em um argumento em *Modus Ponens*: "Se é verdade que P e que se P então Q, deve ser verdadeiro que Q. Por exemplo: Se eu sou um homem e ser um homem implica morrer, deve ser verdadeiro que morrerei" (PARFIT, 2011, II, p. 492).

Por fim, quero chamar atenção para o uso do método do equilíbrio reflexivo na concepção de normatividade de Parfit. Ele diz, seguindo Sidgwick, que se deve tentar sistematizar as opiniões morais comuns, corrigindo-as quando necessário, para encontrar princípios que podem ser usados algoritmicamente para saber como se deve agir. Considera que, embora seja intuitivamente claro que certos atos sejam errados, tais como uma ação de crueldade, muitas das crenças morais não podem depender apenas de intuições tomadas de forma separadas. Para ele: "Devemos também acessar a força de várias razões conflitantes, e a plausibilidade de vários princípios e argumentos, tentando alcançar o que Rawls chama de equilíbrio reflexivo" (PARFIT, 2011, II, p. 544).

O método do equilíbrio reflexivo busca justificar as crenças morais dos agentes por meio de sua coerência com certos princípios morais, além de sua coerência com certas crenças científicas, por exemplo. Assim, inicia-se selecionando as crenças morais comuns que se deposita grande confiança, isto é, as intuições morais. Por exemplo, é possível identificar claramente que se tem a obrigação de salvar um número maior de pessoas, se se pensar nos casos de "*trolley problems*", entretanto que não é correto matar alguém intencionalmente. O próximo passo é tentar sistematizar essas intuições em um conjunto normativo coerente, as corrigindo quando necessário. Por exemplo, a intuição que mostraria que se deve salvar as cinco pessoas que estariam em um trilho, mesmo tendo que direcionar o trem para um trilho alternativo com uma pessoa, apontaria para um critério normativo consequencialista, isto é, que é correta a ação que maximiza o bem-estar dos envolvidos. Por outro lado, a intuição que mostraria que é errado matar alguém intencionalmente, como no caso de ter que empurrar uma pessoa de uma passarela para descarrilhar o trem e, assim, salvar as cinco pessoas nos trilhos, ou como no caso de ter que matar alguém saudável para salvar a vida de cinco pessoas com múltiplos transplantes, apontaria claramente para um critério normativo deontológico, que deveria corrigir a intuição consequencialista. E, assim, se poderia considerar que uma ação seria correta se ela maximiza o bem-estar, mas não causa dano intencional aos agentes, podendo-se aceitar certos efeitos negativos indesejados. Por fim, deve-se tentar formular um princípio moral com base nesse conjunto normativo que poderia ser usado algoritmicamente para se saber como se deve agir em diversas situações dilemáticas. Além disso, pode-se levar em conta, também, certas crenças científicas e até mesmo religiosas, por exemplo, que deveriam se harmonizar em um sistema coerente de crenças[22].

O ponto central que quero destacar aqui é que, para Parfit, se deve tentar identificar esse conjunto normativo diferenciado e utilizá-lo na formulação de um princípio moral que teria o papel de orientar as ações dos agentes. Ele formula, então, um princípio moral em uma teoria tripla, que busca congregar aspectos normativos diversos, tais como o consequencialista, com o critério da otimização da ação, o deontológico, com o critério da desejabilidade universal, e, também, o contratualista, com o critério da rejeitabilidade razoável. Em suas palavras: "TT: Um ato é errado apenas quando tais atos não são permitidos por algum princípio que seja otimizado, universalmente desejável e que não seja razoavelmente rejeitável" (PARFIT, 2011, p. 413)[23]. A interessante ideia defendida é que se deveria tomar esses critérios normativos não como antagônicos, mas como convergentes, uma vez que eles apontariam para uma mesma direção, isto é, para o que importa – e isso conectado com a racionalidade, embora fazendo uso de caminhos diversos, a saber, com a utilização de diferentes intuições morais. Essa seria a ideia de subir a mesma montanha por lados diferentes[24].

Mesmo concordando com a tentativa de Parfit de apresentar uma teoria moral mista, conectando diversos critérios normativos que seriam

---

22 A ideia central destacada pelos "*trolley problems*", tal como estipulada por Foot (1967) e Thomson (1985), é que o problema normativo dos casos apresentados seria resolvido pelo equilíbrio reflexivo entre os juízos morais ponderados e certos princípios morais, ou, alternativamente, pela reconfiguração dos princípios psicológicos descritivos por certos princípios morais normativos. Isso mostraria que pessoas comuns têm uma gramática moral complexa que as permitiriam julgar o *status* deôntico das ações. Sobre o tema, ver MIKHAIL, 2011, p. 31-41, 307-318.

23 PARFIT, 2011, p. 413: "TT: An act is wrong just when such acts are disallowed by some principle that is optimific, uniquely universally willabe, and not reasonably rejectable".

24 Nas palavras de Parfit: "It has been widely believed that there are such deep disagreements between Kantians, Contractualists, and Consequentialists. That I have argued, is not true. These people are climbing the same mountain on different sides" (PARFIT, 2011, I, p. 419).

aprovados pelos agentes em sua reflexão ética, formulando um princípio moral que busca congregar aspectos consequencialista, deontológico e contratualista, é possível identificar algumas limitações nessa proposta. Uma clara limitação parece ser a sua aproximação da normatividade com a objetividade, usando uma estratégia de harmonizar as verdades normativas (morais) com as verdades matemáticas, modais ou lógicas. Isso parece desconsiderar o aspecto intersubjetivo ou interpessoal do conhecimento das regras, o que deveria remeter ao uso de uma epistemologia social. Outra limitação é que Parfit não parece realizar uma importante distinção entre a moralidade privada e pública. Na última parte deste capítulo, tentarei esclarecer essa discordância pontual, apresentando uma interpretação alternativa da normatividade.

Normatividade público-privada

Como dito anteriormente, por mais que veja como positivo tentar esboçar uma teoria moral mista, incluindo diferentes critérios normativos na formulação de um princípio moral para a orientação das ações e caráter, o problema de tal proposta é que ela não parece levar em consideração as diferentes exigências que são realizadas nas esferas privada e pública da moralidade, bem como não parece compreender adequadamente a distinção entre uma justificação objetiva de uma justificação intersubjetiva de normas. Para apontar mais claramente essas limitações, deixem-me, inicialmente, fazer referência a uma interessante alegoria da criação do homem que se encontra no *Protágoras* de Platão, em que são destacadas as virtudes de *aidôs* (vergonha ou pudor) e *dikê* (justiça) como laço de aproximação entre os homens e princípio ordenador das cidades.

No diálogo platônico, essa alegoria da criação do homem é apresentada por Protágoras a Sócrates, a fim de comprovar que as virtudes poderiam ser ensinadas e que certas virtudes morais privadas e públicas seriam essenciais à vida política. Nessa alegoria, os homens, diferentemente dos outros animais, teriam sido criados por Epimeteu sem as capacidades naturais para defesa e proteção. E, assim, como os homens teriam sido criados sem as armas necessárias para a defesa e sem meios de proteção contra as estações, Prometeu, roubando a sabedoria das artes de Atena e o fogo de Hefesto, teria distribuído aos homens a razão técnica, isto é, a capacidade de desenvolvimento das diversas ciências, mas não teria distribuído a sabedoria política (prática). Como viviam de forma dispersa, os homens eram presas fáceis para os animais selvagens e, por isso, teriam passado a viver em cidades, buscando proteção no grupo. Entretanto, como não tinham a arte da política, eles imprimiam dano uns aos outros, por exemplo, com atos de violência ou mesmo assassinatos. Preocupado com essa situação, Zeus teria ordenado a Hermes que distribuísse igualmente aos homens *aidôs* e *dikê*, isto é, um senso de vergonha como um princípio de aproximação entre os homens e um senso de justiça como um princípio ordenador das cidades. A ideia básica é que certas virtudes ou sentimentos morais seriam essenciais à nossa vida comum. Por exemplo, a virtude da *aidôs* é o que possibilitaria aos indivíduos um senso de pudor ou vergonha, que os impulsionariam a corrigir o seu caráter para perseguir uma vida digna de um agente racional. Ou, dito de outra forma, seria esse sentimento de vergonha que impediria certas ações erradas serem cometidas, tais como roubo, violência e assassinato. Por outro lado, a virtude da *dikê* é o que possibilitaria aos indivíduos um senso de justiça, que os capacitariam a saber o que seria devido aos outros agentes, ou, alternativamente, os capacitariam com um senso de imparcialidade, de forma a ver como erradas as ações puramente parciais e egoístas (PLATÃO, 1999, p. 320d-323c).

O que é relevante nessa alegoria é que ela parece compreender acertadamente o que estaria em jogo na esfera moral e política. Em primeiro lugar, que se precisaria contar com certos sentimentos morais essenciais como um padrão normativo inicial para se poder corrigir as ações e caráter dos agentes, tais como o sentimento de vergonha e o senso de justiça. Em segundo lugar, que esse conjunto normativo deveria ser compreendido diferentemente, isto é, com uma distinção entre as autoridades normativas da esfera privada e pública da moralidade. Por exemplo, o sentimento de vergonha poderia ser facilmente identificado como um critério da esfera privada, uma vez que seria a própria exigência do sujeito que obrigaria sua ação. Ao contrário, o senso de justiça parece ser mais bem compreendido como um critério da esfera pública, uma vez que contaria com uma exigência que viria não de um agente isolado, mas que viria de toda a sociedade, por exemplo, por meio das diversas demandas por direitos que são corriqueiras no campo social.

Com essa alegoria em mente, passo a esclarecer minha discordância em relação à posição de Parfit. Inicio com a caracterização do que seria mesmo a especificidade do próprio campo da moral, a diferenciando do campo das ciências. Em minha compreensão, tanto a moral como a política podem ser mais bem compreendidas como fazendo uso de uma justificação intersubjetiva de normas em vez de uma justificação objetiva – por exemplo, o caso da matemática e o da lógica. E essa justificação intersubjetiva ou interpessoal pode ser mais bem compreendida ao se fazer referência às atitudes reativas, tal como é defendido por Strawson, de forma a tomar os sentimentos morais como a base da força normativa interpessoal. Por exemplo, se sente ressentimento de pessoas que cometem atos de traição e se sente gratidão por quem pratica atos de caridade, bem como é normal sentir indignação por atos errados que são feitos aos outros, tais como estupro, sequestro e assassinato, além de também se sentir culpa quando se acha que se fez algo errado. E o que isso parece mostrar é que naturalmente se considera os outros e nós mesmos como livres e responsáveis, sendo essas emoções expressões das atitudes morais dos indivíduos[25].

No entanto, qual seria o papel desses sentimentos no caso de identificação das verdades tanto na matemática como na lógica? Parece que nenhuma, uma vez que verdades matemáticas deveriam ser reconhecidas por agentes racionais tomados isoladamente, como no caso de se ter que reconhecer que o resultado da adição de dois mais dois ser quatro é verdadeira. Em contraposição às ciências, no campo moral e político, parece necessário levar em conta a sociedade para se poder reconhecer as normas que devem pautar o caráter e as ações humanas. Para exemplificar, a fim de saber que se deve ser tolerante, seria necessário reconhecer como legítima a exigência interpessoal que reivindica a liberdade religiosa e política. De forma similar, para saber que se deve ser razoável, seria necessário o reconhecimento da legitimidade da exigência social por tolerância e respeito às diversas concepções de bem. Parece, assim, que a moral e a política estariam mais próximas da esfera do direito do que da esfera da ciência, uma vez que precisariam contar com a justificação intersubjetiva das regras, em vez de contar apenas com uma justificação puramente objetiva, de maneira que a aceitação social não seria tão relevante para a identificação de suas verdades como é no caso jurídico, que faz uso de um conjunto de leis que são interpessoalmente validadas – Constituição, Código Penal e Civil, Código Processual etc., por exemplo, são

---

25 O argumento das atitudes reativas, tal como formulado por Peter Strawson, é que, por termos as atitudes reativas, tais como os sentimentos de ressentimento, gratidão, indignação e culpa, nos veríamos livres e, assim, responsáveis por nossas ações, uma vez que não seria adequado sentir esses sentimentos morais como reação a um agente visto como inteiramente determinado, como alguém sob hipnose, efeito de drogas, doenças como a cleptomania, por exemplo. Nesses casos, sendo o agente tomado em uma perspectiva objetiva, não seria razoável imaginar esse tipo de reação emocional às suas atitudes ou mesmo ao seu caráter. Nas palavras de Strawson: "O que é errado é esquecer que essas práticas, e sua recepção, as reações a elas, realmente *são* expressões de nossas atitudes morais, e não meramente instrumentos que nós empregamos de forma calculativa para propósitos regulativos" (STRAWSON, 2008, p. 27).

usados como parâmetros normativos para a fundamentação de suas decisões. No âmbito prático, ao contrário, deve-se contar com a capacidade de empatia para poder se imaginar no lugar dos outros, o que parece desvelar um ponto de vista social que deve ser usado como critério normativo central na deliberação coletiva, que tem por fim a identificação do que seria o bem comum[26].

Após tematizar brevemente sobre a especificidade da moral, é importante, também, tentar diferenciar a força normativa da moralidade privada em contraposição à moralidade pública, e isso para tornar mais clara a minha discordância pontual em relação à concepção de Parfit sobre a normatividade. No campo da moralidade privada, haveria uma autoridade normativa em primeira pessoa, de maneira que o próprio agente exigiria de si mesmo certo tipo de comportamento. Por exemplo, ser ou não ser corajoso, amigo, fiel, leal ou benevolente parece ser uma decisão que deve ser tomada internamente por certo agente moral. Nessa dimensão privada da moralidade, qualquer autoridade externa pareceria ilegítima, como seria o caso de o Estado e suas leis obrigarem os agentes a serem virtuosos de forma integral, obrigando os cidadãos a serem benevolentes e punindo os que não praticassem atos de benevolência. Aqui, a felicidade pessoal parece ser de responsabilidade do próprio indivíduo, e a recusa ao paternalismo estatal que é usual em sociedades democráticas parece ser uma importante evidência de que essa autoridade normativa não poderia estar desconectada dos valores morais mais profundos dos agentes, sob o risco de se ter que conviver com um Estado opressor. Parece muito diferente no caso de responsabilidade social, ou nos casos de exigência de razoabilidade, civilidade e tolerância, por exemplo. Nessa dimensão pública da moralidade, a autoridade normativa é claramente externa, podendo ser mais bem classificada como em segunda pessoa, uma vez que a exigência de se agir de determinada forma ou ter certo tipo de caráter seria feita pela sociedade como um todo, e não por alguma entidade estranha ao universo humano. Lembrem-se do caso da responsabilidade social dos gestores de certas organizações. Ter responsabilidade social é ter uma capacidade de deliberar com base no comprometimento com

---

26 Na obra *The Theory of Moral Sentiments*, Adam Smith defende acertadamente que, por mais egoístas que sejamos, podemos identificar alguns princípios na natureza humana que fazem nos interessarmos pela sorte ou pelo sofrimento dos outros, tais como os sentimentos de piedade e compaixão. Ele defende que temos empatia (*sympathy*), isto é, uma capacidade imaginativa de se colocar no lugar do outro, e que devemos usar o procedimento do espectador imparcial para saber que ações ou caráter seriam apropriados. Também ressalta o aspecto social da moral, de forma a tomar a sociedade como espelho moral para os agentes, a fim de poder ter conhecimento das regras gerais que se deve seguir por meio da identificação do que seria esse ponto de vista comum. Ver SMITH, 1976b, p. 9-26.

os valores compartilhados socialmente. Não se trata aqui de alguma aprovação ou julgamento que algum agente isoladamente poderia realizar. Ao contrário, nessa dimensão pública da moralidade, a felicidade só poderia ser alcançada com o comprometimento com esses valores interpessoais que seriam identificados coletivamente.

É em razão da existência dessas diferentes autoridades normativas que não parece adequado contar apenas com um único princípio moral para saber que ações seriam certas ou erradas. Por exemplo, segundo essa proposta de Parfit, o padrão normativo que Augusto ou mesmo Beto deveriam usar para saber se deveriam aceitar o emprego ou não seria o princípio moral TT, que diz que uma ação é errada quando ela não é permitida por um princípio que garanta um resultado ótimo, seja universalmente desejado e que não seja razoavelmente rejeitável. No entanto, não haveria nada nesse princípio que obrigasse em primeira pessoa e que impedisse um agente a cometer atos com falta de integridade, como no caso de ter um conjunto incoerente de desejos de primeira e segunda ordem, ou no caso de sua ação não estar internamente conectada com esse conjunto valorativo. Pode-se imaginar outro agente, digamos Carlos, que teria, como Augusto, um conjunto de princípios que o impediriam de fraudar, mas, mesmo assim, teria aceitado o emprego proposto em razão dos benefícios que isso poderia trazer para sua família – caso similar ao pacifista se ele tivesse aceitado o emprego no laboratório que faz pesquisa com armas químicas. Sem uma exigência claramente em primeira pessoa, contando apenas com o princípio TT, é possível que o agente considerasse aceitar o emprego como correto, uma vez que ele poderia argumentar que estaria pensando na otimização do resultado, bem como contando com certa aceitação social do seu ato, embora uma ação incoerente com os seus valores mais profundos não pudesse ser tomada como universalmente desejável. E isso parece se constituir como um problema adicional, a saber, como decidir quando uma ação parece ser aprovada por uma parte do princípio, mas não por outra? Seria arbitrária a decisão pela otimização e pela aceitabilidade? Ou, alternativamente, poderia o agente decidir-se pelo critério de universalizabilidade? Veja-se que, em muitos casos, o critério de considerar os melhores resultados pode se chocar com um critério deontológico, como no cenário imaginado por Nagel, em que um agente deve escolher entre torcer o braço de uma criança para conseguir as chaves do carro ou deixar os feridos de um acidente sem socorro médico[27].

---

27 O exemplo formulado por Nagel procura destacar o que é uma razão deontológica, isto é, um limite do que podemos fazer às pessoas ou ao tratamento que podemos dispensar

Levando essas limitações em conta, não seria melhor contar com um princípio que pudesse determinar um ato como errado na esfera privada apenas quando tais atos não fossem aprovados por um agente virtuoso, variando a virtude de acordo com o caso específico? No exemplo dado, o agente virtuoso em questão teria a virtude da integridade e, assim, poderia identificar que a ação de Carlos seria errada, isto é, que seria errado aceitar o emprego em razão da incoerência do ato com os valores mais profundos do agente. De forma similar, não seria mais eficiente poder contar com um princípio moral que pudesse apontar um ato como errado na esfera pública apenas quando tais atos não fossem permitidos por algum princípio que não seria razoavelmente rejeitável, o que parece incluir tanto a defesa dos direitos individuais como a consideração pelas consequências? Por exemplo, esse princípio apontaria claramente para Beto o erro de sua decisão pela fraude e acobertamento das faltas dos funcionários, uma vez que a irresponsabilidade social poderia ser rejeitada razoavelmente, apelando-se para valores sociais. A vantagem aparente desse princípio alternativo é que ele não teria critérios supostamente contraditórios entre si, com o acréscimo de ser mais simples e ainda poder conter a preocupação tanto pelas consequências como pela universalizabilidade.

Por mais que concorde com a tentativa de Parfit de conectar vários critérios normativos diferenciados numa mesma teoria moral, creio que ainda é necessário que uma teoria ética mista possa distinguir mais claramente entre a esferas privada e pública da moralidade, bem como tenha maior clareza a respeito do próprio fenômeno moral. Dada a necessidade de se contar com um critério em primeira pessoa no âmbito da moralidade privada e com um critério em segunda pessoa no âmbito da moralidade pública, não seria mais atraente poder contar com uma teoria que conseguisse integrar coerentemente critérios de uma ética das virtudes e de uma ética contratualista e, dessa forma, que pudesse assegurar a felicidade tanto pessoal como coletiva? Com uma teoria moral e política mista desse tipo em mãos, se poderia estipular que os problemas práticos complexos seriam solucionados pela coerência

---

a elas. Veja-se que, no exemplo, a razão para torcer o braço da criança seria o de fazer a senhora idosa dar as chaves do carro e, assim, poder salvar os passageiros feridos no acidente. O ponto destacado por Nagel é que uma intuição moral comum diria que essa ação seria errada. Nas palavras de Nagel: "É difícil não ver essa situação como um dilema, ainda que torcer o braço da criança seja um mal menor se comparado às consequências de seus amigos não chegarem ao hospital. O dilema se deve ao fato de que existe uma razão especial para não *fazer* tal coisa. Do contrário, seria óbvio que você deveria escolher o mal menor e torcer o braço da criança" (NAGEL, 1986, p. 293).

entre certas virtudes privadas e públicas, como no caso em tela que pareceu exigir a coerência entre a virtude da integridade pessoal com o compromisso com a responsabilidade social. É claro que essa teoria mista ainda deve ser testada em vários cenários de resolução de problemas, mas creio que ela já possa ser tomada como um bom ponto de partida para os que acreditam que uma teoria moral e política teria o papel de ajudar no melhor entendimento do fenômeno da moralidade e auxiliar na identificação de um padrão normativo comum para a vida interconectada dos agentes.

Capítulo 4

O problema da sorte moral e a punição

O objetivo central deste capítulo é investigar o fenômeno de sorte moral e sua relação com o problema normativo da justificação da punição legal. Após esclarecer o que é sorte moral e seus diferentes tipos, como constitutiva, resultante, circunstancial e causal, e mostrar qual é o problema para a justificação da punição, defenderei que a estratégia de assimetria entre censura e elogio parece resolver o problema da sorte circunstancial, causal e constitutiva, aliando isso a uma melhor compreensão das capacidades da agência humana moral. Posteriormente, apontarei que a concepção conativa de censura tal como é defendida por Scanlon parece solucionar o problema da sorte resultante. Por fim, postulo que uma teoria moral mista que conecta uma ética neocontratualista com uma ética das virtudes se mostraria mais consistente para enfrentar esse complexo problema, a saber, em que aspectos aleatórios ao controle do agente influenciam fortemente tanto na censura moral como na censura legal.

Sorte moral e punição

Considere o caso de Otávio. Depois de uma noite inteira de trabalho como frentista em um posto de gasolina, Otávio sai para beber com seu colega Leandro, no início da manhã. Depois de algumas cervejas, pega o carro em direção a sua casa, dirigindo em alta velocidade, e atropela e mata uma senhora idosa que atravessava uma via movimentada da cidade por volta das 10h50 da manhã. Assustado, tenta empreender fuga. É preso, julgado e condenado por homicídio doloso, na modalidade de dolo eventual, a seis anos e seis meses de prisão em regime semiaberto. Leandro, por sua vez, bebeu a mesma quantidade de cerveja, também pegou o carro e dirigiu em alta velocidade em direção a sua casa no mesmo horário. Apenas não atropelou e matou ninguém porque não encontrou nenhuma pessoa em seu caminho. Alternativamente, encontrou uma barreira policial que lhe puniu com multa, retenção do veículo e suspensão do direito de dirigir por doze meses. Isso foi justo?

Vejam que o problema é que ambos foram igualmente imprudentes ao beber e dirigir. Eles sabiam que era errado fazer F e fizeram F mesmo assim. Do ponto de vista moral, parece haver uma equivalência na culpabilidade dos dois amigos, pois ambos eram tomados como agentes moralmente responsáveis para não realizar uma ação ilícita, e, além disso, claramente errada por colocar em risco a segurança das outras pessoas. Agora, do ponto de vista legal, apenas Otávio foi penalizado com a prisão em regime semiaberto. Como justificar essa diferença entre as penalidades, uma vez que a intenção dos agentes foi a mesma, sendo o resultado diferente por uma questão de sorte? É claro que apenas em um caso ocorreu o dano a outra pessoa, o que parece justificar essa diferença na intensidade da censura moral e legal ao agente. No entanto, como o estado mental culpado pode ser encontrado em ambos os casos, não seria uma razão para se questionar a justiça dessa profunda diferença entre as penalidades aplicadas? Não parece ser um caso em que as circunstâncias aleatórias da escolha não estão sendo corretamente equacionadas nos julgamentos morais e legais cotidianos?

Considere um segundo caso. Jean, 25 anos, órfão de pai e mãe e responsável pelo sustento da irmã mais velha e seus sete filhos. Eles são pobres e moradores de um vilarejo que não oferece muitas opções de emprego. Em um inverno em que Jean fica sem trabalho, e a família não tem nada para comer, ele decide arrombar a padaria do local e roubar um pão, sendo pego, preso, julgado e condenado a cinco anos de prisão pelo crime de roubo com arrombamento. Agora, imaginem um contrafactual seu, digamos, Gian, que também mora no mesmo vilarejo e tem a mesma idade, é pobre e também responsável pelo sustento da família e não tem emprego fixo. Em um inverno sem trabalho e em que a família fica sem comida, também decide arrombar a padaria para roubar um pão, e só não o faz porque no dia em que iria agir ele fica doente e impossibilitado de sair de casa. A questão relevante aqui seria a de saber se Jean seria mais censurável moralmente do que Gian e se punir apenas Jean não seria injusto?

Veja que o problema enfrentado nessa situação é que ambos sabem que é errado roubar, mas também que devem cuidar de sua família e decidem cometer o arrombamento e roubo. Do ponto de vista moral, ambos parecem igualmente censuráveis, uma vez que haveria nos dois um mesmo estado mental culpado, isto é, o de saber que *F* é errado e querer fazer *F* mesmo assim. Agora, do ponto de vista legal, apenas Jean cometeu *F*. No entanto, Gian ter ficado doente no dia em que ele cometeria a ação é uma circunstância que estava além de seu controle, não sendo uma questão de escolha, mas de sorte. E parece que apenas as escolhas que estão sob o controle do agente são alvo adequado de responsabilização. Agora, se a censura moral parece uma condição normativa necessária para a justificação da punição, não seria injusto deixar de punir certos atos em que se teriam fortes razões para censurar moralmente um agente?

Creio que a força desses casos de sorte moral seja mostrar a complexidade do problema da justificação da punição legal. E isso porque se punem os atos que são considerados errados e que causam danos especialmente aos outros, mas que são cometidos por agentes responsáveis, isto é, que voluntariamente praticaram certos atos errados. Não é por isso que se distingue entre culpa e dolo e, também, entre agentes imputáveis de inimputáveis no âmbito jurídico?

No restante do texto, trato do problema da justificação da punição legal nos casos em que elementos aleatórios à vontade do agente podem ser identificados. Inicio esclarecendo o fenômeno de sorte moral com os seus diferentes tipos, e de que maneira isso traz um problema para a justificação dos atos particulares punitivos e as penalidades impostas. Posteriormente, defenderei que a estratégia da identificação de assimetria entre elogio e censura parece explicar o problema da sorte circunstancial, constitutiva e causal, de forma conexa a uma compreensão pedestre da agência humana. O próximo passo será defender que a concepção scanloniana de censura responde bem ao problema colocado pela sorte resultante. Por fim, defendo que uma teoria moral mista que conecta uma ética neocontratualista com uma ética das virtudes parece estar em uma melhor posição para enfrentar alguns problemas que surgem com base no fenômeno de sorte moral, em especial, o problema da justificação da punição legal.

O que é sorte moral?

"Sorte moral" é um termo já amplamente utilizado na literatura filosófica contemporânea, tendo sido introduzido desde o debate travado entre Williams e Nagel em 1976[1]. No entanto, o que se quer significar com a utilização do termo

---

[1] O artigo de Thomas Nagel, "Moral Luck", foi uma resposta ao artigo de Bernard Williams, também chamado de "Moral Luck", sendo ambos apresentados em um simpósio da *Aristotelian Society* e publicados nos *Proceedings* em 1976, em seu volume 50. Ambos os textos foram

"sorte moral"? Inicio com a primeira parte da expressão. "Sorte" são as circunstâncias aleatórias que estão além do controle pessoal e que são mais ou menos favoráveis ao agente, isto é, que auxiliam ou prejudicam o seu sucesso. Por exemplo, o caso de abertura de um concurso na área de ética e filosofia política na Universidade X, instituição que almejo integrar por sua excelente reputação, é uma circunstância que vai além de meu controle e que seria favorável para minha vida acadêmica. Poderia ser o caso de a Universidade X nunca abrir um concurso nessa área, e abrir uma seleção na área de lógica. No primeiro caso, eu teria "boa" sorte e, no segundo, "má" sorte ou azar.

No caso "moral", isso parece implicar certas condições aleatórias que estão além do controle dos agentes, e que influenciam na censura moral recebida pela realização de certo ato F. Ela parece estar relacionada com questões de responsabilidade, censura e justificação. Por exemplo, a condição de censurabilidade é o que caracterizará a responsabilidade moral. Isso implicará que um agente é tomado como responsável moralmente por escolher F pela razão de se poder censurá-lo moralmente por F, considerando que F é um ato errado e que o agente não tem desculpas apropriadas, isto é, que não pode justificar esse ato errado.

Observem o caso de certo agente S. Ele escolheu assassinar alguém após deliberação e em certo tempo t realiza o assassinato. Existiriam fortes razões para censurá-lo e, posteriormente, puni-lo, uma vez que ele seria tomado como um agente moralmente responsável, e isso parece significar que ele seria visto como alguém que tem uma capacidade epistemológica para identificar o que é certo e errado, justo e injusto, e uma capacidade motivacional apropriada para evitar cometer o ato errado ou injusto. No entanto, seria adequado censurar moralmente e punir um agente com uma perturbação mental grave? Parece que não. Da mesma maneira que não pareceria adequado censurar com a mesma intensidade um agente que mata acidentalmente outra pessoa, como no caso de estar praticando tiro ao alvo e acertar alguém que está próximo do alvo.

Notem que o fenômeno da sorte moral parece apontar para certo paradoxo, uma vez que se censura e responsabiliza moralmente alguém pelas escolhas e ações que estão sob seu controle; mas, em certos casos, se censuram os agentes, ou se censura com maior intensidade, por determinadas ações que estão ligadas a certas condições aleatórias que vão muito além da

---

reimpressos com revisões em: WILLIAMS, *Moral Luck*, 1981, capítulo 2; e NAGEL, *Mortal Questions*, 1979, capítulo 3. Para mais esclarecimentos a respeito do histórico do termo "sorte moral" e seus diversos aspectos e problemas, ver NELKIN, 2013, e STATMAN, 1993, p. 1-34.

escolha inicial tomada. Por exemplo, o resultado da ação, as circunstâncias históricas nas quais o agente escolhe, bem como a constituição de personalidade e temperamento que é a base mental da escolha[2]. Williams diz que quando introduziu a expressão "sorte moral" ele queria sugerir um oxímoro, pois ela parece se contrapor ao raciocínio moral padrão que considera a vida moral como isenta de sorte (WILLIAMS, 1993, p. 251)[3].

Assim, creio que se pode definir "sorte moral" da seguinte maneira:

(SM) Fenômeno que ocorre quando um agente é corretamente tratado como objeto de um juízo moral, a despeito do fato de que aspectos significativos pelos quais ele é julgado dependem de fatores que estão além de seu controle.

Agora, quais seriam esses aspectos significativos que estariam além do controle do agente (princípio do controle) e que seriam tomados como referência do julgamento moral? Tomando por base a classificação de Nagel, esses aspectos aleatórios seriam de quatro tipos: a constituição mental da pessoa (*constitutive luck*), as circunstâncias da escolha (*circumstantial luck*), as causas da ação (*causal luck*) e os efeitos da ação (*resultant luck*). Todos esses fenômenos parecem apontar para um mesmo problema, a saber: eles se opõem à ideia de que um agente não poderia ser mais culpável por algo que vai além de seu controle voluntário, de forma que seria irracional elogiar ou censurar alguém por alguma ação ou omissão sobre a qual a pessoa não tivesse controle (NAGEL, 1979, p. 27-34)[4]. Analiso isso em maior detalhe.

---

2 Nagel explica esse paradoxo nos seguintes termos: "A visão de que a sorte moral é paradoxal não é um erro, ético ou lógico, mas uma percepção de que as condições intuitivamente aceitáveis de juízo moral ameaçam a sua determinação" (NAGEL, 1979, p. 27). Nagel faz uma comparação interessante com o ceticismo epistemológico para melhor esclarecer o problema. Em muitas situações, chegar a uma crença verdadeira sobre o mundo externo é mais uma questão de sorte do que de conhecimento. Veja um dos casos de Gettier que penso capturar este ponto. A proposição "O homem que conseguirá o emprego tem dez moedas em seu bolso", dita por Smith, é verdadeira, mas não é conhecimento, uma vez que quem consegue o emprego é ele mesmo, e não Jones, como ele acreditava e estava justificado em sua crença – e, por sorte, Smith também possuía dez moedas em seu bolso. Ver GETTIER, 1963, p. 122.

3 Williams esclarece que esse paradoxo se encontra mais claramente em uma concepção de moralidade moderna, ao estilo kantiano, e também na moral cristã, mas que não se encontraria em uma concepção ética mais ampla, isto é, ligada ao modelo da ética das virtudes, que consegue incluir esses elementos aleatórios à vontade dos agentes no julgamento moral. Ver WILLIAMS, 1993, p. 251-255. Ver, também, WILLIAMS, 1981, p. 20 21.

4 A classificação de Williams é um pouco diferente, talvez pelo fato de ele estar considerando a sorte em relação à habilidade do agente em justificar racionalmente suas decisões e

A sorte resultante apresenta casos em que o *status* moral é determinado pela extensão do resultado do que alguém faz. Lembrem o caso de Otávio e Leandro. Ambos foram igualmente imprudentes ao beber e dirigir e, por isso, eles seriam equivalentemente passíveis de censura moral, uma vez que os dois foram igualmente culpados da imprudência cometida. A censura atribuída a Otávio, contudo, tanto moral quanto legal, certamente seria maior do que a recebida por Leandro. O problema é que os resultados diferentes foram ocasionados pelo acaso, e não pela escolha voluntária. Por sua vez, casos de sorte circunstancial apontam para as circunstâncias relevantemente aleatórias em que o agente se encontra para deliberar moralmente em casos dilemáticos. Dito de outra maneira, o problema é que, em muitas situações, se enfrenta um teste moral que é determinado por fatores além do controle do agente, como escolher em uma situação de pobreza e fome, sob uma autoridade despótica, ou sob um regime político legal, mas injusto. Vejam o seminal exemplo dado por Nagel. Cidadãos comuns sob o nazismo tiveram a oportunidade de agir heroicamente se opondo ao regime nazista ou agir mal falhando neste teste. No entanto, essa foi uma prova moral que cidadãos de outros países não tiveram de enfrentar e é provável que a maioria tivesse igualmente fracassado (NAGEL, 1979, p. 34).

Penso que o caso de Jean e Gian também ilustra o mesmo problema da sorte circunstancial. Ambos escolheram arrombar a padaria e roubar o pão, mas a circunstância de suas escolhas foi a pobreza e a fome, desconhecidas por uma grande parte das pessoas que escolhem fazer uma ação errada como o roubo. E, mais, o caso da doença de Gian pode ser considerado uma circunstância específica ou, melhor, um caso de boa sorte causal para ele não executar a ação pretendida. Do ponto de vista moral, porém, teoricamente, ambos seriam censuráveis de maneira igual, uma vez que o estado mental culpado estaria presente nos dois. O problema é que se julgam as pessoas pelo que elas realmente fazem ou se omitem de fazer, e não pelo que elas fariam se as circunstâncias tivessem sido diferentes[5].

---

ações. Ele fala de sorte constitutiva, acidental, intrínseca e extrínseca. A sorte intrínseca tem relação com a escolha interna do agente ser bem ou malsucedida e, por isso, é sempre retrospectiva, como no caso da escolha de *Gauguin* em abandonar a família para se dedicar integralmente à pintura. Neste caso, a justificação da escolha se daria pelo sucesso obtido. É diferente se *Gauguin* tivesse fracassado em razão de ter ficado doente do Taiti. Nesse último caso, seria má sorte extrínseca. Ver WILLIAMS, 1981, p. 25-28. Ver, também, STATMAN, 1993, p. 5-10.

5   Esta é a situação paradoxal da responsabilidade moral, como bem identificada por Nagel, uma vez que os agentes podem ser responsáveis apenas pelo que eles fazem, mas o que

Por fim, a sorte constitutiva tem relação com a aleatoriedade das qualidades da personalidade e do temperamento que o agente tem e que são centrais em suas decisões morais. Imaginem uma pessoa fria e naturalmente indiferente e outra pessoa solidária. Considerando que esses traços comportamentais foram causados por fatores genéticos e pela educação recebida, se teriam razões para elogiar o agente solidário e censurar o agente indiferente por razões que parecem estar muito além do controle pessoal? A esse propósito, imaginem um possível desdobramento do caso de Jean. Ao ser condenado a cinco anos de prisão pelo roubo de um pão, estipulem que ele viesse a cumprir a pena executando trabalhos forçados em condições desumanas. E, por essas razões, tenha tentado fugir quatro vezes, o que teria aumentado a sua pena em mais quatorze anos. Imaginem que ele tenha entrado na prisão cheio de desespero, tremendo e soluçando, e tenha saído, dezenove anos depois, sombrio e taciturno. Agora, imaginem que ele viesse a cometer outro crime, roubando alguém que o ajudou. Esse fato claramente seria consequência de sua personalidade indiferente, mas não seria esse temperamento sombrio consequência dos anos em que foi tratado de forma desumana, estando isso muito além de sua escolha?

Agora, qual o problema que a SM parece colocar para quando se tenta justificar a punição legal? Inicialmente, o fenômeno parece exigir ou uma justificação de por que esses elementos aleatórios ao controle do agente não seriam levados em conta para atribuição da penalidade ou uma mudança no sistema penal, com a equalização de certas penas, ou mesmo com a atenuação ou aumento de outras. Por exemplo, como justificar que a pena atribuída para o ato imprudente com vítima seja substancialmente maior que a do ato imprudente sem vítima, considerando que ambos foram igualmente culpados da imprudência ou que a pena atribuída para o crime realizado seja maior que a do crime apenas planejado, também considerando que haja uma equivalência em sua culpabilidade? Ou, alternativamente, como justificar que as condições sociais e econômicas da escolha não sejam levadas em consideração na dosimetria da pena? Aqui o problema seria: ou se pode justificar essa distinção ou se teria a obrigação de modificar o Código Penal brasileiro em uma direção de reconhecimento do fenômeno em questão.

O problema parece relevante porque o Estado pune o ato criminoso bem-sucedido de uma forma mais severa do que o ato de apenas planejar o

---

eles fazem resulta em grande parte do que eles não fazem, porque não são responsáveis moralmente pelo que são. Ver NAGEL, 1979, p. 33-35.

crime. Por exemplo, alguém que planeja um atentado a bomba terá uma pena menor do que alguém que de fato colocou uma bomba e matou certo grupo de pessoas, da mesma forma que pune mais severamente a pessoa imprudente que teve a má sorte, como no caso de beber e dirigir, de ultrapassar o sinal vermelho e atropelar alguém. E a questão que surge é: como é possível justificar essa distinção? A resposta dependerá da posição que se tem em relação à SM.

Para os que a negam simplesmente, com o argumento epistêmico, diferenciação entre censura e descrédito moral ou entre escopo e grau de responsabilidade, os agentes deveriam tanto mudar os seus juízos de censurabilidade, bem como as suas práticas punitivas, na direção de uma equalização[6]. Para os que negam a SM, mas aceitam a sorte legal (SL)[7], a justificação da diferença entre as penas se daria, sobretudo, pela identificação de que em apenas um caso ocorre o dano ou o dano adicional, bem como pelo princípio da prevenção[8]. O problema é que ela parece invalidar a estreita cone-

---

6 Zimmerman defende claramente a ideia de que deveríamos punir igualmente os agentes que são igualmente censuráveis por serem igualmente culpados. Ver ZIMMERMAN, 2002, p. 571. Ele afirma que a culpabilidade do agente e a proporcionalidade da punição se estabelecem em graus. Vejamos um exemplo. Bill e Ben atiram para matar alguém, mas apenas Bill mata Jill porque a bala da arma de Ben foi desviada e ele não mata Jen. Bill e Ben seriam culpados e censuráveis no mesmo grau, pois o estado mental culpado aparece em ambos, embora o escopo seja diferente, uma vez que apenas em um caso houve a morte de alguém. O ponto é defender que ambos são responsáveis por tentar tirar a vida de alguém e deveriam ser igualmente censurados. Ver ZIMMERMAN, 2011, p. 127-131. Thomson defende uma posição similar, dizendo que se ambos os agentes manifestam a mesma intenção, ambos seriam alvos de descrédito moral em um mesmo grau, uma vez que somos responsáveis não apenas por nossas intenções, mas também pelas consequências de nossos atos, que são manifestações de nossas intenções. Entretanto, pensa que a punição pode ser diferenciada. Ver THOMSON, 1989, p. 204-205, 214. Sobre sorte epistêmica e sua relação com sorte moral, ver STATMAN, 1991, p. 154-156.

7 (SL) Fenômeno que ocorre quando um agente é corretamente tratado como objeto de um juízo legal, a despeito do fato de que aspectos significativos pelos quais ele é julgado dependem de fatores que estão além de seu controle.

8 David Enoch defende que podemos duvidar da SM, mas não da SL, uma vez que nossas responsabilidades legais são determinadas parcialmente por questões que não estão sob nosso controle. E a justificação da SL se daria pelo princípio da prevenção, pois o motivo para punir seria a prevenção de futuros crimes. Ver ENOCH, 2010, p. 48-49. Sverdlik apresenta um argumento similar, justificando a diferença nas penalidades pelo critério de dano adicional. Ele diz que o nível de censurabilidade entre ato bem-sucedido e pretendido é equivalente, uma vez que a intenção foi a mesma e, assim, ambas as ações provocam dano, mas apenas o ato bem-sucedido provoca um dano adicional. Diz que para defender a tese da equivalência não é necessário defender que o dano seja uma consideração irrelevante para a censurabilidade de alguém. Ver SVERDLIK, 1988, p. 81-84.

xão entre moralidade e legalidade que é base dos códigos legais contemporâneos. Agora, para os defensores de sua existência, o problema é diferente. Por exemplo, para os que tomam a SM como paradoxal, a questão seria rever os juízos de censurabilidade e as práticas punitivas particulares[9]. Por outro lado, para os que a veem como parte constitutiva da moralidade e legalidade, o desafio será justificar o fenômeno e, assim, não se precisaria modificar, necessariamente, os juízos cotidianos de censura moral e legal. Já aponto que defenderei essa última posição, mas, antes, deixem-me esclarecer qual seria mesmo o problema da punição.

O problema da punição

Olhando o fenômeno com maior atenção, parece que tanto a SM quanto a SL serão encaradas diferentemente de acordo com a concepção que se tenha a respeito da justificação da punição legal. Por exemplo, se de forma retributivista, consequencialista ou se de forma híbrida, apenas para citar as maneiras mais tradicionais de justificação da punição. E isso é relevante, uma vez que a punição legal, que é um ato reprobatório retributivo, infligido pelo Estado, que intencionalmente visa causar dano aos ofensores, deve ser justificada moralmente, uma vez que causar dano intencional é um erro moral.

Inicio, então, com a questão: qual é mesmo o problema da punição de que se está falando? Ele parece tratar de como se pode justificar a punição legal, uma vez que ela implica um dano ou sofrimento intencional infligido pelo Estado aos que cometeram crimes. Importante considerar que parecem existir três problemas interconectados, mas que são diferentes, a saber: o de como justificar a instituição da punição (J1), os atos particulares punitivos (J2) e as penalidades propriamente ditas (J3). E isso é um problema, uma vez que querer causar sofrimento a alguém não é algo correto. No entanto, quando o Estado aplica medidas punitivas ele causa sofrimento intencional a alguns de seus membros que descumpriram a lei.

Pelo exposto, creio que se pode definir o problema da punição da seguinte forma:

---

[9] Importante ressaltar que nem Williams nem Nagel chegam a propor que deveríamos mudar nossos juízos de censurabilidade e nossas práticas punitivas particulares. Antes, apontam para a SM como um paradoxo que colocaria em xeque nossa forma de julgamento moral. O problema é que um paradoxo parece requerer um remédio para restaurar a consistência tanto da moralidade quanto da legalidade. Ver WILLIAMS, 1981, p. 38-39, e NAGEL, 1979, p. 33-38.

(PP) Como justificar normativamente a punição legal, uma vez que ela implica um ato intencional reprobatório e retributivo, infligido pelo Estado, que causa dano ou sofrimento a quem descumpriu as leis, sendo o dano intencional um erro moral?

Agora, quais são as principais respostas dadas ao problema? Para um retributivista, por exemplo, a justificação da instituição da punição é dada pelo merecimento de sofrimento do agente (J1) por sua culpa em agir erroneamente (J2), sendo que sua pena deveria ser proporcional ao ato errado censurável (J3)[10]. Aqui haveria um princípio de proporcionalidade entre a punição e o ato errado que é moralmente censurável, sendo a consequência lógica desse raciocínio a equalização das penas para atos equivalentemente censuráveis. Vejamos:

i. A punição legal deveria ser proporcional à censurabilidade moral do ofensor;
ii. O agente imprudente que não causa dano ou o agente que apenas planeja um crime é igualmente censurável ao agente que tem sucesso em cometer o crime ou a pessoa imprudente que causa dano aos outros;
iii. Então, o que planejou o crime e o que teve sucesso deveriam ser igualmente punidos, bem como os dois agentes imprudentes.

A questão é que como J2 seria dada pela culpa do agente e J3 seria proporcional ao ato censurável, ambos os agentes deveriam ser igualmente punidos por apresentar uma mesma mente culpada (*mens rea*). A consequência disso, porém, seria ter de mudar o Código Penal brasileiro, que prevê uma pena maior para os atos que resultam em dano e os que são realmente realizados, negando a SM. Vejam que, no caso de Otávio e Leandro, o retributivista teria de negar a SM e propor a equalização das penas, por exemplo, talvez propondo que também Leandro fosse condenado a seis anos e seis meses de prisão em regime semiaberto.

---

10 Para uma compreensão mais detalhada do argumento retributivista, especialmente sobre o merecimento de o sofrimento do agente culpado ser o que garante J1, ver FEINBERG, 1970, p. 116-118. Em suas palavras: "Eu me refiro àquela versão da teoria retributivista que não menciona condenação ou vingança, mas insiste que o propósito justificatório último da punição é estabelecer uma correspondência entre a gravidade moral e a dor, dando a cada ofensor exatamente a mesma quantidade de dor que o mal de sua ofensa requer [...]" (FEINBERG, 1970, p. 116).

Em contrapartida, um consequencialista não precisaria ter de mudar o sistema penal do país, uma vez que J1 se daria pela perspectiva de prevenção de futuros crimes, sendo J2 e J3 apenas um meio para o objetivo de prevenção, podendo aceitar a SL[11]. O problema aqui seria de outra ordem, a saber, o de como justificar a não proporcionalidade da pena com o grau de censurabilidade do agente, uma vez que a quantidade de pena deveria servir apenas para evitar futuros crimes, não estando ligada à culpa. Por exemplo, o consequencialista poderia justificar a punição de cinco anos de prisão para Jean apelando para o critério de prevenção, mas ela pareceria arbitrária por ser excessiva em relação ao grau de culpabilidade do agente. Essa arbitrariedade das penalidades não parece coerente com os juízos morais compartilhados que exigem que se puna apenas o culpado, e não o inocente, e que não se puna o culpado excessivamente. Vejamos:

1) A punição legal deveria prevenir futuros crimes, estando ligada não à censurabilidade, mas ao dano causado aos outros;
2) O agente imprudente que causa dano ou o agente que executa um crime causam mais dano do que os agentes que apenas agem imprudentemente ou planejam um crime;
3) Então, o que planejou o crime e o que teve sucesso deveriam ser diferentemente punidos, bem como os dois agentes imprudentes.

Isso já parece suficiente para mostrar a complexidade dos fenômenos da SM e da SL para o PP. Revela-se ainda mais dramático ao se observar a solução sugerida pelas concepções híbridas, especialmente a do retributivismo negativo[12]. E isto é assim, pois J1 seria justificado pela prevenção a futuros crimes, enquanto J2 se daria pela culpa do agente em agir erroneamente e J3 pela proporcionalidade ao ato errado censurável. Posições como essa claramente poderiam aceitar a SL, compreendendo a diferenciação existente entre as penas em razão de J1, mas teriam dificuldade de lidar com a SM. E isso

---

11 Para mais esclarecimentos sobre a diversidade dos argumentos consequencialistas – a saber, utilitarismo de atos, utilitarismo de regras e versões não utilitaristas –, ver BOONIN, 2008, p. 37-84.

12 As posições de Rawls e Hart são exemplos de concepções híbridas, uma vez que a prevenção aos crimes garante J1, mas a culpa do agente é fundamental para J2, bem como a ideia de não punir o culpado excessivamente é essencial para J3. Atualmente, essas posições são classificadas como retributivismo negativo, uma vez que o merecimento do sofrimento não é levado em conta para J1, sendo o mérito uma condição necessária, mas não suficiente para a punição. Ver RAWLS, 1955, p. 21-29, e HART, 1959, p. 8-11. Sobre o retributivismo negativo, ver BROOKS, 2012b, p. 96-99.

porque, como J2 e J3 apelam para a culpa do agente e proporcionalidade à censura, respectivamente, ela estaria considerando o aspecto moral de censura como fundamento normativo da punição legal, o que pareceria exigir uma negação da SM e uma mudança no Código Penal. Poderia ser o caso de ter de se exigir a punição para Gian de forma equivalente à punição dada a Jean. No entanto, isso não seria inconsistente com J1? E mais, parece que o tipo de sistema penal que seria necessário para realizar essa tarefa não seria desejável por nós, uma vez que ele teria de julgar não apenas os atos, mas as intenções dos sujeitos. Isso não seria perigoso?

Para resolver essas limitações identificadas nas concepções tradicionais, penso que se deve procurar um modelo de justificação da punição legal que possa conviver harmonicamente com os fenômenos de SM e SL. Farei isso com base na investigação das estratégias de assimetria entre elogio e censura e na concepção de censura conativa. E, por fim, proporei o uso de uma teoria moral mista para resolver o PP.

Assimetria entre elogio e censura

Creio que uma das questões centrais que se devem enfrentar para tratar desse complexo problema seja esclarecer inicialmente qual é a concepção de agente moral/legal que se está usando e perguntar se essa concepção guardaria alguma equivalência com a realidade. Em geral, se toma o agente responsável/censurável como aquele que poderia escolher livremente a sua ação, isto é, que poderia agir diferentemente; por isso, a punição seria justificada moralmente como uma retribuição ao erro (público) realizado por um agente livre que é culpado. No entanto, essa concepção (pura) de agente seria realmente adequada? Veja que no caso de Jean implicaria pensar que o roubo do pão e arrombamento se deu por uma escolha livre do agente, isto é, que ele poderia não ter roubado. Mais especificamente, que o roubo teria sido ocasionado pelo livre-arbítrio de Jean. A fome, o desemprego e o dever de cuidado aos familiares, porém, não teriam sido razões necessárias para a sua decisão? E, se sim, será que ele estava em uma condição equitativa para escolher, isto é, será que os arranjos econômicos, sociais e políticos daquela sociedade poderiam ser tomados como justos[13]?

---

13 Importante frisar que esse ponto é central com base em uma concepção liberal igualitária que tomamos por pressuposto, uma vez que as ações autônomas do sujeito só serão consideradas adequadas ou não para elogio ou censura, prêmio ou punição, a partir dos arranjos políticos, econômicos e sociais que devem garantir uma situação equitativa para

Não quero dizer com isso que estou sugerindo que os agentes não possam escolher, uma vez que se sofreria determinações de toda ordem, tais como determinações econômicas e biológicas, e que essa capacidade de escolha não seria central para a responsabilização moral e punição. O que quero ressaltar é que, mesmo estipulando que não se pudesse agir de outra forma, ainda assim os agentes poderiam ser responsabilizados pelo seu controle de direcionamento, isto é, pela capacidade de identificar as razões morais e agir moderadamente a partir delas[14]. Vejam um dos casos de tipo-Frankfurt que penso exemplificar muito bem esse ponto. Jones (4) quer matar o prefeito e, além disso, Black quer que Jones mate o prefeito, mas não sabe se ele terá coragem para realizar a ação. Assim, implanta um dispositivo cerebral para controlar as sinapses cerebrais de Jones. Acontece que Jones mata o prefeito e Black não precisa acionar o dispositivo. A conclusão é que Jones não poderia ter agido de outro modo, mas ele poderia ser responsabilizado moralmente por sua decisão, uma vez que sua ação é resultado de seu querer, isto é, é resultado dos próprios desejos e valores[15].

O relevante aqui seria identificar que a responsabilidade moral não estaria concernida à capacidade em agir diferentemente, mas estaria ligada mais centralmente aos desejos e valores que são expressos pelo sujeito em sua decisão/ação. Por exemplo, mesmo considerando que Jean poderia ter agido diferentemente, deixando sua irmã e sobrinhos morrerem de fome, sendo passível até de elogio por sua resignação, não se poderia negar que sua decisão pelo roubo do pão não se deu de uma forma incondicional. Ao contrário, é bastante fácil reconhecer as circunstâncias econômicas e sociais que circunscreveram

---

a escolha dos cidadãos em uma dada sociedade nacional. A esse respeito, ver SCANLON, 2003b, p. 224, e RAWLS, 1971, p. 241.

14 Sobre o controle de direcionamento, ver a concepção semicompatibilista de responsabilidade moral defendida por Fischer e Ravizza, que tomam por base a distinção entre controle regulativo e de direcionamento. O agente seria responsável por sua ação não pela capacidade de agir diferentemente (controle regulativo), mas por sua capacidade de controle de direcionamento, isto é, pela capacidade de receptividade às razões morais na sequência real da ação. Assim, a responsabilidade moral estaria relacionada à capacidade fraca de reconhecer as razões relevantes e agir de acordo com elas de forma moderada. Ver FISCHER; RAVIZZA, 1998, p. 37-69.

15 A conclusão de Frankfurt é de que não é a possibilidade de o agente ter agido de outra forma que é importante para a responsabilidade, mas é o querer do agente em fazer a ação. E isso significa que responsabilidade moral estará ligada aos desejos do agente e sua decisão terá por base a sua vontade. Nas palavras de Frankfurt: "O fato de que ele não poderia ter feito de outra forma não fornece nenhuma base para supor que ele teria feito diferente se tivesse essa capacidade" (FRANKFURT, 1969, p. 837).

sua decisão. E, também, é importante perceber que sua ação não revelou um desprezo à propriedade ou aos sentimentos das pessoas de uma forma geral. Antes, parece que ele se deparou com um teste moral que a maioria das pessoas nunca teve de enfrentar, isto é, um dilema entre o dever de não roubar e o dever de cuidar dos familiares. E, se se considera que as condições de pobreza e desemprego não foram uma livre escolha do agente, então, se poderia levar em consideração essas condições não equitativas da escolha para atenuar a penalidade ou, mesmo, para perdoar o ato errado cometido[16].

Vejam que o relevante seria identificar quais valores morais seriam defendidos pelo agente e se esses valores seriam coerentemente assumidos com regularidade ao longo de sua vida. Em outras palavras, bastaria que o agente apresentasse a virtude da integridade para uma adequada responsabilização moral, e isso parece levar em consideração esses aspectos aleatórios à escolha do sujeito. Margaret Walker defende uma posição semelhante ao considerar a virtude da integridade como uma disposição para ter uma postura moral coerente e responsável, o que significa uma disposição para agir coerentemente com seus valores morais profundos, de forma que suas ações manifestariam seus valores – e isso seria uma maneira adequada de compreender a agência humana e uma maneira mais exequível de pensar sobre a responsabilização moral[17]. Em suas palavras:

> Qualquer um pode falhar moralmente em uma dimensão particular de má sorte moral. Existem, também, casos que vão além das capacidades humanas, que apresentam circunstâncias ou resultados tão devastadores que manter a integridade seria um ato super-rogatório. Esses casos são o combustível da tragédia. Mas a associação da sorte moral com a tragédia não deveria obscurecer o fato de que o caso trágico é raro e que as circunstâncias mais comuns (pedestres) são mais corriqueiras (WALKER, 1993, p. 247).

---

16 Como defendido por Sêneca, deveríamos substituir a retribuição pura pela clemência em razão do reconhecimento da complexidade e falibilidade dos atos humanos. E isso porque tais atos humanos seriam o produto de uma rede complexa de conexões entre impulsos originais, circunstâncias de vida e reações psicológicas complicadas, identificando o erro como emergindo de uma história narrativa complexa. Ver SÊNECA, 2009, III, p. 36.

17 Margaret Urban Walker defende uma importante tese compartilhada por nós de que a SM é real e que pode ser compreendida quando se entende a agência humana de uma forma não noumenal, isto é, de uma maneira não pura. Em vez de pensar no agente moral como aquele que escolhe de maneira livre, independentemente das circunstâncias, deveríamos compreender a agência humana de uma forma impura, ressaltando que o julgamento moral deveria recair sob a integridade do agente, e não exclusivamente sobre os resultados das ações ou as circunstâncias da escolha. Ver WALKER, 1993, p. 238-240.

A conclusão a que se pode chegar com base no que foi tematizado é que uma concepção de agente mais pedestre parece comportar adequadamente uma assimetria entre elogio e censura moral, com foco na virtude da integridade, e isso parece resolver inicialmente os problemas da sorte circunstancial e constitutiva. Importante ressaltar que essa concepção pedestre parece contrastar fortemente com uma concepção de agência humana pura, em que as mesmas razões que se teria para elogiar seriam usadas para a censura dos agentes. Deixem-me exemplificar o que estou falando. Não se tem problemas para elogiar um amigo por ser disciplinado em seguir um regime composto de dieta saudável e exercícios físicos regulares. Em contrapartida, se teria sérias dúvidas em censurar outro amigo por sua dificuldade em seguir o mesmo regime. E isso parece ser assim por uma compreensão da complexidade envolvida nas decisões humanas, o que pode implicar um reconhecimento de que nem todas pessoas teriam a mesma habilidade para identificar o que é o correto, assim como a mesma motivação adequada para realização do ato. Em vez de censura, o mais usual é se ter compaixão pelos acráticos.

Essa assimetria entre elogio e censura parece se dar em razão da percepção de que todo o ser humano é também produto de certas condições naturais e sociais que estão além do controle absoluto do indivíduo. Dessa maneira, seria legítimo elogiar as pessoas pelos atos certos feitos pelas razões corretas que são em grande parte o resultado de um tipo específico de educação e fatores sociais e econômicos, mas não seria legítimo censurá-las por esses mesmos fatores em razão de eles serem aleatórios à vontade dos agentes[18]. Retomando o exemplo de Jean, ele poderia ser alvo de censura moral e legal por ter roubado quem tentou ajudá-lo quando saiu da prisão. Agora imaginem que essa pessoa benevolente, em vez de censurá-lo e querer sua punição, o perdoasse pelo roubo e apostasse em sua correção de caráter. O que isso poderia significar? Uma possibilidade é que ele estivesse levando em conta os aspectos externos à vontade de Jean que circunscreveram o seu ato e confiando em sua integridade para a correção de seu caráter.

---

18 Essa assimetria entre elogio e censura é fortemente defendida por Susan Wolf em sua *Reason View* (Perspectiva da Razão). Ver WOLF, 1990, p. 79-89. Em *Freedom within Reason*, ela diz: "A Perspectiva da Razão pode facilmente acomodar a noção de que a habilidade (de fazer o certo pelas razões corretas) é uma questão de grau. Se pensamos que algumas pessoas são menos hábeis que outras para agir de acordo com a Verdade e o Bem, então a Perspectiva da Razão considera, como fazem nossas intuições, que elas seriam menos responsáveis e, então, menos censuráveis por falharem em sua ação" (WOLF, 1990, p. 87) Sobre essa assimetria no contexto da tragédia e filosofia moral grega antiga, ver NUSSBAUM, 1986, p. 1-8, 322-340.

Não é difícil imaginar um cenário em que esse ato de perdão mesmo antes do arrependimento possa ter modificado novamente o caráter de Jean, o tornando um cidadão exemplar e uma pessoa que age altruisticamente, isto é, ajudando os outros sem querer nada em troca. Nesse cenário hipotético se poderia reconhecer que o perdão teria sido bem mais eficiente do que a punição, em razão de ter possibilitado a correção do caráter do agente – e isso, penso, pode indicar uma rota alternativa para se pensar nos problemas envolvidos em J2 e J3, o que já pode até sugerir uma assimetria entre agravamento e mitigação da penalidade. Voltarei a isto no último subcapítulo. Antes, porém, deixem-me abordar o tipo de censura conativa defendida por Scanlon para se pensar em como resolver o problema da sorte resultante.

Censura e interpessoalidade

Relembre o caso de sorte resultante de Otávio e Leandro, os dois motoristas imprudentes. Eles foram igualmente imprudentes ao beber e dirigir e andar em alta velocidade, mas apenas Otávio atropelou e matou uma pessoa, isto é, causou dano ao outro. Leandro foi tão imprudente quanto Otávio, mas teve "boa sorte" ao não encontrar ninguém em seu caminho. A despeito de ambas as ações serem igualmente censuráveis moralmente, porque erradas, Otávio foi punido por homicídio doloso (dolo eventual) e condenado a seis anos e seis meses de prisão em regime semiaberto, enquanto Leandro apenas foi multado, teve o veículo retido e foi suspenso o seu direito de dirigir por doze meses. Em casos como esse o *status* moral é especificado pela extensão do resultado não intencional do que alguém faz. No entanto, a questão que deve ser respondida é se não seria injusto censurar mais intensamente Otávio do que Leandro, uma vez que ambos revelaram um estado mental igualmente culpado, sendo que as consequências diferentes ocorreram pelo acaso, e não por uma escolha voluntária, e se isso não geraria uma obrigação de mudar o Código Penal e o Código de Trânsito Brasileiro, de forma a equalizar essas punições?

Para responder a essa questão preciso esclarecer, inicialmente, o que é censura, isto é, o que se faz quando se censura alguém. De uma forma geral, a censura parece significar uma avaliação negativa do caráter do agente que comete uma ofensa. Por exemplo, censurar alguém que rouba do Sistema Único de Saúde dizendo "isto é uma vergonha" é uma maneira de recriminar o caráter corrupto do agente. E, também, isso parece implicar uma atitude reativa ao erro realizado, isto é, se sente indignação normalmente pelo ato corrupto. Além disso, ela pode ser vista como uma referência normativa para a punição ou sanção. Por exemplo, é porque esse ato de corrupção "é uma vergonha" e "nos deixa indignado" que o ofensor deve ser punido. No entanto, será que esses significados de censura conseguem esgotar todo o fenômeno? Não seria possível ver a censura de outra forma?

Scanlon, por exemplo, defende a tese de que a censura é mais do que uma avaliação negativa do caráter do agente e que ela não envolve nenhum tipo de sanção ou punição. Ao contrário, ela estaria ligada às expectativas e intenções que seriam modificadas em razão de certa ação errada que foi feita por um agente[19]. Para ele, afirmar que uma pessoa é censurável por certa ação é dizer que essa ação mostra algo sobre as atitudes do agente em relação aos outros que prejudica essa relação, como descaso, imprudência, negligência, egoísmo etc. Vejam um exemplo a esse respeito. Imaginem ficar sabendo que um amigo falou mal de você em uma festa. Provavelmente suas disposições e expectativas com o seu amigo mudem. Se antes você se preocupava com sua felicidade e queria que tudo de bom ocorresse com ele, agora faz todo sentido imaginar que esse conjunto conativo mude, e que o bem-estar, a saúde e o futuro dele não sejam mais de seu interesse. Para Scanlon:

> Brevemente colocado, minha proposta é a seguinte: afirmar que uma pessoa é *censurável* por uma ação é afirmar que a ação mostra algo sobre as atitudes do agente em relação aos outros que deteriora a relação que os outros podem ter com ele ou ela. *Censurar* uma pessoa é julgá-la censurável e tomar sua relação com ela modificada de uma forma que este julgamento de relações deterioradas seja tomado como apropriado (SCANLON, 2010, p. 128-129).

A censura, então, seria uma resposta apropriada que se dá aos agentes por não terem levado os outros em consideração, ou por terem deteriorado as relações intersubjetivas, resposta que implica uma mudança de expectativa em relação ao bem-estar e futuro desses agentes que agiram erroneamente. No entanto, em que essa concepção scanloniana de censura ajudaria para a resolução do problema da sorte resultante? Especificamente, porque ele parece esclarecer de forma bastante eficiente a razão de a censura não ser apenas

---

19 Para um maior detalhamento da investigação sobre a natureza da "censura", ver COATES; TOGNAZZINI, 2013b, p. 7-17, em que eles tematizam a respeito de quatro concepções de censura, a saber: (i) cognitiva, em que a censura implica uma avaliação normativa do caráter, (ii) conativa, que é uma resposta disposicional ao erro cometido, (iii) strawsiana, que é tomada como uma emoção reativa, tal como ressentimento, e, por fim, (iv) funcional, que procura identificar o contexto particular para determinar o estado mental ou atividade que melhor serviria à função.

uma avaliação negativa do caráter. E, para tal, imagina um cenário composto de quatro pessoas em um contexto de sorte moral. Vejamos:

A – Motorista prudente que mata uma criança por má sorte.
B – Pessoa imprudente que nunca feriu ninguém.
C – Motorista imprudente que por "boa sorte" nunca feriu ninguém.
D – Motorista imprudente que por "má sorte" mata uma criança[20].

Veja que a diferença entre C e D é que em apenas um caso há a morte de uma pessoa, sendo que ambos os motoristas agiram imprudentemente, de forma similar ao nosso caso de Otávio e Leandro. O ponto de Scanlon é identificar que, se a censura fosse apenas uma avaliação negativa do caráter dos sujeitos, haveria razões para censurar igualmente C e D. No entanto, não é assim que acontece. Parece haver uma censura mais intensamente a D, tanto moral quanto legalmente, porque a censura é "um entendimento revisado de nossas relações com a pessoa, dado o que ela fez" (SCANLON, 2010, p. 150). A conclusão a que se pode chegar é que o resultado da ação de D pode ser em parte creditada à má sorte, mas é também devido a uma falta mesma de D, isto é, uma ação errada, o que parece justificar a mudança de atitudes conativas diante do ofensor que, por sua imprudência, fez os pais perderem um filho, por exemplo.

Como visto anteriormente, essa concepção scanloniana de censura parece resolver o problema da sorte resultante com a apresentação de uma justificação adequada, porque ela é tomada como uma resposta conativa negativa para alguém que agiu de forma a deteriorar a sua relação com os outros. Por isso, seria possível justificar a censura mais intensa ao motorista imprudente que atropelou uma mulher idosa (Otávio) do que ao motorista imprudente que não atropelou ninguém (Leandro), pois, além de colocar toda a comunidade em perigo, sua ação prejudicou ainda mais os familiares da referida senhora. E, em termos de punição, se poderia dizer que o ato errado do agente é uma razão para a modificação das disposições habituais que o Estado tem para com seus membros. Como a ação do ofensor deteriora as

---

20 Nos termos de Scanlon: Pessoa A sempre dirige cuidadosamente. Apesar disto, em uma noite dirigindo para casa, uma criança atravessa na frente de seu carro e é morta. Pessoa B tem uma disposição à imprudência, mas nunca colocou ninguém em perigo porque nunca teve ocasião de efetivar uma conduta de risco. Pessoa C tem a mesma disposição de B, mas ela dirige um carro. Ela dirige imprudentemente, mas, por boa sorte, nunca feriu ninguém. Pessoa D tem as mesmas características de B e C, dirige exatamente da mesma maneira que C, mas tem má sorte e mata uma criança. Ver SCANLON, 2010, p. 148-149.

relações sociais, a punição e sua intensidade seriam uma consequência lógica da modificação dessas disposições públicas em relação a quem cometeu a ofensa. E, por isso, penso que poderíamos justificar a penalidade maior aplicada a Otávio, uma vez que seu ato deixou a comunidade toda mais insegura, tal como a ação de Leandro, mas, além disso, privou os familiares da presença de um ente querido[21].

O problema tematizado era tentar resolver a aparente arbitrariedade das diferentes penalidades aplicadas em casos de estado mental igualmente culpado, mas com resultados diferenciados ocasionados por razões não intencionais, isto é, por motivos aleatórios. Penso que uma maneira adequada de tratar o problema da sorte resultante seja reconhecer que os agentes fazem parte de uma comunidade moral e política na qual assumem determinados deveres e que essa quebra de compromisso com a comunidade como um todo ou como parte dela pode justificar uma mudança nas expectativas, disposições e desejos que constituem essas relações intersubjetivas. Desse ponto de vista intersubjetivo, os cidadãos são responsáveis não apenas por suas intenções ou disposições, mas também pelas consequências de seus atos, que são uma manifestação de suas intenções[22].

Teoria moral mista

Disse anteriormente que uma teoria moral mista que conecta uma ética neocontratualista com uma ética das virtudes parece mais apta para lidar com

---

21 David Shoemaker levanta um problema que poderia invalidar nossa interpretação. Ele defende que a censura moral e legal teriam funções e estruturas diferentes e, dessa forma, nenhuma concepção de censura moral poderia ser estendida a uma concepção de censura legal (punição). O ponto dele é tentar mostrar que em Scanlon, por exemplo, a censura moral seria simétrica e uma resposta em relação às atitudes errôneas do agente, enquanto a punição seria assimétrica e uma resposta ao que os agentes de fato realizaram. Ver SHOEMAKER, 2013, p. 111-117. Discordo dessa posição e creio que o exemplo de D é esclarecedor para mostrar que censura também está relacionada com o que o agente de fato faz. E, também, que a relação na censura legal também pode ser tomada como simétrica, uma vez que todos os cidadãos são iguais perante a lei, todos podendo ser igualmente responsabilizados e punidos. Por exemplo, um juiz pode ser igualmente punido por dirigir de forma imprudente e matar uma pessoa. Onde estaria a assimetria aqui?

22 Creio que uma forma promissora para justificar essa aparente arbitrariedade seja identificar que nós contratamos nossos deveres e direitos com os outros e que a legitimidade da punição derivaria do fato de que o ofensor tenha consentido com as consequências legais de sua ação; assim, a punição poderia ser justificada pelo fato de os indivíduos poderem evitar a punição escolhendo apropriadamente. A esse respeito, ver SCANLON, 2003b, p. 219-227. Sobre o ponto de nossos atos serem um reflexo de nossas intenções, ver THOMSON, 1989, p. 204-208.

o PP, de forma a considerar tanto a SM quanto a SL, e isso porque ela parece mais bem equipada para equacionar as circunstâncias aleatórias que vão além das escolhas do agente com os julgamentos morais e legais dos indivíduos em uma comunidade, isto é, com a censura moral e legal que é realizada socialmente. Agora preciso apresentar, ao menos em linhas gerais, as características dessa teoria normativa para ser possível avaliar apropriadamente em que medida ela seria superior às teorias tradicionais da punição, tais como o retributivismo, o utilitarismo, ou mesmo as teorias híbridas, que conectam retributivismo com consequencialismo e hoje são conhecidas como retributivismo negativo, para lidar com os complexos problemas evolvidos em J1, J2 e J3.

O que se mostra relevante em uma ética neocontratualista para o problema que se está investigando é que ela parece oferecer uma razão adequada para a questão de por que se deve punir. De forma sintética, J1 seria alcançada pelo critério normativo do consenso. Agentes racionais e cidadãos razoáveis concordariam que a punição daqueles que cometeram crimes seria aceitável pelo fato de que o próprio ofensor teria consentido com um sistema de direito que possibilitasse tais atos punitivos. E, assim, a instituição punitiva seria aceita pelas partes como o meio mais racional para lidar com os que descumprissem a lei, reconciliando a autonomia do agente com a autoridade estatal coercitiva. A sua vantagem, penso, é a inclusividade, pois ela guarda o aspecto preventivo do utilitarismo com a garantia dos direitos individuais do retributivismo[23].

É importante observar que J1 não parece envolver nenhum problema, seja de SM ou de SL. Mesmo assim, o modelo neocontratualista já oportuniza uma base adequada para se poder compreender melhor os problemas de sorte resultante, por sua adequada noção de censura moral. Partindo da

---

23 Veja que nesse modelo o ofensor é tomado como uma pessoa que deve ser punida porque aceitaria livremente essa consequência normativa por seu erro; assim, é visto como uma pessoa, e não como um objeto. Por outro lado, a instituição da punição deve servir para um maior bem-estar social por meio da prevenção de futuros crimes. A importante restrição é que a estabilidade social desejada não pode ferir os direitos individuais dos criminosos. Outro aspecto positivo é que o contratualismo parece evitar o paternalismo em razão de seu comprometimento com o liberalismo, e isso implica assumir uma neutralidade ética do Estado diante dos juízos morais individuais dos cidadãos, uma vez que não seria adequado dizer qual o bem a ser protegido e que tipo de valores morais privados as pessoas deveriam professar, em razão da existência de um pluralismo moral que podemos identificar em sociedades contemporâneas. Ver FINKELSTEIN, 2011, p. 330-340. Para mais detalhes de uma teoria contratualista da punição, ver COITINHO, 2016, p. 184-189, 193-196.

compreensão de Scanlon, podemos usar uma noção conativa de censura moral, que vai além da pura avaliação negativa do caráter, bem como não se reduz a um mero sentimento reativo ou que seria equivalente a uma sanção. Antes, é uma resposta ao ato errado que muda as disposições da comunidade com o ofensor. E, assim, J2 e J3 seriam alcançadas com base nessa compreensão conativa de censura. O seu ganho é que ela parece dar conta da aparente arbitrariedade "por que punir um agente, e não outro", ou "por que punir uma pessoa com uma pena maior que a de outra", sendo que ambos apresentariam o mesmo estado mental culpado. A resposta é que as ações dos sujeitos, que são livres e autônomos, refletem as suas disposições e valores e podem fazer as disposições da comunidade mudarem de uma valência positiva para negativa em relação aos ofensores. No entanto, é importante lembrar que a punição de um sujeito particular só será justa se ele puder escolher com base em certas circunstâncias equitativas, o que implicará considerar se os arranjos econômicos, políticos e sociais são efetivamente justos.

Agora, quais as vantagens em se fazer uso de uma ética das virtudes nesse contexto? Penso que ela oportuniza pensar-se mais adequadamente sobre os problemas de sorte circunstancial, causal e constitutiva para o PP em razão do uso de uma noção de agência humana que parece guardar uma maior proximidade com a realidade. E isso porque ela estabelece uma estreita conexão entre a reponsabilidade moral do agente e o seu caráter, mas que também leva em consideração os aspectos arbitrários à vontade dos agentes que influenciam consideravelmente na obtenção de uma vida bem ou malsucedida. E, também, porque esse modelo normativo usa uma fórmula geral que toma o ato correto como o que é aprovado por um agente virtuoso, além de poder incluir um importante papel corretivo para J2, isto é, que toma o ato particular punitivo justificado por poder favorecer a correção do caráter do agente[24].

---

24 A fórmula geral da ética das virtudes pode ser apresentada da seguinte maneira: um ato F é correto se ele for aprovado por um agente virtuoso S, que é o que busca um fim bom e delibera adequadamente sobre os meios necessários para realizar esse fim. A respeito da punição, isso pode implicar considerar que o ato particular punitivo só poderia ser justificado se fosse aprovado por um agente virtuoso, por exemplo, justo, benevolente e clemente. E, também, que a quantidade adequada da punição seria determinada pela virtude da equidade ou razoabilidade (*epieikeia*), que é a habilidade de julgar de forma a responder sensivelmente a todas as nuances particulares das situações, corrigindo a generalidade da lei. Também é importante observar que esse modelo revela uma forte semelhança com a teoria da educação moral de Hampton, que vê a punição como uma forma de ensinar aos infratores que eles agiram erroneamente e que a ação cometida é proibida porque moralmente errada; assim, eles poderiam se arrepender. Ver HAMPTON, 1984,

Em razão dessa dimensão mais realística da agência moral e legal, a ética das virtudes parece poder assegurar J2 e J3 pelo próprio julgamento razoável do agente virtuoso, tanto a respeito da necessidade de punição para um agente particular, bem como para a determinação da pena adequada ao ofensor. Pode ser o caso em que a clemência e a benevolência se imponham em relação à justiça. E, dessa forma, se poderia compreender melhor por que o elogio e a censura podem ser assimétricos nas práticas avaliativas cotidianas, da mesma forma que possibilitaria ter por foco a integridade do agente para se pensar em sua responsabilidade moral, isto é, observando se suas ações são coerentes com seus valores morais profundos, sem ter de tematizar, necessariamente, se o livre-arbítrio seria uma razão necessária ou não para a responsabilização moral e punição legal dos cidadãos em uma sociedade democrática.

Por isso, creio que uma teoria moral mista como a que estou formulando parece comportar uma adequada diversidade normativa para resolver o aparente paradoxo entre a responsabilidade moral e legal das condições aleatórias ao controle dos agentes, aproximando fortemente a SM e SL do âmbito da moralidade e da legalidade, sem ter de abandonar a íntima conexão entre a censura moral e a punição legal, nem mudar a orientação geral dos códigos. O ganho que se poderia obter com essa teoria para a resolução do PP, a saber, J1 seria alcançado pelo consenso, J2 com a expectativa da correção do caráter do agente e pela aprovação do agente virtuoso e J3 pelo julgamento da medida razoável ou equitativa. Com isso, o perdão, em alguns casos, poderia ser mais justo do que a punição, bem como a assimetria entre mitigação e agravamento da pena poderia ser tomado como um critério apropriado para a justiça, uma vez que se pode constatar que se elogia e se censura as pessoas de forma assimétrica. Não seria esse modelo moral alternativo uma maneira mais promissora de compreender que punição e maior pena não implicam, necessariamente, mais justiça?

---

p. 212-214. Para esclarecimentos adicionais sobre ética das virtudes e punição, ver COITINHO, 2016, p. 189-196.

Capítulo 5
Justificação contratualista da punição

O objetivo central deste capítulo é procurar compreender a concepção normativa híbrida usada por John Rawls para justificar moralmente a punição legal, fazendo uso de um recurso consequencialista para justificar a instituição da punição, isto é, a eficácia social e um recurso retributivista para justificar os atos punitivos particulares, isto é, a culpa do agente. Analisarei, especialmente, o artigo "Two Concepts of Rules" e o livro *A Theory of Justice*. Defenderei que Rawls faz uso de uma visão liberal de punição, bem como utiliza o método de equilíbrio reflexivo, estipulando uma regra para aprovação da punição legal com base na coerência com nossos juízos morais ponderados, o que parece reconciliar a justiça retributiva com a justiça distributiva, respondendo adequadamente aos críticos que apontam para uma contradição no pensamento rawlsiano. Por fim, proporei uma pequena alteração nessa teoria, de forma que ela possa incorporar um importante aspecto corretivista do caráter do agente.

Punição, liberalismo e coerentismo

A questão de como se pode justificar a instituição da punição e suas práticas punitivas é um dos problemas centrais da filosofia política e da filosofia do direito. Ao se olhar a história da filosofia, se pode ver que os mais importantes filósofos, tais como Platão, Aristóteles, Kant, Hegel, Bentham e Mill, se preocuparam com esse problema, a saber, o de como é possível justificar uma instituição estatal fazendo uso do seu aparato legal para infligir sanções que causam dano intencional a uma parte significativa de seus cidadãos? A dificuldade da questão está em justificar o dano intencional, uma vez que causar dano intencional a alguém é algo errado em situações normais. E a complexidade da questão está na sua inter-relação com um conjunto adicional de problemas morais, tais como as questões de erro, autoridade, liberdade, censura e responsabilidade, por exemplo.

John Rawls não será exceção nesse cenário, uma vez que o problema da punição receberá sua atenção ao longo de seu percurso filosófico, desde os primeiros artigos, em especial "Two Concepts of Rules" (CR), até a sua obra central, *A Theory of Justice* (*TJ*)[1]. Acontece que sua concepção de responsabilidade jurídica apresenta um sério problema para os intérpretes de Rawls: ela parece ser contraditória às premissas centrais da justiça como equidade. Isso porque Rawls defenderá uma posição híbrida entre consequencialismo e retributivismo, defendendo a justificação da instituição da punição pela eficácia social, isto é, pela estabilidade social e a justificação dos atos particulares de punição pela culpa do agente em agir erroneamente, isto é, pelo seu (de)mérito. Isso talvez explique, ao menos parcialmente, o desinteresse dos comentadores em abordar a concepção de justiça retributiva defendida por Rawls.

O problema é como acomodar a concepção utilitarista de Rawls sobre a justificação da instituição da punição com a justiça como equidade como um todo, em razão de ela ser uma clara contraposição ao modelo utilitarista usado em filosofia moral e política, por não respeitar adequadamente os direitos das pessoas enquanto livres e iguais. E, também, há um forte aspecto retributivista em sua forma de justificar os atos punitivos, conectando intrinsecamente mérito e punição, o que distingue a sua compreensão de justiça retributiva da justiça distributiva, que não considera o mérito como critério central para a distribuição dos bens primários. Seria trágico para uma teoria que toma a coerência como critério decisivo para a justificação apresentar uma incoerência interna dessa proporção entre as suas partes. Então, como compreender a concepção de justiça retributiva de Rawls?

Para tentar mostrar que não há uma contradição entre as partes da justiça como equidade, gostaria de apontar duas importantes questões iniciais, a saber, que a concepção rawlsiana de punição defende uma visão liberal e usa o mesmo método empregado nas questões de justiça distributiva, a saber, o método de equilíbrio reflexivo.

---

1   No decorrer deste capítulo, as obras de Rawls serão abreviadas da seguinte maneira: *A Theory of Justice* (*TJ*); *A Theory of Justice*: revised edition (*TJ* rev.); *Justice as Fairness: A Restatement* (*JF*); *Political Liberalism* (*PL*); *The Law of Peoples* (*LP*); "Two-fold Basis of Justice" (TB); "Two Concepts of Rules" (CR); "Punishment" (PU); "The Sense of Justice" (SJ); "The Idea of Public Reason Revisited" (PR).

Deixem-me iniciar com a visão liberal. De forma geral, uma visão liberal defende que as instituições políticas e jurídicas (i) devem respeitar a todos como sendo livres e iguais e (ii) só podem ser justificadas em termos políticos. Dito isso, se pode dizer que a concepção de punição de Rawls é claramente liberal por defender uma neutralidade ética estatal, bem como os direitos individuais dos agentes. Para Rawls, as razões para punir um ofensor não podem ser parte de uma doutrina moral abrangente, o que implicará uma concepção contraposta ao paternalismo e ao moralismo jurídico. Esse aspecto é claramente compartilhado pelos utilitaristas, em especial Mill, ao estipular o "dano aos outros" como único critério para a restrição da liberdade individual. E, também, Rawls defende os direitos de liberdade e igualdade das pessoas, o que revela uma grande proximidade com o retributivismo, em especial o kantiano, uma vez que este também parece valorizar a liberdade e autonomia humana com o critério de mérito. Por isso, parece que a concepção de punição defendida por Rawls não é contraditória à justiça como equidade, mas revela uma teoria liberal que incluirá, também, uma argumentação contratualista para a justificação das normas em sociedades que são marcadas pelo pluralismo moral razoável, por meio do uso público da razão.

Agora, a respeito do equilíbrio reflexivo, é importante identificar que tanto a justiça distributiva como a retributiva farão uso do mesmo método coerentista, que tem a característica de procurar identificar os juízos morais ponderados e ver que tipo de regra seria estipulada com base nesses valores morais compartilhados. A estratégia geral usada é procurar ver quais seriam os valores morais dos envolvidos e tentar especificar que regras seriam aceitas por sua coerência com esses valores. A liberdade ou autonomia é claramente um valor socialmente compartilhado, uma vez que os agentes se veem como responsáveis porque censuram a si mesmos e os outros. De forma similar, há uma valoração social da dignidade humana, o que parece trazer por consequência a garantia dos direitos individuais, bem como o desejo pela estabilidade social. Esses valores são centrais para quando se pensa sobre as razões para punir. Por outro lado, parece que a igualdade apenas se mostra como um valor compartilhado quando se pensa sobre os direitos sociais e econômicos, não sendo tão relevante para quando se pensa sobre a responsabilização. Com isso, não seria difícil ver que a regra de justiça que permitiria a punição teria de incluir a intenção de prevenir futuros crimes com a garantia das liberdades individuais, o que implicaria tomar o sujeito individual como responsável. Volto a isso posteriormente.

O problema da punição

Mas qual é mesmo o problema da punição de que se está falando? Rawls especifica o problema da instituição da punição como um problema ético, isto é, o de como se pode justificar normativamente a punição, uma vez que ela implica um dano intencional infligido pelo Estado aos ofensores:

> O problema, então, é um problema ético: como a instituição da punição pode ser justificada. Isso não é uma questão de como ela se desenvolveu historicamente, ou quais motivos as pessoas têm para mantê-la, ou que benefícios alcançamos com seu funcionamento, ou que funções sociais ela desempenha. A questão é apenas: qual é a sua justificação ética – como são os fundamentos éticos para a instituição [da punição] ser estabelecida (PU, p. 1).

Em um texto não publicado, intitulado PU, de 1952-1953, que parece ser uma primeira versão do artigo CR, Rawls se pergunta a respeito da justificação normativa da punição legal. A questão é: como se poderia justificar moralmente o dano ou sofrimento intencional retributivo reprobatório infligido pelo Estado ao ofensor? Isso é um problema, uma vez que querer causar sofrimento a alguém não é algo correto. No entanto, quando o Estado aplica medidas punitivas ele causa sofrimento a alguns dos seus membros que descumpriram a lei. Então, como justificar essas ações punitivas legais?

A estratégia que Rawls usará será conciliar as tradicionais respostas dadas a esse problema, a saber, as respostas consequencialista e retributivista, que fazem uso dos critérios normativos de eficácia social e mérito, respectivamente, procurando superar os seus problemas. O utilitarismo diz que se pode justificar a instituição da punição por seus bons efeitos sociais, uma vez que os atos punitivos teriam a função de inibir futuros crimes. O problema do utilitarismo é que justificar a instituição da punição pelos efeitos sociais positivos poderia trazer por consequência punir um inocente, ou mesmo punir um agente culpado em demasia. Por sua vez, o retributivismo defende que a justificação da punição se encontra no (de)mérito do agente em sofrer em razão do ato errado de que é culpado. O erro do retributivismo parece estar na sua compreensão equivocada de livre-arbítrio, de forma a ver o agente que comete um erro como merecedor de sofrimento porque teria escolhido livremente. A particularidade dessa conciliação se encontra especificamente na distinção feita por Rawls entre a (i) justificação da instituição da punição (J1) e a (ii) justificação de um ato punitivo particular (J2). E, assim, nesse modelo híbrido, J1 seria alcançada pela prevenção de futuros crimes, enquanto J2 seria dada pela condenação apenas do culpado.

Essa posição híbrida hoje é classificada como um retributivismo negativo ou fraco, pois estabelece uma cláusula para só se punir alguém se este for culpado do crime. Assim, seria errado punir o inocente porque, não havendo cometido nenhum crime, ele não mereceria ser punido e, também, que seria errado punir os ofensores mais duramente do que eles merecem. Vejam diferença com o retributivismo positivo, que oferece uma justificação positiva para a punição: deve-se punir o culpado porque ele merece sofrer. O retributivismo negativo, por sua vez, não diz por que se deve punir. Ao contrário, ele diz que, seja lá qual for a justificação positiva para a instituição da punição, não se deve punir o inocente ou puni-lo mais drasticamente do que ele merece[2].

Isso já parece mostrar que Rawls não está defendendo uma teoria moral abrangente retributivista para a justificação da punição, uma vez que apenas está usando um critério retributivista de mérito para reafirmar os direitos individuais como a liberdade e dignidade humana. De forma semelhante, parece que não está defendendo uma teoria utilitarista, mas usando apenas o critério de estabilidade social para a justificação da punição de forma a possibilitar a coerência entre os valores morais compartilhados e as regras. No restante do capítulo, analisarei o texto CR e a obra *TJ* para ver como Rawls trata o problema da justificação da punição. Posteriormente, procurarei identificar as principais virtudes e os principais limites dessa concepção híbrida.

CR e a recusa do *telishment*

Em CR, Rawls defende uma concepção de punição vinculada a um consequencialismo de regras, e não de atos, fazendo uma importante distinção entre justificar uma ação e justificar uma prática. O argumento central do texto é dizer que a regra que aprovaria a punição do inocente visando ao bem social, isto é, à maximização do bem-estar, não seria aprovada pelos juízes morais ponderados que valorizam a dignidade humana e a liberdade. E, então, a solução será encontrada em um modelo híbrido que garante J1 pela eficácia social, com a cláusula de só punir o culpado (J2).

---

2 Thom Brooks esclarece que, para o retributivismo negativo, o mérito é uma condição necessária, mas não suficiente para a punição. Ele diz que: "O mérito é necessário, mas não é suficiente para o retributivismo negativo. O mérito é necessário pelas mesmas razões por que ele é necessário para o retributivismo positivo. A punição é apenas aplicada ao agente que merece [...]. Entretanto, o mérito não é suficiente para determinar se devemos punir uma pessoa que merece" (BROOKS, 2012b, p. 97). Também observa que o retributivismo negativo é um tipo de consequencialismo de regras. Ver BROOKS, 2012b, p. 96-99.

O problema moral da punição

Rawls inicia o seu texto apontando para o problema moral da punição, isto é, como se pode justificar moralmente a instituição da punição, uma vez que ela causa um dano intencional aos agentes e isso é um erro em situações ordinárias. Parte das duas respostas mais conhecidas para esse problema, a saber, a resposta retributivista e a utilitarista. Para o retributivismo, a punição é justificada pelo ato errado cometido. A pessoa que age erroneamente mereceria sofrer em proporção ao seu erro em razão de sua culpa em ter cometido um crime. Essa concepção tem por foco central o passado, uma vez que o que justificaria a prática punitiva seria a culpa do agente em ter agido erroneamente de forma livre. Por outro lado, para o utilitarismo, a punição seria justificada pelas futuras consequências que traria, a saber, a eficácia social, e isso por ter um efeito inibidor de futuros crimes. Parece implicar que o seu foco seria o futuro, uma vez que pretende assegurar a estabilidade social, não estando centrada exclusivamente na culpa do agente.

A estratégia argumentativa de Rawls é estabelecer uma conciliação entre essas duas posições fazendo uma distinção entre (i) justificar uma prática como um sistema de regras e (ii) justificar uma ação particular que recai sobre essas regras. Diz que o argumento utilitarista parece mais apropriado com respeito à prática da punição, enquanto o argumento retributivista parece se encaixar melhor na aplicação dos atos punitivos[3]. Para esclarecer essa importante diferença, imaginem um diálogo entre um pai e seu filho, em que um filho pergunte para o pai: "Por que J foi preso ontem?". E o pai responda: "Porque ele roubou o banco B. Ele foi devidamente julgado e considerado culpado". Agora, imaginem que a pergunta do filho seja: "Por que as pessoas colocam as outras na cadeia?". E, então, a resposta do pai seria: "Para proteger as pessoas boas das más". Ou "Para possibilitar que as pessoas possam dormir em paz" (CR, p. 5).

---

3   Importante ver que o argumento utilizado por Hart em "Prolegomenon to the Principles of Punishment" parece similar, uma vez que a justificação geral da punição se daria pela minimização dos erros futuros com a maximização da liberdade. Hart concorda com Bentham que a prática da punição pode ser justificada pelas boas consequências de evitar ações erradas no futuro e, também, faz uso da distinção rawlsiana entre culpado e inocente a fim de valorizar a liberdade. Diferentemente de Rawls, dirá que a regra da justiça que restringe a punição ao inocente é inteiramente instrumental. E, também, Hart não compartilhará da perspectiva rawlsiana de que as regras de distribuição (regras como práticas), com ênfase na distinção entre culpado e inocente, possam ser defendidas adequadamente com o apelo indireto para a justificação utilitarista da prática como um todo, que é para reduzir o futuro ato errado (regras como sumários). Ver HART, 1959-1960, p. 12.

O que esse exemplo parece mostrar é que existem duas questões diferenciadas a respeito da punição. Uma questão é por que alguém é punido em vez de outra pessoa, enquanto a outra questiona a razão de existir a instituição mesma da punição, isto é, por que se punem as pessoas em vez de perdoá-las, por exemplo? A resposta do pai mostra que uma pessoa é punida porque é culpada, e ela é culpada porque descumpriu a lei. Nesse caso, tanto a lei, o juiz, bem como o júri olham para trás e a pena é estabelecida pelo erro que o agente cometeu. Por outro lado, o exemplo também mostra que a instituição da punição tem um olhar diferenciado, isto é, ela olha para o futuro, de forma similar ao olhar do legislador (ideal), que deveria procurar ver qual é a eficácia social de uma instituição política. Nesse caso, a instituição da punição teria por função evitar futuros crimes e possibilitar uma sensação de segurança na comunidade política (CR, p. 6).

O ponto de Rawls aqui é procurar integrar em uma mesma concepção normativa um olhar dado tanto pelo legislador como pelo juiz, de forma a melhor responder ao complexo problema da justificação da punição. Em suas palavras:

> Se pode dizer, então, que o juiz e o legislador estão em diferentes posições e olham em diferentes direções: um olha o passado e o outro olha o futuro. A justificação do que os juízes fazem, enquanto juízes, parece ter proximidade com a visão retributivista; a justificação do que um legislador (ideal) faz, enquanto legislador, se aproxima da visão utilitarista. Então, ambas concepções têm um ponto importante [...], e a confusão inicial desaparece quando se vê que estas concepções se aplicam a pessoas que têm diferentes funções e diferentes deveres, e estão situadas diferentemente com respeito ao sistema de regras que constitui o direito penal (CR, p. 6).

A posição assumida por Rawls é claramente conciliar essas concepções vistas tradicionalmente como antagônicas. Ele concorda que a punição deva ser aplicada apenas no caso de haver uma violação da lei, isto é, havendo um agente culpado. No entanto, sua preocupação recai sobre a instituição da punição como um sistema de regras. E, assim, sua justificação moral seria dada pelo efetivo bem social criado. Importante ressaltar que Rawls está falando da punição legal, isto é, dos atos de privação de certos direitos dos agentes que violaram as regras legalmente instituídas, violação reconhecida por um tribunal por meio do devido processo legal. E, também, que essa privação de direitos é estabelecida por uma autoridade legítima, isto é, o Estado, que cria o sistema penal que estabelece o que é a ofensa e qual é a penalidade, sendo esses estatutos jurídicos anteriores às ofensas (CR, p. 10).

Essa tentativa de conciliação do retributivismo com o utilitarismo pode acarretar dois problemas, segundo Rawls. O primeiro é que poderia ser inaceitável para o retributivista em razão da diferença de opiniões a respeito do critério adequado para a punição, uma vez que vê a punição como uma retribuição de uma ação errada, enquanto o utilitarista não vê propriamente a existência de ações erradas (CR, p. 8-9). O segundo problema é que a posição utilitarista poderia justificar a existência de instituições bem diferentes da descrita anteriormente, instituições essas que fossem cruéis e arbitrárias para a garantia da eficácia social. É exatamente para resolver esse segundo problema que Rawls criará um procedimento hipotético chamado de *telishment* para assegurar a culpa do agente como um critério normativo da instituição da punição, em adição à estabilidade social[4].

Experimento mental de *telishment*

A forma que Rawls encontra para solucionar esse segundo problema, formulado especificamente por Carrit, a saber, que o modelo utilitarista poderia justificar em demasia nos casos de punição e, assim, poderia punir uma pessoa inocente ou mesmo punir demasiadamente o culpado visando à segurança da sociedade, é fazendo uma distinção entre a justificação de uma instituição e a justificação de uma ação particular que recai sobre essa prática. E, também, procurará esclarecer as diferentes funções dos agentes em instituir essa prática e decidir os casos particulares que recaem sob ela. Essa distinção é realizada por meio de um experimento mental que tem a função de destacar os juízos morais ponderados para a justificação da punição.

Imaginem uma instituição chamada *telishment*, na qual os oficiais estatais teriam a autoridade de punir uma pessoa inocente visando ao melhor interesse da sociedade. E, mais, o poder discricionário dos oficiais seria limitado pela regra de não condenar um inocente, a menos que exista uma onda muito grande de crimes que desestabilizam a sociedade e não se saiba quem

---

4   Rawls faz referência a uma crítica de E. F. Carrit ao utilitarismo em *Ethical and Political Thinking* (Oxford, 1947), a saber, a de que o utilitarismo poderia justificar a punição de um inocente em razão da expectativa de um bem-estar social. Nas palavras de Carrit: "O utilitarista pode assegurar que estamos justificados em infligir dor sempre e apenas para prevenir uma dor pior ou trazer mais felicidade. Isso, então, é tudo que precisamos considerar na punição, que deve ser puramente preventiva, No entanto, se algum tipo de crime muito cruel vier a se tornar comum e nenhum dos criminosos puderem ser apanhados, pode ser uma alternativa, como enforcar um homem inocente, se a acusação contra ele puder ser tramada de forma a ele ser considerado culpado de forma universal" (CARRIT, 1947, *Apud* CR, p. 10).

é o criminoso. E os oficiais que teriam esse poder discricionário seriam os juízes de alta corte em consulta com o chefe de polícia, o ministro da justiça e o comitê dos legisladores (CR, p. 11)[5]. A questão relevante é: os agentes aprovariam uma instituição desse tipo se fossem consultados a esse respeito?

A resposta intuitiva é que se os agentes imaginarem uma instituição que pode punir o inocente visando ao bem-estar social ela seria desaprovada porque: haveria um risco muito alto de que os juízes que punem um inocente (*telishing*), sob condições de segredo, poderiam abusar de seu poder discricionário e a punição ao inocente (*telishment*) invalidaria a legitimidade da punição aos olhos dos cidadãos, uma vez que todos se sentiriam inseguros por essa aleatoriedade permitida. Nas palavras de Rawls:

> Uma vez que se identifica o que está envolvido no estabelecimento de uma *instituição*, se vê que os perigos [do *telishment*] são muito grandes. Por exemplo, quem fiscaliza os oficiais? Como se pode dizer se suas ações são autorizadas ou não? Como se pode limitar os riscos envolvidos em permitir tais fraudes sistemáticas? Como evitar dar um poder discricionário total para as autoridades *telish* quem eles quiserem? Além dessas considerações, é óbvio que as pessoas viriam a ter diferentes atitudes em relação ao seu sistema penal quando o *telishment* fosse adicionado a ele. Elas teriam dúvida se um homem condenado estaria sendo punido ou *telished* (CR, p. 11-12).

A conclusão do raciocínio é que a instituição de *telishment* é intuitivamente errada, pois ela não é coerente com as "nossas opiniões morais ponderadas". E, assim, as considerações utilitaristas deveriam ser entendidas como aplicadas à instituição da punição em primeiro lugar, e não às ações particulares que recaem sobre ela, a menos que essa prática admita essas ações particulares (CR, p. 12-13).

Outra forma de ver esse experimento mental é ressaltando os diferentes personagens e funções que estariam envolvidos na criação de uma instituição política tal como a punição legal. Nesse cenário, haveria, por um lado, os legisladores que criariam uma dada instituição como a punição e, por outro, os juízes que julgariam as pessoas com base nas regras contidas no sistema penal instituído pelo legislativo. Dessa maneira, o argumento de Rawls poderia ser expressado da seguinte maneira:

---

5   *Telishment* é uma palavra cunhada por Rawls em CR e significa a prática ou instituição de punir um inocente para garantir a segurança da sociedade. É uma junção da palavra grega *télos*, que significa "finalidade", com a palavra inglesa *punishment*, que significa punição: tel = *télos* (fim) + ishment = (*pun*)*ishment* (punição).

(i) A melhor escolha para um legislador seria aprovar uma regra que proíba os juízes de punirem os inocentes deliberadamente. Essa seria a regra da punição ideal que apenas autoriza a punição aos ofensores. A aprovação da regra da punição ideal teria melhores consequências a longo prazo do que a aprovação da regra que autorizaria a punição do inocente pela boa finalidade social.

(ii) O fato de que a melhor regra para os legisladores escolherem proíba os juízes de punirem um inocente deliberadamente significa que os juízes deveriam sempre seguir essa regra. Quer dizer, um juiz ideal seguiria a regra da punição ideal mesmo quando, em um caso particular, seriam previstas melhores consequências no caso de sua violação.

Veja-se que a afirmação (i) é fundamentada com o experimento de *telishment*. Mas e a afirmação (ii)? Aqui parece que se terá de lidar com a questão de como superar o problema da adoração da regra (*rule worship problem*), que é um problema recorrente para qualquer utilitarismo de regras. Mais claramente, a questão é: se alguém agora acha que se poderia produzir mais bem descumprindo a regra, faria sentido para o utilitarista adotar esse ponto de vista anterior no tempo e, assim, um utilitarista diria para o agente violar a regra, mesmo aceitando a regra que foi inicialmente justificada sobre uma adequada base utilitarista. Rawls dirá que isso é apenas um problema para um utilitarismo de regras que faz uso de uma concepção de regras como sumários, e não como práticas, uma vez que o que está sendo proposto é que as pessoas deveriam agir de acordo com regras que promovem o melhor resultado, mesmo que, em um caso específico, a alternativa da maximização do bem-estar exigisse violar essa regra[6].

Regras como práticas

E qual é a diferença de tomar as regras como práticas em vez de interpretá-las como sumários? Seguindo o estilo de Wittgenstein, Rawls concebe as regras como constituintes de uma prática. E uma prática "significa qualquer forma de atividade especificada por um sistema de regras que define os ofícios, papéis, movimentos, penalidade, defesas etc., e que dá à atividade a sua estrutura" (CR,

---

6 Para mais detalhes do problema da adoração da regra (*rule worship problem*) e sua relação com a concepção rawlsiana de regras como práticas, e não como sumários, ver BOONIN, 2008, p. 70-75.

p. 3). Como exemplos de práticas existem os jogos, rituais, tribunais e parlamentos. Por outro lado, quando as regras são tomadas como sumários, elas são vistas como relatórios que informam que casos de certo tipo foram fundados sobre outras bases para ser propriamente decididas de certa maneira. Quer dizer, as regras seriam sumários de decisões passadas a que se chega pela aplicação direta de um princípio aos casos particulares. Nesse caso, as decisões tomadas nos casos particulares seriam logicamente anteriores às regras (CR, p. 19-22).

O ponto central de Rawls é defender um tipo específico de utilitarismo, a saber, o utilitarismo de regras, a fim de evitar a objeção de adoração à regra que é comumente feita aos modelos utilitaristas. Para o utilitarismo de regras, o que é requerido é o estabelecimento de uma prática, quer dizer, a especificação de uma nova forma de atividade. Assim, se pode reconhecer que uma prática envolveria necessariamente abdicar da liberdade integral de agir sob as bases utilitaristas e prudenciais. Isso parece implicar que aqueles que se engajam em uma prática reconheceriam as regras que as definem (CR, p. 24). Nessa concepção, as regras não são generalizações de decisões individuais, aplicando o princípio utilitarista diretamente aos casos particulares recorrentes. Ao contrário, as regras definem uma prática e seriam elas mesmas o objeto do princípio utilitarista (CR, p. 24).

É importante identificar que as regras seriam logicamente anteriores aos casos particulares. E, assim, não poderia haver um caso particular de uma ação que recaia sob a regra de uma prática sem a existência da prática mesma. Em um jogo de beisebol, por exemplo, muitas ações podem ser realizadas fora do contexto do jogo. Alguém pode bater em uma bola com um bastão, correr, ou mesmo apanhar uma bola com certo tipo de luva. No entanto, não poderá marcar um ponto, roubar uma base ou rebater a menos que essas ações sejam realizadas no contexto da prática do jogo do beisebol, que é constituído de suas regras. O argumento formulado por Rawls parece muito claro: alguém engajado em uma prática não poderia realizar o ato definido pela prática sem seguir as regras que constituem essa prática.

Veja isso aplicado à prática da punição. Sobre a influência da concepção de regras como sumários seria natural supor que os oficiais de um sistema penal decidissem o que fazer em casos particulares sobre uma base utilitarista de maximização de bem-estar. A tradicional objeção feita ao utilitarismo é que se atribuiria aos juízes uma autoridade plena para decidirem os casos particulares sobre uma base utilitarista. Nesse caso, o juiz poderia punir o inocente visando à eficácia social, uma vez que a base utilitarista de raciocínio se sobreporia à regra que proíbe o *telishment*. No entanto, uma vez que o utilitarismo é conectado a essa noção de prática, a decisão de um juiz não poderia contrariar a regra da punição ideal, uma vez que ela é logicamente anterior aos casos particulares julgados (CR, p. 29-30).

Com isso, se identifica que uma sentença de um juiz não seria uma decisão particular tomada caso a caso em afastamento às próprias regras que constituem o sistema penal. O juiz deveria punir seguindo as regras da punição porque uma ação que não estiver de acordo com as regras da punição não será punição. Nas palavras de Rawls:

> É impossível dizer o que a punição é, ou descrever uma instância particular dela, sem referências às autoridades, ações e ofensas especificadas pelas práticas. A punição é um lance em um elaborado jogo legal e pressupõe a complexidade das práticas que constituem a ordem legal. O mesmo é verdadeiro em tipos menos formais de punição: um pai, responsável, ou alguém com autoridade apropriada pode punir uma criança, mas ninguém mais pode (CR, p. 42).

Essa concepção de regras como práticas parece resolver o problema de adoração da regra e, assim, possibilitar uma concepção de punição mais atraente em razão de sua cláusula retributivista que garante a liberdade e a dignidade humana. No entanto, ainda restaria um problema a ser investigado, a saber, se essa concepção não implicaria conservadorismo? Parece que não, pois Rawls não diz que as práticas sociais de uma dada sociedade providenciariam um padrão de justificação para as ações dos agentes. O ponto é apenas lógico, isto é: quando uma ação é justificada por uma prática não se pode justificar uma ação particular de um agente sem referência às regras que constituem essas práticas (CR, p. 32).

TJ e a justificação da punição

Há poucas passagens em *TJ* em que o tema da justificação da punição é discutido, mas a posição defendida por Rawls é muito clara e não é distinta da já apresentada em CR, a saber, que se alcançaria J1 pela estabilidade social e J2 pela condenação do culpado pelo seu demérito. É possível localizar essas passagens na seção 38, que discute a questão do estado de direito (*The Rule of Law*), na seção 42, que faz observações sobre os sistemas econômicos (*Some Remarks about Economic Systems*), na seção 48, que trata do problema do mérito moral (*Legitimate Expectation and Moral Desert*), e, por fim, na seção 86, que aborda o problema da estabilidade (*The Good of the Sense of Justice*). Dito isso, passo para a análise dessas seções.

Punição como recurso estabilizador e que garante a liberdade

Rawls inicia abordando a questão da punição como um recurso estabilizador e que garante as liberdades individuais. Diz que é razoável assumir que mesmo em uma sociedade bem ordenada o poder coercitivo do governo é necessário em algum grau para a estabilidade social. Com isso, o sistema penal parece relevante para a segurança dos agentes que acordaram seguir as regras. Isso está de acordo com uma abordagem hobbesiana, uma vez que agentes, com base em seu autointeresse, verão a punição como uma forma de garantir o cumprimento do acordo. Aqui se está falando de uma estabilidade externa, dada pelo medo da punição (*TJ*, p. 240/211 rev.).

A questão é que as partes no segundo estágio, isto é, em uma convenção constitucional, poderiam questionar sobre a correção de um sistema punitivo. Por exemplo, as partes poderiam achar que essa instituição seria muito onerosa e, mais, que um sistema de sanções seria uma ameaça a sua liberdade. O ponto de Rawls aqui é importante. Ele diz: "O estabelecimento de uma instituição coercitiva é racional apenas se estas desvantagens forem menores que a perda da liberdade pela instabilidade". Assim, o melhor arranjo é aquele pode minimizar esses riscos (*TJ*, p. 241/211 rev.). De forma similar, a questão das penalidades parece que teria de ser estabelecida no terceiro estágio, isto é, no estágio legislativo, levando em consideração que qualquer argumento para restringir a liberdade deve proceder do princípio mesmo da liberdade (*TJ*, p. 242/211-212 rev.).

A ideia aqui é ver o sistema punitivo como necessário, dadas as condições da vida humana, mas que deve ser justificado por um princípio fornecido pela concepção ideal, e esse será o princípio da liberdade. A estratégia rawlsiana parece ser a de conectar um esquema não ideal, a punição legal, a partir da concepção ideal de justiça. Para Rawls:

> Fica claro a partir das observações anteriores que precisamos de uma concepção de sanções penais, entretanto, limitada por uma teoria ideal. Dadas as condições normais da vida humana, alguns arranjos são necessários. Eu tenho defendido que os princípios que justificariam essas sanções podem ser derivados do princípio da liberdade. A concepção ideal mostra nesse caso como o esquema não ideal deve ser ajustado; e isto confirma a conjectura que é a teoria ideal que é fundamental (*TJ*, p. 241/212 rev.).

Com isso, a instituição da punição (i) deve prevenir futuros crimes, tendo um papel estabilizador, mas (ii) deve garantir as liberdades dos agentes, o que integra um elemento consequencialista de punição com um elemento retributivista. Agora, qual é concepção de responsabilidade moral de Rawls? O agente seria tomado como responsável em razão de seu livre-arbítrio, isto é, como tendo uma capacidade de escolher livremente e, assim, quando erra, ele teria uma possibilidade alternativa de não errar? Rawls estaria fazendo uso de uma concepção libertista de responsabilidade moral como aparenta ser para o retributivismo? Não parece ser o caso, uma vez que ele ressaltará a importância de os cidadãos terem a habilidade de conhecer o que a lei é e terem oportunidade equitativa para tomar a direção que a lei aponta para se considerar adequada a aplicação das sanções penais (*TJ*, p. 241/212 rev.). O princípio da liberdade é, então, apenas a consequência de tomar um sistema legal como uma ordem de regras públicas endereçadas a agentes racionais de forma a regular sua cooperação, dando o apropriado peso à liberdade.

Mas, então, que concepção de responsabilidade moral Rawls estaria usando? Creio que seja uma concepção compatibilista de responsabilidade, que vê o agente como tendo capacidade de escolha com base nos diversos condicionamentos que vão muito além de sua vontade. Essa capacidade de escolha parece estar mais ligada aos elementos cognitivos da responsabilidade de saber o que é o certo e errado e menos na capacidade metafísica do agente em agir diferentemente, isto é, no livre-arbítrio ou PAP[7]. Isso parece ser confirmado pela referência problematizadora que Rawls faz a *mens rea*, assim como ela é compreendida no direito penal. Rawls diz:

> Acredito que essa concepção de responsabilidade nos permite explicar a maioria das desculpas e defesas reconhecidas pelo direito penal sob o nome de *mens rea* e que isso pode servir de guia para uma reforma legal.

---

[7] O princípio das possibilidades alternativas (PAP) diz que uma pessoa tem responsabilidade moral pelo que fez apenas se ela tivesse podido ter agido de outra forma. Frankfurt argumenta que esse princípio é falso, pois, mesmo não podendo agir diferentemente, o agente seria moralmente responsável se os seus desejos estiverem em sintonia com uma presumida coerção. Veja um exemplo desse tipo. Black quer que Jones mate certa pessoa, mas tem dúvidas se Jones fará a ação. Então, implanta um dispositivo cerebral em Jones, possibilitando que as ações de Jones sejam programadas e operadas por um computador. Se na hora marcada Jones não matar a pessoa em questão, Black acionaria o dispositivo e passaria a controlar as sinapses cerebrais de Jones. A questão é que Jones quer matar a pessoa. E, na hora marcada, Jones de fato mata a pessoa sem que Black precisasse acionar o dispositivo. O que isso mostra? Que Jones não poderia ter agido de outro modo, mas tem responsabilidade moral por sua decisão, por seus desejos. Ver FRANKFURT, 1969, p. 834-836.

Entretanto, essas questões não podem ser perseguidas aqui. Mas, é suficiente notar que a teoria ideal requer uma concepção de sanções penais como um mecanismo estabilizador [...] (*TJ*, p. 241/212 rev.)[8].

Rawls, ao concordar com Hart nesse ponto, parece estar dizendo que se deveria reformar o sistema penal que toma por base o princípio do "dever" implica "poder" e, assim, a pessoa que não poderia ter deixado de fazer o que fez não seria moralmente culpada; logo, não poderia ser punida, e passar a ter por foco a proteção da sociedade. Isto parece apontar para uma concepção de sistema punitivo mais eficiente e justo em razão de ter como base uma compreensão de responsabilidade moral e legal compatibilista que não tem por centro a capacidade de agir diferentemente. No entanto, ele não desenvolve essa teoria aqui nem nenhum outro lugar de sua teoria da justiça como equidade. No entanto, já parece suficiente para se notar que a teoria ideal requer uma concepção de punição tomada como um instrumento estabilizador que deve respeitar o princípio da liberdade e da responsabilidade.

Punição e confiança

A questão central na seção 42, que faz algumas observações sobre os sistemas econômicos, é identificar que a punição serviria para garantir a confiança dos agentes que teriam acordado seguir determinadas regras comuns para o seu convívio. Aqui Rawls faz o contraste entre o problema do isolamento e o problema da confiança. O primeiro tem relação com a identificação de certas situações em que a escolha racional isolada dos indivíduos traria um pior resultado, defendendo que a escolha de um ponto de vista coletivo seria melhor. Isso é facilmente explicado com o caso do dilema dos prisioneiros. Por outro lado, o problema da confiança é diferente. A questão aqui é como assegurar para as partes cooperantes que o acordo comum será seguido.

---

[8] Aqui Rawls faz referência ao texto de Hart, *Punishment and Responsibility*, p. 173-183, dizendo que seguirá Hart sobre a questão da necessidade da reforma legal. O ponto central de Hart é dizer que a punição deve ter por foco a proteção da sociedade antes que estar preocupada com questões metafísicas sobre a responsabilidade que em geral recaem nas questões de determinismo e livre-arbítrio. O problema é o que o princípio fundamental da moralidade diz que uma pessoa não poderia ser censurada e punida pelo que fez se ela não pudesse ter deixado de fazer o que fez. Esse é o princípio do "dever" implica "poder". Agora, como determinar o que é essa capacidade de agir de outra forma (livre-arbítrio)? Uma observação importante de Hart é que o sistema penal deveria se concentrar mais nos elementos cognitivos da responsabilidade e menos na voluntariedade do ato. Também que o princípio da responsabilidade recairia sob a capacidade e oportunidade equitativa do agente para ajustar o seu comportamento à lei. Ver HART, 2008, p. 158-185.

No modelo contratualista defendido por Rawls, as partes contratantes especificam as regras para o convívio público e precisam ter uma disposição para seguir essas regras. Essa é a primeira característica da razoabilidade, isto é, é a capacidade de senso de justiça. No entanto, isso pressupõe uma situação contingente de todos seguirem essas regras. Quer dizer, a disposição de um agente em seguir as regras acordadas depende de sua confiança de que os outros agentes também as seguirão, mas pode ser o caso de nem todos agirem a partir de sua capacidade de senso de justiça. E, então, para garantir a confiança pública nesse esquema como superior a qualquer outro, "algum mecanismo para administrar multas e penalidades deve ser estabelecido" (*TJ*, p. 270/238 rev.)[9].

Com isso, é pertinente identificar que aqui também o ponto essencial da punição é ser tomada como um recurso estabilizador externo, não acrescentando muita coisa ao que já foi dito na seção 38. Em contrapartida, parece reforçar a importante constatação de que a instituição da punição legal recai em uma parte não ideal da teoria da justiça, o que parece implicar tomar a punição como uma instituição contingente que deve ser justificada à luz da razão pública, e não por uma teoria moral abrangente[10].

Punição e mérito moral

Observou-se até agora a forma que Rawls responde à questão de como se pode justificar moralmente a instituição da punição, isto é, pelo seu efeito estabilizador social. Agora, o que fariam os atos particulares punitivos justifica-

---

9   O ponto crucial, então, não seria o estabelecimento da instituição da punição *per se*, entendida na forma de uma instituição que necessariamente deveria causar sofrimento intencional ao ofensor para a garantia da confiança. Como dito por Rawls, para garantir a confiança, deve-se estabelecer algum sistema de multas e penalidades. A definição de quais multas e que penalidades e para que casos específicos seria feita apenas no terceiro estágio, isto é, no estágio legislativo. E isso poderia estar de acordo com certas práticas coercitivas que não ocasionariam o sofrimento intencional ao agente, como no caso das multas. E isso parece responder à objeção feita por Hanna ao identificar um raciocínio deficiente para a justificação da punição na concepção rawlsiana. Para ele, mesmo que a coerção fosse necessária para a garantia da confiança, a punição em si mesma não seria, uma vez que há formas não punitivas de coerção. Ver HANNA, 2009, p. 332.

10 Esse é um ponto importante na concepção rawlsiana de punição: ela não é justificada com o uso de uma teoria moral abrangente, tal como o utilitarismo ou retributivismo, ou mesmo uma teoria mista, mas deve ser justificada pelos cidadãos que vivem em sociedades marcadas pelo pluralismo moral razoável por meio de sua razão pública. Melissaris faz uma observação importante a esse respeito. Ele diz que a punição, na concepção de Rawls, deve ser vista como uma instituição contingente que proporciona uma resposta apropriada às violações dos deveres políticos sob a base da responsabilidade dos ofensores, e que não faz uso de uma fundamentação moral *a priori* ao problema. Ver MELISSARIS, 2012, p. 124.

dos? Não poderia ser apenas a tentativa de prevenção de futuros crimes, uma vez que isso poderia implicar condenar um inocente, ou mesmo condenando um culpado; tratar o indivíduo como um mero meio, e não como um portador de direitos. Na seção 48, Rawls responderá que é o (de)mérito do agente o que justifica esses atos punitivos, quer dizer, os atos punitivos podem ser normativamente justificados pela culpa do agente em ter agido erroneamente.

O ponto de Rawls é mostrar que, em uma sociedade razoavelmente bem ordenada, aqueles que são punidos por violarem leis justas normalmente fizeram algo errado, isto é, cometeram um crime. E isso é assim porque o propósito do direito penal é assegurar os deveres naturais básicos, aqueles que proíbem os agentes de causar danos às outras pessoas, tais como tirar a vida, a liberdade ou a propriedade dos outros. A punição, então, serve para esse fim. Além disso, Rawls acrescentará que a propensão de cometer tais atos é uma marca do mau-caratismo do agente e que em uma sociedade justa a punição deve recair apenas sobre esses agentes que cometem essas faltas. Nas palavras de Rawls:

> É verdade que em uma sociedade razoavelmente bem ordenada aqueles que são punidos por violarem leis justas normalmente fizeram algo errado. Isto é porque o propósito do direito penal é assegurar os deveres naturais [...]. Ele não é simplesmente um esquema de taxas e ônus destinado a colocar um preço em certas formas de conduta e, dessa forma, guiar a conduta dos homens para a vantagem mútua [...]. Então, a propensão para cometer tais atos é uma marca de mau caráter, e em uma sociedade justa a punição legal apenas recairá sob aqueles que desempenham essas faltas (*TJ*, p. 314-315/276-277 rev.)[11].

O problema aqui é tentar explicar por que Rawls não faz uso do critério do mérito moral para as questões de justiça distributiva, mas utiliza

---

11 Importante ressaltar que os "direitos naturais" aqui não são vistos como critérios normativos *a priori*. Ao contrário, os direitos só surgem em razão dos deveres que são assumidos no modelo contratualista. Quer dizer, são os deveres estabelecidos na posição original o que garante os direitos dos agentes, sendo um ato errado apenas uma extensão de uma violação de um dever político estabelecido pelos termos do contrato. Creio que uma maneira bastante esclarecedora para entender a relação entre direitos e deveres na justiça como equidade é compreender os deveres como estabelecidos em uma perspectiva de segunda pessoa, isto é, como deveres que se devem aos outros que podem exigir de nós o seu cumprimento. O próprio Darwall parece confirmar essa aproximação. Em suas palavras: "Substancialmente o mesmo ponto pode ser colocado em termos rawlsianos, dizendo que é a perspectiva de segunda pessoa que nos coloca no espaço de 'razão pública' e do 'razoável' preferencialmente ao (meramente) individualmente 'racional'" (DARWALL, 2006, p. 23).

esse critério para as questões de justiça retributiva. Importante ressaltar que é exatamente por essa aparente incoerência que Rawls é criticado em sua concepção de punição por vários intérpretes[12]. Creio que o ponto central seja identificar que as questões de como se deveria distribuir os bens primários na sociedade recai sobre o esquema ideal da teoria da justiça como equidade, enquanto a questão de quem punir e o quanto punir recai sobre o esquema não ideal da teoria, isto é, recai sobre uma perspectiva de funcionamento de uma sociedade real.

Vejam a diferença. Ao se imaginar pessoas hipotéticas que estariam em uma situação de simetria para escolher os princípios de justiça a fim de regrar as principais instituições econômicas, política e sociais, é razoável pressupor que elas recusariam a ideia de tomar os bens primários como relacionados ao mérito dos indivíduos, isto é, como tendo relação com o valor moral dos agentes, vendo-se todos como igualmente merecedores desses bens sociais. Aqui se teria um ponto de vista coletivo para a escolha, uma vez que as partes não saberiam sobre suas concepções profundas do bem. E, assim, todos mereceriam igualmente os bens primários, independentemente de seu caráter moral (*TJ*, p. 315/277 rev.).

Mas por que na justiça retributiva Rawls não faz uso do mesmo raciocínio? A questão parece ser a de que o crime e a punição aconteceriam em uma situação real, pois em uma sociedade bem ordenada, em princípio, as pessoas não teriam razões para cometer crimes, uma vez que as suas instituições seriam justas e os indivíduos teriam senso de justiça exatamente por terem sido criados em uma sociedade com instituições justas, isto é, regradas pelos princípios de igual liberdade, igualdade equitativa de oportunidade e pelo princípio da diferença. O senso de justiça para Rawls nada mais é do que a disposição para aceitar os princípios de justiça que é possibilitada pela sensibilidade moral compreendida pelos sentimentos morais de culpa, ressentimento e indignação em conexão com as atitudes de confiança mútua e afeição que seriam adquiridas no convívio social, isto é, na família e na escola,

---

12 Essa é a crítica feita por Honig em seu artigo "Rawls on Politics and Punishment". Seu ponto central é mostrar que a teoria de Rawls busca a estabilidade social com uma estratégia de reconciliação que progressivamente aproximaria os agentes e estreitaria seus laços na esfera política. No entanto, ao tratar da punição, ele abandona esses pressupostos coletivos da justiça distributiva, reintroduzindo um discurso de mérito moral na justiça retributiva, de forma a demonizar os criminosos como portadores de um "mau caráter". E isso revelaria uma inconsistência na teoria rawlsiana. Ver HONIG, 1993, p. 110-120. Ainda sobre essa pretensa incoerência entre a justiça distributiva e a retributiva em Rawls, ver SANDEL, 1998, p. 89-90.

por exemplo[13]. E, assim, em cometendo crimes, essas pessoas demonstrariam uma marca de um caráter vicioso, sendo essa marca não uma questão coletiva, mas individual. A questão parece ser a de que em uma sociedade justa o crime seria a expressão de um traço comportamental não desejável do agente exatamente por colocar em risco a segurança dos cidadãos. Isso seria censurável e passível de punição, explicando por que a justiça distributiva e retributiva não seriam naturalmente intercambiáveis (*TJ*, p. 315/277 rev.)[14].

Punição e estabilidade

Por fim, na seção 86 de *TJ*, Rawls aborda um problema central em sua teoria, que é o problema da estabilidade. A questão é a de saber se cidadãos reais fariam uso dos princípios de justiça em sua vida pública, uma vez que eles poderiam agir oportunisticamente, isto é, acordando sobre as regras e não as cumprindo. A resposta que ele dá em *TJ* é a da congruência entre o justo e o bem, resposta que será posteriormente alterada para a do consenso sobreposto em *PL*. No entanto, é interessante notar que não haverá uma diferença no tratamento dado ao papel da punição, pois, em ambas as respostas a instituição da punição se justificaria pelo seu papel de garantir a estabilidade social. Analiso isso detalhadamente.

Mesmo considerando uma congruência do justo e do bem, é possível que certas pessoas ajam erroneamente, isto é, ajam de forma a manifestar que seu senso de justiça não seria um bem para elas e, assim, a punição legal teria um papel estabilizador. O ponto é que mesmo em uma sociedade bem ordenada poderia existir pessoas que não agiriam com base em um senso de justiça, embora todas fossem portadoras dessa capacidade, e isso parece implicar que a justiça não seria uma virtude para esses agentes[15]. Considerando

---

13 No artigo "The Sense of Justice", Rawls diz que o senso de justiça não apenas está conectado aos sentimentos morais de ressentimento e indignação, mas também às atitudes naturais de confiança mútua e afeição. Ver RAWLS, 1963, p. 281-282. Para a distinção dos três tipos de sentimento de culpa (*authority, association, principle*) e o seu processo de aquisição, ver SJ, p. 286-293.

14 Scheffler usa um argumento semelhante para responder ao problema da assimetria entre justiça distributiva e retributiva. Ele diz que o mérito moral é tomado por seu caráter holístico na justiça distributiva, mas que é tomado por seu caráter individualístico na justiça retributiva; assim, o mérito seria uma condição necessária, mas não suficiente para a punição. Ver SCHEFFLER, 2000, p. 983-987.

15 É importante observar que, de forma similar a Chomsky, Rawls faz uma distinção entre competência e performance por meio da analogia entre o senso de gramaticalidade e o senso de justiça, estabelecendo uma diferença entre a competência e a performance moral propriamente dita na justiça como equidade. Assim, a competência moral ou senso de justiça estaria associada ao conhecimento moral individual, sendo as condições mentais

essa possibilidade, como se garantirá a estabilidade social? A resposta tem certo tom de lamento, mas é muita clara: estabelecendo um sistema penal que punirá aqueles que agirem erroneamente, pois esse problema "pressupõe uma teoria da punição" (*TJ*, p. 575/504 rev.).

Concordando com as sanções penais para estabilizar o esquema cooperativo, as partes aceitariam o mesmo tipo de restrição ao autointeresse que elas já aceitaram ao escolher os princípios de justiça inicialmente. Quer dizer, tendo acordado com os princípios de justiça como razões para regrar as principais instituições políticas, sociais e econômicas, seria racional autorizar medidas necessárias para manter as instituições justas, assumindo que as restrições de igual liberdade e estado de direito sejam reconhecidas. Nas palavras de Rawls:

> Além do mais, os princípios de direito e justiça são coletivamente racionais; e é no interesse de cada um que todos devem cumprir com os acordos justos. Este também é o caso de que a afirmação geral do senso de justiça é um grande bem social, estabelecendo as bases para a confiança mútua da qual todos são beneficiários. Então, acordando sobre as penalidades que estabilizam um esquema de cooperação, as partes aceitam o mesmo tipo de restrição ao autointeresse que elas reconheceram ao escolher os princípios de justiça inicialmente. Tendo consentido a estes princípios vistos como razões, é racional autorizar medidas necessárias para manter as instituições justas [...] (*TJ*, p. 576/504 rev.).

O ponto é que, para justificar uma concepção de justiça, não é necessário que todos ajam a partir de sua capacidade moral, isto é, de seu senso de justiça. E, tendo essa consideração em mente, instrumentos penais desempenharão um importante papel no sistema social (*TJ*, p. 576-577/504-505 rev.). A ideia básica, porém, é a de que agentes que foram criados sob instituições justas, adquiririam um senso de justiça em certo grau que seria suficiente para manter estáveis as instituições. Mesmo em *JF* e *PL*, ao tratar do problema da estabilidade, Rawls diz que, dadas certas assunções de uma psicologia humana razoável e condições normais de vida, aqueles que crescem sob instituições básicas justas adquiririam um senso de justiça e uma lealdade a essas instituições que seria normalmente suficiente para mantê-las estáveis (*JF*, p. 185, e *PL*, p. 141-143)[16].

---

do agente para ação, enquanto a performance estaria associada a como esse conhecimento moral é utilizado, isto é, estaria associada ao comportamento moral dos indivíduos. Isso parece significar que ter capacidade moral não implica agir moralmente de forma necessária, o que parece justificar a necessidade da instituição da punição e as sanções legais. Ver *TJ*, p. 41 rev.

16 Rawls diz, em *JF*, que "A estabilidade é assegurada por uma motivação suficiente de tipo apropriado adquirida sob instituições justas" (*JF*, p. 185). E, também, em *PL*, Rawls dirá

Mesmo que *JF* e *PL* não façam menção à instituição da punição, não parece muito problemático afirmar que o sistema penal teria a mesma função estabilizadora que foi afirmada em *TJ*, uma vez que, inclusive, não se contará mais com uma pressuposição de congruência entre o justo e o bem, contando apenas com a expectativa de consenso sobreposto para a garantia da estabilidade, o que parece implicar certo deflacionamento moral com relação ao senso de justiça. E isso parece apontar que o tipo de estabilidade requerida na justiça como equidade é tanto interna como externa, isto é, tem por base tanto a sensibilidade moral dos agentes em assumirem seus deveres, bem como usa o sistema penal para punir os que descumprirem com o que foi livremente consentido. No entanto, é importante frisar que a justificação de uma instituição política contingente como a da punição deve ser pública, isto é, deve ser estabelecida nos termos de uma razão pública.

Função corretiva da punição

Após a análise realizada em CR e *TJ*, se pode perceber uma vantagem inicial dessa concepção híbrida de punição, a saber, que ela parece incluir os acertos dos modelos retributivista e consequencialista, uma vez que tanto garantirá os direitos individuais dos agentes, como terá uma preocupação apropriada com a estabilidade social. Diferentemente do retributivismo, porém, não exigirá o sofrimento do ofensor em razão de não fundamentar a responsabilidade moral do agente no livre-arbítrio. E, também, diferentemente do utilitarismo, não cairá no problema de adoração da regra. Uma vantagem adicional dessa posição é que os critérios normativos de "estabilidade social" e "liberdade", por exemplo, não serão considerados como valores prescritivos de uma teoria moral abrangente, devendo ser justificados com o uso público da razão[17].

---

o seguinte: "Agora todos reconhecem que a forma institucional de sociedade afeta seus membros e determina em grande parte o tipo de pessoa que elas querem ser, bem como o tipo de pessoa que elas são" (*PL*, p. 269). E, em *LP*, afirma: "A estabilidade pelas razões corretas significa uma estabilidade causada pelos cidadãos em agindo corretamente de acordo com os princípios apropriados de seu senso de justiça, princípios que eles adquiriram por terem crescidos sob instituições justas e participado dessas instituições" (*LP*, p. 13).

17 Creio que isso já responda por que seria infundada a preocupação de alguns intérpretes – por exemplo, Thomas Pogge – de que a justiça como equidade regressaria a um modelo consequencialista em razão de as condições de realização institucional serem invisíveis na posição original. A razão para tal é que as razões utilitaristas identificadas na justiça como equidade estariam conectadas às exigências de publicidade e de responsabilidade. A esse respeito, ver Melissaris, 2012, p. 142.

Isso parece revelar uma teoria liberal de fundo nesse modelo híbrido que mostra uma proximidade com a teoria expressivista da punição, de forma que medidas punitivas serviriam para comunicar ao ofensor a censura que ele merece por seus crimes, sendo uma expressão de desaprovação pública ao ato ilícito cometido. A punição diria a todos que o ofensor não tem o direito de fazer o que fez. Observem que há uma dimensão pública importante aqui, uma vez que o crime é um erro público, isto é, aquilo que a comunidade política vê como um erro moral e que deve ser prevenido. Com isso, tanto é necessária a esfera legislativa como a esfera judiciária para a especificação desse erro, distinguindo claramente as concepções privadas de bem com a esfera dos direitos dos cidadãos, nos marcos de uma sociedade caracterizada pelo pluralismo moral razoável[18].

Essa distinção entre os valores morais privados dos valores morais públicos é uma importante marca liberal da concepção rawlsiana. E isso parece trazer por consequência um tipo de neutralidade ética do Estado, uma vez que não seria adequado dizer qual é o bem a ser protegido e que tipo de valores morais privados as pessoas deveriam professar. Quer dizer, parece haver uma recusa ao paternalismo estatal e ao moralismo jurídico e isso se mostra coerente com o respeito à autonomia dos cidadãos e a busca pela estabilidade social.

Agora, uma limitação na forma de justificar a punição é que essa concepção rawlsiana não parece apontar para a função de correção do caráter do agente, função essa que é claramente percebida no contexto interpessoal da punição, como na punição dos pais dadas a um filho que comete um erro. Uma explicação que se poderia dar é que, como esse modelo híbrido quer evitar o paternalismo e defender o liberalismo, uma instituição política não deveria legislar sobre a esfera íntima de seus membros, recomendando quais valores morais deveriam ser perseguidos. Nesse sentido, a especificidade "pública" na punição legal poderia ser uma razão suficiente para explicar a ausência desse aspecto corretivo. No entanto, não penso ser esse o caso, uma vez que Estados liberais, na concepção de Rawls, determinam, para além dos direitos, quais são os deveres públicos de seus membros, por exemplo, o

---

18 Feinberg diz que a punição "é um instrumento convencional para expressar atitudes de ressentimento e indignação, e juízos de desaprovação e reprovação [...]", tendo um forte significado simbólico. Ver FEINBERG, 1970, p. 98.

dever de ser civilizado ou razoável, o dever de cidadania, bem como o dever de imparcialidade exigido para agentes públicos, por exemplo, a um juiz[19].

Uma vez que Estados liberais exigem o respeito aos deveres públicos não haveria um motivo específico para eles não assumirem o compromisso tanto com a formação do caráter de seus membros em relação a essas normas políticas, bem como com a correção do caráter quando do caso de alguns de seus cidadãos não cumprirem com os deveres que foram aceitos por todos. Dizer que as instituições teriam um importante papel na formação e correção moral-política de seus membros não parece ser contraditório com as premissas liberais que exigem que as instituições políticas e jurídicas sejam justificadas politicamente, isto é, com neutralidade ética, e defendam a liberdade e igualdade de seus membros[20].

Creio que ao se aplicar o mesmo método empregado por Rawls se poderia superar esse limite apontado anteriormente. Imaginem uma instituição chamada *ortishment*, que é uma instituição de punição que tem por objetivo evitar futuros crimes, com a condição de só punir o culpado e pretendendo a correção do caráter do ofensor. Nessa instituição, os oficiais estatais teriam a autoridade de só punir o culpado por um crime com a expectativa de que os ofensores reconhecessem seu erro, se arrependessem do ato cometido que prejudica toda a sociedade e, por fim, modificassem o seu caráter. A cláusula seria que os únicos atos passíveis de *ortishment* seriam os erros tomados como públicos. E, também, que os oficiais que teriam esse poder de determinar qual a pena que melhor alcançaria esse objetivo corretivo seriam os juízes em conjunto com certo tipo de representação dos cidadãos. Se consultados, será que os agentes aprovariam uma instituição desse tipo?

---

19 O papel da razão pública, para Rawls, é possibilitar um forte compromisso de todos os envolvidos com os ideais e valores morais e políticos de uma sociedade democrática, tomando como ponto de partida (i) o critério de reciprocidade (*reciprocity*), que exige o (ii) dever de civilidade (*duty of civility*), o que implica a defesa da virtude da (iii) amizade cívica (*civic friendship*) e de um (iv) ideal de cidadania democrática (*democratic citizenship*), que toma por base a (v) lei legítima (*legitimate law*), o que significa defender os (vi) princípios de tolerância e liberdade de consciência (*principles of toleration and liberty of conscience*). Ver PR, p. 588-591.

20 No texto "Two-fold Basis of Justice", Rawls compreende que o aprendizado moral se dá pelo ensinamento de uma percepção. Essa percepção moral seria desenvolvida quando os agentes se arrependem do erro cometido e se desculpam aos outros pela injúria causada. E essas desculpas têm o papel de restabelecer a conexão entre as pessoas, conexão que seria rompida quando não se leva em consideração os sentimentos e aspirações dos outros. Sendo assim, a responsabilidade do agente estaria fundada exatamente nesse reconhecimento das pessoas como entidades legítimas de concernimento. E isso parece consistente com uma concepção de punição que teria uma função formativa e não parece contraditória com uma posição liberal, uma vez que a autonomia do agente é respeitada. Ver TB, p. 3-4.

A resposta intuitiva parece ser positiva, uma vez que ela se mostra coerente com os juízos morais ponderados que valorizam, para além da estabilidade social e liberdade individual, o bem-estar dos membros da comunidade política da qual se faz parte. Essa expectativa no progresso moral não parece ameaçar a autonomia do agente, uma vez que não implicaria necessariamente coação, sendo apenas um apelo à consciência moral da pessoa, da mesma forma que parece não ameaçar a sua privacidade, pois estaria restrita apenas aos deveres públicos estipulados em um ponto de vista de segunda pessoa. A vantagem desse acréscimo corretivo é que ele parece revelar uma clara perspectiva de reconciliação entre os membros de uma comunidade política, perspectiva essa que se mostra fortemente harmonizada com uma teoria liberal e coerentista da punição.

Capítulo 6

Normatividade indireta e a virtude da justiça

O objetivo central deste capítulo é refletir sobre o papel e o significado da virtude da justiça no pensamento de Adam Smith, considerando especialmente a obra *The Theory of Moral Sentiments* e, parcialmente, as obras *Lectures on Jurisprudence* e *An Inquiry into the Nature and Causes of the Wealth of Nations*. O propósito básico é tentar esboçar uma teoria da justiça que pode ser encontrada nas obras de Smith com base em um modelo de normatividade indireta. Para tal, inicio esclarecendo alguns conceitos centrais de sua teoria moral sentimentalista, a saber, empatia, espectador imparcial e mão invisível. Posteriormente, investigo o papel das virtudes nessa teoria normativa antiutilitarista e a distinção entre virtudes positivas e negativas. De posse disso, o próximo passo será analisar a concepção de justiça retributiva defendida por Smith, que parece defender uma teoria híbrida da punição por englobar aspectos retributivista, preventivista, expressivista e reabilitacionista. Após, reflito sobre o significado da justiça como virtude negativa e sua ligação com os direitos. Por fim, investigo a possibilidade de a teoria da justiça de Smith poder ser considerada uma teoria liberal-comunitarista.

Justiça e normatividade indireta

Seria possível contar com uma teoria moral que tomasse como base os sentimentos de ressentimento e gratidão como critérios normativos para a reprovação e aprovação da ação, respectivamente, considerando a empatia como princípio fundamental da moral, mas que, por outro lado, também levasse em consideração as regras gerais (princípios) com a finalidade de sanar as limitações espaciais das emoções? Seria desejável fazer uso de uma teoria normativa antiutilitarista, por não identificar a única motivação do agente como sendo o autointeresse, mas que também levasse a sério as consequências das ações, utilizando uma perspectiva de segunda pessoa preferencialmente a terceira e, também, que levasse em conta seriamente o método empírico e a linguagem tanto das virtudes como dos direitos? De forma similar, não seria atraente poder contar com uma teoria da justiça que distinguisse claramente entre virtudes positivas e negativas, localizando tanto a política como o direito no âmbito da moralidade pública, mas sem deixar de chamar atenção para a importância da moralidade privada, inclusive para a economia? E, também, não seria mais eficiente utilizar uma teoria da justiça que justificasse a punição com o uso de critérios variados, tais como o retributivista, preventivista, expressivista e reabilitacionista, e, também, que garantisse os direitos individuais dos agentes, como vida, integridade, propriedade, além de ter por foco a estabilidade social?

Além de ser desejável, penso que seria tanto atraente quanto mais eficiente poder contar com uma teoria moral nesses moldes descritos anteriormente a fim de poder lidar com os complexos problemas morais e políticos que surgem a todo momento. Além do mais, isso parece possível, uma vez que a teoria moral apresentada por Adam Smith na obra *The Theory of Moral Sentiments*, por exemplo, mostra ter essas características listadas. É fato que Adam Smith é mais conhecido como um pensador que refletiu sobre os problemas da economia, sendo a sua obra *The Wealth of Nations*[1] um dos textos mais conhecidos e citados não apenas na área econômica. Por outro lado, a sua obra moral, que foi escrita dezessete anos antes, parece não ter merecido ainda toda a atenção que lhe é devida, com exceção para o estudo devotado ao conceito de *sympathy* e a distinção identificada entre Hume e Smith. No entanto, a respeito de que tipo de teoria sentimentalista Smith estaria usando, bem como que tipo de teoria da justiça estaria sendo defendida por esse importante representante do iluminismo escocês, a atenção interpretativa ainda se mostra muito limitada.

Dito isso, um dos objetivos deste capítulo, então, será tentar mostrar o engenho normativo da teoria moral apresentada por Smith, procurando

---

1   As obras de Smith serão abreviadas da seguinte maneira: *An Inquiry into the Nature and Causes of the Wealth of Nations* (*WN*), *Lectures on Jurisprudence* (*LJ*), *The Theory of Moral Sentiments* (*TMS*). As referências da *TMS* serão dadas indicando em sequência a parte da obra, a seção, o capítulo e o parágrafo. Ex: *TMS*, I.i.1.1. As referências da *WN* serão dadas indicando em sequência o livro, o capítulo e o parágrafo. Ex: *WN*, I.i.1. As referências da *LJ* serão dadas indicando as lições de 1762-3 (A) e as de 1766 (B), seguindo-se da data e parágrafo. Ex: *LJ*(A), i.9.

destacar sua estratégia de normatividade indireta, bem como ressaltar a conexão entre e a linguagem das virtudes e dos direitos, assim como defender o ganho de se poder contar com uma teoria tão atraente como essa, que parece lidar muito bem com problemas tão complexos como o da justificação da punição, relação entre deveres e direitos, equidade, sorte moral, segurança jurídica, entre outros, de forma a se mostrar como mais eficiente do que as teorias alternativas, tais como a utilitarista ou a racionalista. Um objetivo adicional será tentar identificar os termos elementares de uma teoria da justiça que parece congregar coerentemente aspectos liberais e comunitaristas.

No restante do texto, esclarecerei, inicialmente, os conceitos-chave da teoria dos sentimentos morais de Adam Smith, a saber, os conceitos de empatia (*sympathy*), espectador imparcial (*impartial spectator*) e mão invisível (*invisible hand*), além de procurar detalhar o método indutivista usado. Posteriormente, refletirei sobre a importância das virtudes nessa teoria normativa, ressaltando a distinção entre as virtudes positivas da benevolência (*benevolence*), da prudência (*prudence*) e do autodomínio (*self-command*) e a virtude negativa da justiça (*justice*). Por fim, investigarei sobre uma possível teoria da justiça smithiana que pode ser identificada. Inicialmente, o foco recairá na justiça retributiva híbrida, por justificar a punição apelando para vários critérios, a saber, retributivista, preventivista, expressivista e reabilitacionista. Após, investigarei sobre a concepção de justiça entendida tanto como uma virtude moral (negativa) quanto no âmbito dos direitos individuais, tais como vida, integridade, liberdade, propriedade, entre outros. O passo final será tentar identificar as características centrais de sua teoria da justiça como uma teoria liberal-comunitarista.

Empatia e espectador imparcial

A despeito de certa imagem equivocada do pensamento smithiano, propiciada, talvez, por uma limitação interpretativa da parte da *WN* que diz que não seria da benevolência do açougueiro, do cervejeiro e do padeiro que se esperaria o jantar, e sim do seu autointeresse, apelando não para a sua humanidade, mas ao seu amor-próprio (*WN*, I.ii.3), a *TMS* inicia com a constatação de que os indivíduos, por mais egoístas que sejam, têm um interesse natural tanto pela felicidade como pelo infortúnio dos outros. Em suas palavras:

> Por mais egoísta que se imagine o homem, é óbvio que há alguns princípios em sua natureza que o fazem interessar-se pela sorte dos outros, e considerar a felicidade deles necessária para si mesmo, embora nada extraia disso senão

o prazer de assistir a ela. Dessa espécie é a piedade, ou compaixão, emoção que sentimos ante a desgraça dos outros, quer quando a vemos, quer quando somos levados a imaginá-la de modo muito vivo. É fato óbvio demais para precisar ser comprovado, que frequentemente ficamos tristes com a tristeza alheia. [...] O maior rufião, o maior infrator das leis da sociedade, não é desprovido desse sentimento (*TMS*, I.i.1.1)[2].

Em vez de afirmar o autointeresse e amor-próprio como a única motivação egoísta do agente, o que Smith parece estar defendendo é que, como membros de uma comunidade moral e política, os agentes têm emoções morais que os fazem levar em conta tanto a felicidade como a infelicidade dos outros, o que implica considerar a empatia (*sympathy*) como uma capacidade do agente de se imaginar no lugar do outro, e tomar os sentimentos de ressentimento e gratidão como critérios centrais da desaprovação ou aprovação da ação, isto é, como critério da conveniência (*propriety*) da ação, com acréscimos das regras gerais para corrigir a inconveniência das emoções momentâneas (*TMS*, I.i.3.4). No entanto, antes de detalhar o modelo normativo que está sendo defendido, é importante chamar atenção para a metodologia empregada.

Como representante do iluminismo escocês, Smith buscou utilizar a metodologia das ciências naturais aplicada às ciências humanas e sociais em razão da preocupação com o progresso social e o desenvolvimento da economia política. Adotou o método científico indutivista, tal qual Newton, que procurou descrever os fenômenos físicos e identificar suas leis ordenadoras, tais como a lei da inércia, dinâmica, lei da ação e reação e a lei da gravitação universal. No caso moral, partiu de uma descrição do fenômeno moral e, com base nessa descrição de censura e elogio que endereçamos aos outros e a nós mesmos a partir dos sentimentos de ressentimento e gratidão que as ações e caráter do agente geram em nós, procurou identificar sua lei reguladora, que seria o princípio da empatia (*sympathy*) ou do espectador imparcial (*impartial spectator*)[3].

---

2   *TMS*, I.i.1.1: "How selfish soever man may be supposed, there are evidently some principles in his nature, which interest him in the fortune of others, and render their happiness necessary to him, though he derives nothing from it except the pleasure of seeing it. Of this kind is pity or compassion, the emotion which we feel for the misery of others, when we either see it, or are made to conceive it in a very lively manner. That we often derive sorrow from the sorrow of others, is a matter of fact too obvious to require any instances to prove it. [...] The greatest ruffian, the most hardened violator of the laws of society, is not altogether without it".

3   Como iluminista, além de defensor do liberalismo, Smith via o sectarismo e o fanatismo como corruptores dos sentimentos morais e a ciência e a filosofia como "o grande antídoto

Esse princípio da empatia, importante para os iluministas escoceses, tais como Hume, Hutcheson e o próprio Smith, contrapõe-se tanto ao racionalismo como ao egoísmo moral, uma vez que sintetiza uma ideia básica de que as pessoas seriam motivadas, para além do próprio interesse e amor-próprio, pelo sentimento compartilhado com os outros, isto é, como uma capacidade imaginativa de se colocar no lugar do outro. Não se pode sentir as emoções de ressentimento e gratidão dos outros agentes, mas é possível imaginar como se sentiria estando no lugar das outras pessoas que sentem ressentimento, por exemplo, por terem sido enganadas ou mesmo roubadas. A empatia não é propriamente uma paixão, como considerada por Hume, mas, antes, uma correspondência de sentimentos, sendo mais bem compreendida como um ato de imaginação, como um ato de solidariedade com qualquer paixão (*TMS*, I.i.1.5)[4].

Essa maneira de compreender o fenômeno moral com base em atitudes reativas às ações e mesmo ao caráter do agente já revela uma importante consideração, a saber, que os juízos morais seriam realizados em uma perspectiva de segunda pessoa, preferencialmente a uma perspectiva de primeira ou mesmo terceira pessoa. Isso parece ficar claro a partir do importante papel desempenhado pela figura idealizada do espectador imparcial (*impartial spectator*) na filosofia moral de Adam Smith. Para saber se uma dada ação seria certa ou errada, deve-se contar com a aprovação de um espectador com capacidade imaginativa para identificar os sentimentos de gratidão e ressentimento nos outros, sentimentos que serão a base normativa para aprovação ou desaprovação da ação. Nas palavras de Smith:

> Em todos esses casos, para que haja alguma correspondência de sentimentos entre o espectador e a pessoa envolvida, o espectador deve, em primeiro lugar, esforçar-se tanto quanto possível para colocar-se na situação do outro, e tornar sua cada pequena circunstância de aborrecimento que provavelmente

---

do veneno do entusiasmo e superstição" (*WN*, V.i.g.14). Sobre a influência do iluminismo escocês no pensamento de Adam Smith, ver CERQUEIRA, 2006, p. 10-24. E sobre as bases de sua filosofia moral, ver, também, CERQUEIRA, 2008, p. 71-82.

4   Alexander Broadie observa que o conceito de *sympathy* de Smith implica uma capacidade imaginativa de se colocar no lugar do outro e sentir as emoções (imaginando) de gratidão e ressentimento por meio de um espectador imparcial. Isso parece estar relacionado a um tipo de universalidade no processo de abstração do espectador, não sendo um puro sentir as emoções alheias, e, também, parece estar ligado a um tipo de naturalismo, uma vez que haveria uma base naturalista para o espectador imparcial chegar aos juízos morais com base no conjunto de sentimentos que são compartilhados pela comunidade moral. Ver BROADIE, 2006, p. 163-170, 186-187.

ocorra ao sofredor. Deve adotar integralmente o caso do seu companheiro com os mínimos incidentes; e empenhar-se por interpretar de maneira mais perfeita possível a mudança imaginária da situação sobre a qual sua empatia é fundada (*TMS*, I.i.4.6)[5].

Esse experimento mental de se colocar no lugar do outro parece ter por base uma capacidade autorreflexiva do agente, de forma a avaliar a própria situação por meio do julgamento dos outros, como um ato de imaginação para identificar como os outros avaliariam esses atos, de modo a poder ajustar o próprio comportamento. Assim, o espectador imparcial seria o "homem dentro do peito", o "grande juiz e árbitro" da conveniência da ação (*TMS*, III.2.32), que tem a capacidade de não apenas aprovar o comportamento dos outros, mas se ver como pessoa e membro da comunidade moral por meio da empatia com as outras pessoas, o que traz por consequência uma capacidade de avaliar de forma imparcial ou ao menos com reciprocidade a conduta e a motivação humana. Parece poder representar as atitudes sociais estabelecidas, isso significando ser a própria voz da sociedade[6].

O ponto que gostaria de ressaltar é que essa teoria sentimentalista como proposta por Smith parece ter por base o estabelecimento de um processo de ajuste mútuo por meio de uma busca empática para o estabelecimento de um ponto de vista moral comum. Isso já parece revelar que as obrigações morais dos agentes não poderiam ser tomadas como um critério normativo direto, como algo existente na natureza ou que poderia ser intuído pela razão humana. Ao contrário, essas obrigações de ser justo, benevolente, prudente e ter autodomínio, por exemplo, como se verá a seguir, só poderiam ser compreendidas em uma perspectiva de segunda pessoa, de forma que os membros de uma comunidade fariam certas exigências com base nos

---

5 *TMS*, I.i.4.6: "In all such cases, that there may be some correspondence of sentiments between the spectator and the person principally concerned, the spectator must, first of all, endeavour, as much as he can, to put himself in the situation of the other, and to bring home to himself every little circumstance of distress which can possibly occur to the sufferer. He must adopt the whole case of his companion with all its minutes incidents; and strive to render as perfect as possible, that imaginary change of situation upon which his sympathy is founded".

6 A respeito do conceito de espectador imparcial, Haakonssen observa que ele representaria o ato último de criatividade imaginativa ou a etapa mais elevada de nosso desenvolvimento moral. Não significaria ter um conhecimento absoluto do que deve ser feito em cada situação. Antes, essa capacidade de imparcialidade serviria para explicar como as pessoas fazem juízos morais de mérito ou demérito sobre o comportamento e a motivação dos agentes, sugerindo que isso ocorre por uma invocação implícita de sua noção de conveniência ideal. Ver HAAKONSSEN, 2006, p. 14-15.

sentimentos de ressentimento ou gratidão e seriam essas exigências a base normativa dos deveres. Não se estaria no domínio da normatividade direta, como seria o caso de uma perspectiva de terceira pessoa, puramente objetiva, ou mesmo de primeira pessoa, puramente subjetiva. Ao contrário, esse modelo normativo indireto teria por base a intersubjetividade ou a interpessoalidade, de forma a tomar o ponto de vista social como o verdadeiro ponto de vista moral e político[7].

Esse padrão normativo social, então, teria a capacidade de, inclusive, corrigir as falsas representações do amor de si dos agentes (*TMS*, III.3.4). E isso parece implicar que, como a vida em sociedade é a condição natural para o ser humano, a tarefa central da ética seria demonstrar empiricamente as regularidades da vida social. E com base nessas regularidades de se seguir regras coletivamente, por exemplo, se estabeleceria o critério para o agente saber sobre os seus deveres morais. Importante notar que a sociabilidade para Smith não é o resultado de um cálculo racional ou mesmo o resultado de um contrato. Antes, ela é uma condição natural dos agentes. E, sendo assim, a moralidade seria tomada como um artifício que é uma condição natural da sociabilidade humana, sendo a sociedade um tipo de espelho ao agente:

> Se fosse possível que uma criatura humana vivesse em algum lugar solitário até alcançar a idade madura, sem qualquer comunicação com sua própria espécie, não poderia pensar no próprio caráter, a conveniência ou demérito de seus próprios sentimentos e conduta, a beleza e deformidade do próprio rosto. Todos esses são objetos que não pode facilmente ver, para os quais naturalmente não olha, e com relação aos quais carece de espelho que sirva para apresentá-los à sua visão. Tragam-no para a sociedade e será imediatamente provido do espelho que carece (*TMS*, III.1.3)[8].

---

7   Essa teoria moral sentimentalista de Smith parece similar a proposta feita por Stephen Darwall em *The Second-Person Standpoint*, de forma a considerar a moralidade com base em uma perspectiva de segunda pessoa. Para Darwall, os conceitos morais de obrigação, certo e errado, direitos etc. têm uma estrutura irredutível em segunda pessoa, de forma a tomar o outro como exigindo de alguém o cumprimento de certo dever. E, assim, as obrigações morais seriam bipolares, uma vez que existiria o agente que é obrigado, por um lado, e o grupo a quem ele é obrigado, por outro. Inclusive, Darwall faz referência no subcapítulo "Empathy and Adam Smith on Exchange" de que Adam Smith seria um dos primeiros filósofos a fazer uso do ponto de vista em segunda pessoa para pensar a moralidade. Ver DARWALL, 2006, p. 43-48.

8   *TMS*, III.1.3: "Were it possible that human creature could grow up to manhood in some solitary place, without any communication with his own species, he could no more think of his own character, of the propriety or demerit of his own sentiments and conduct, of the beauty or deformity of his own face. All these are objects which he cannot easily see,

Como visto pela citação anterior, o padrão normativo que está sendo defendido para avaliar tanto o caráter dos indivíduos, bem como o mérito ou demérito dos sentimentos e ações dos agentes, é aquilo que seria tomado como conveniente pela própria comunidade moral. Em outras palavras, a sociedade forneceria a regra para a avaliação das paixões e ações dos sujeitos, bem como das consequências dessas ações. A conclusão até aqui parece ser a constatação de que a regra moral não é privada para Smith, uma vez que tanto a censura como o elogio seriam coletivos, isto é, seriam mais bem entendidos como atitudes reativas. Por isso, só se poderia adquirir virtudes pela crítica social[9]. Esse ponto, porém, será investigado a seguir.

O papel das virtudes

Após analisar a importância das categorias de empatia e espectador imparcial na teoria moral de Adam Smith, o próximo passo será investigar o destacado papel que as virtudes desempenham nesse modelo normativo sentimentalista antiutilitarista. Na Parte VII da *TMS*, intitulada "Dos sistemas de filosofia moral", Smith examina os limites das principais teorias morais conhecidas pela tradição, defendendo uma conexão das virtudes da prudência, benevolência, justiça e autodomínio para a felicidade tanto pessoal como coletiva, bem como defendendo o sentimento (empatia) como o princípio de aprovação da conduta. Os limites dessas teorias tradicionais, como a platônica, a aristotélica a estoica, a epicurista ou mesmo a de Hutcheson e Hume, poderiam ser explicados em razão da forma parcial e imperfeita com que realizaram a descrição da natureza humana e social. Para Smith:

> Talvez todo sistema de moralidade que gozou de alguma reputação no mundo derive fundamentalmente de um ou outro dos princípios que venho tratando de revelar. Como nesse aspecto todos se fundam sobre princípios

---

which naturally he does not look at, and with regard to which he is provided with no mirror which can present them to his view. Bring him into society, and he is immediately provided with the mirror which he wanted before".

9 No influente artigo "Freedom and Resentment", Strawson argumenta que as atitudes reativas de ressentimento e gratidão, bem como atitudes autorreativas (por exemplo, culpa e atitudes vicárias como indignação), seriam a base natural da responsabilidade moral, uma vez que mesmo o reconhecimento da verdade da tese determinista não iria impactar em nossa atribuição de liberdade aos agentes, de forma que haveria liberdade porque nos veríamos como responsáveis. De forma similar ao que podemos encontrar na Parte I da *TMS*, Strawson também procura descrever a moralidade em um âmbito interpessoal dos sentimentos morais. Ver STRAWSON, 2008, p. 7-27.

naturais, estão todos corretos em certa medida. Porém, como muitos deles derivam de uma visão parcial e imperfeita da natureza, há também muitos erros em alguns aspectos (*TMS*, VII.i.1)[10].

Dada a constatação da limitação descritiva das teorias tradicionais, o próximo passo será observar que existem duas questões centrais que devem ser tratadas pela filosofia moral, a saber, a questão da natureza da virtude e o princípio de aprovação da conduta. Na segunda seção da Parte VII da *TMS*, Smith analisa as principais respostas que foram dadas à questão sobre a natureza da virtude. Inicia considerando as teorias que explicaram a natureza da virtude como conveniente governo e direção de nossos afetos, estando a virtude na conveniência (*propriety*), tendo como seus exemplos centrais Platão, Aristóteles e os estoicos, especialmente Zenão. Após, examina a filosofia epicurista, que considera que a virtude estaria na prudência (*prudence*), isto é, a virtude consistiria apenas na busca de nosso interesse e felicidade particulares. Por fim, analisa a posição de Hutcheson, especialmente, que defende que a virtude estaria na benevolência (*benevolence*), isto é, que a virtude estaria nos afetos que visam à felicidade dos outros (*TMS*, VII.ii.1-3)[11].

Após a investigação sobre as várias respostas dadas ao problema da natureza da virtude, Smith examinará, na terceira seção da *TMS* VII, as respostas dadas à questão sobre o que deve contar como o princípio de aprovação da conduta dos agentes. Rejeitará os argumentos egoístas de Hobbes, Mandeville e Pufendorf, que tomam o amor-de-si (*self-love*) como o único princípio de aprovação da conduta e motivação dos agentes. De forma similar, rejeitará a posição racionalista de Cudworth apresentada no *Treatise Concerning Eternal and Immutable Morality*, que toma a razão (*reason*) como princípio de aprovação absoluto, uma vez que defenderá que as percepções sobre o certo e errado se fundam no sentimento (*sentiment*), não como uma

---

10 *TMS*, VII.i.1: "From some one or other of those principles which I have been endeavouring to unfold, every system of morality that ever had any reputation in the world has, perhaps, ultimately been derived. As they are all of them, in this respect, founded upon natural principles, they are all of them in some measure in the right. But as many of them are derived from a partial and imperfect view of nature, there are many of them too in some respects in the wrong".

11 Importante ressaltar a observação de Smith em relação ao ponto comum de todas essas teorias morais. Elas estabelecem uma distinção essencial entre a virtude e o vício, encorajando o que seria elogiável por ser valoroso e desencorajando toda disposição censurável. Diferentemente da posição defendida por Mandeville na *Fábula das Abelhas*, que toma os vícios privados como garantia dos benefícios públicos. Para Smith, ao contrário, as virtudes públicas devem estar em coerência com as virtudes privadas. Ver *TMS*, VII.ii.4.

intuição ou percepção peculiar, tal como defendida por Hutcheson, mas com base na própria empatia (*sympathy*)[12].

O ponto central a que quero chamar atenção é que a concepção de virtudes de Smith parece inclusivista antes que excludente. Ele não nega a importância das virtudes da prudência (*prudence*), da justiça (*justice*), da benevolência (*benevolence*) ou mesmo do autodomínio (*self-command*). O principal problema das teorias tradicionais foi não ter percebido que é necessário exercitar um conjunto de virtudes diferentes para se alcançar a felicidade tanto pessoal como social[13]. Por exemplo, no domínio econômico, a virtude da prudência se mostra como essencial para possibilitar a identificação dos meios necessários ao fim da subsistência. Já no domínio moral, será a virtude da benevolência que terá um papel central por visar ao bem dos outros de forma desinteressada ou super-rogatória. Por sua vez, no âmbito jurídico e político, a justiça se mostrará como a virtude essencial para garantir o bem comum, além da probidade e liderança, por exemplo. Já a virtude do autodomínio será tomada como uma metavirtude, isto é, como uma condição de possibilidade para as demais virtudes. Outra característica importante nessa concepção de virtudes é que o agente moral será tomado tanto como o que bem delibera particularmente como aquele que segue as regras gerais ou deveres universais[14].

---

12 Esclarece que, mesmo tomando o sentimento como o princípio de aprovação, não concordará com o modelo defendido por Hume, que considera a virtude residindo na utilidade, de forma a atribuir "o prazer com que o espectador examina a utilidade de qualquer qualidade à empatia pela felicidade dos que por ela são afetados" (*TMS*, VII.iii.3.17).

13 Importante acrescentar que a felicidade verdadeira, ao estilo do estoicismo, seria encontrada, para além de uma vida virtuosa, com a tranquilidade da alma diante dos diversos problemas. E, também, que a sociedade deve contar com o desígnio divino para alcançar o bem comum. Esse é o significado do conceito de mão invisível (*invisible hand*). Na única passagem da *TMS* em que o termo "mão invisível" é usado, ele tem o significado de mão de Deus ou desígnio da Providência. A passagem diz que os ricos são naturalmente egoístas, pensando apenas na própria comodidade. No entanto, apesar disso, dividem com os pobres o produto de todas as suas melhorias, o que é do interesse social, sendo conduzidos por uma mão invisível, que significa o mesmo que a intenção da Providência. Ver *TMS*, IV.1.10. Sobre esse conceito, ver o artigo de BIANCHI; SANTOS, 2007, p. 635-662.

14 Shaver observa corretamente que a teoria moral de Adam Smith é atraente por evitar duas caricaturas familiares, a saber, a do agente virtuoso aristotélico, que delibera corretamente sem fazer uso de regras ou deveres universais, e a do agente virtuoso kantiano, que toma como critério da ação as regras e os deveres, e não o seu sentimento diante do caso. Diz que Smith toma o caráter do agente como a fonte normativa da avaliação moral, mas sem se esquecer da importância dos conceitos deônticos como os deveres. Ver SHAVER, 2006, p. 208.

É interessante notar que Smith parece usar a linguagem das virtudes de forma conciliatória com a linguagem dos deveres. É no mínimo inusitado e inusual para aqueles que foram influenciados de alguma maneira pelo texto de Anscombe[15], imaginar uma teoria moral moderna que tome como intercambiáveis os conceitos de virtudes com o de deveres. No entanto, é exatamente isso que se encontra na teoria dos sentimentos morais de Smith. Veja-se a seção IV da Parte VII da *TMS*, em que ele estabelece uma distinção entre as regras da justiça, que seriam precisas e acuradas como as regras da gramática e as regras de todas as outras virtudes, tomadas como imprecisas, vagas e indeterminadas. Aqui ele levanta a questão de qual seria o fundamento de toda obrigação (*obligation*) com base em um exemplo simples: um bandido obriga um viajante, sob ameaça de morte, a prometer-lhe certa quantia de dinheiro. O ponto central seria o de saber se o viajante estaria ou não obrigado a cumprir sua promessa (*TMS*, VII.iv.9).

De acordo com a jurisprudência (*jurisprudence*), por exemplo, o ato de extorsão do assaltante seria um crime que mereceria punição, o que anularia todo o direito de o criminoso reivindicar o dinheiro prometido. Por outro lado, do ponto de vista da casuística (*casuistry*), a questão já não seria tão simples, uma vez que, independentemente da extorsão cometida, um agente virtuoso deveria sempre se pautar pela regra da justiça de observância de todas as promessas celebradas. Smith resolverá a questão apelando para os sentimentos comuns da humanidade, de forma que se julgará como certo respeitar até mesmo uma promessa feita sob extorsão, "embora seja impossível determinar, por qualquer regra geral, em que medida isso se aplicaria a todos os casos, sem exceção" (*TMS*, VII.iv.12).

A engenhosa solução de Smith considerará a quantidade de dinheiro envolvida na promessa e se o cumprimento dessa obrigação não traria por consequência o desrespeito a deveres mais importantes. Por exemplo, se uma pessoa prometesse cinco libras a um bandido e não as entregasse, ela incorreria em alguma censura, uma vez que a violação de qualquer promessa parece envolver algum tipo de desonra. Por outro lado, se a soma prometida fosse muito elevada – por exemplo, cem mil libras – e isso arruinasse a família

---

15 Em "Modern Moral Philosophy", de 1958, Elizabeth Anscombe considera que se deveria abandonar a linguagem moral dos deveres e se passar a usar a linguagem das virtudes, porque a filosofia moral moderna passou a usar o conceito de dever, correto e direitos, sem mais apelar à ideia do legislador divino, além de ela ser puramente prescritiva. Assim, essa linguagem teria perdido toda a sua força normativa. A vantagem do modelo das virtudes estaria na sua capacidade descritiva além da prescritiva. Ver ANSCOMBE, 1998, p. 26-44.

do extorquido, então seria criminoso fazê-lo (*TMS*, VII.iv.12). Essa solução parece tomar o dever como relacionado ao bom senso, isto é, ao que se pode considerar o que se deva em relação a si mesmo e aos outros, o que é similar ao que se toma como um ato virtuoso, porque essa obrigação seria variável pelo caráter, pelas circunstâncias, pela solenidade da promessa e pelos incidentes envolvidos no confronto, por exemplo. E, assim, Smith conclui que "a conveniência exata exigiria a observância de todas as promessas, sempre que elas não fossem inconsistentes com alguns outros deveres mais sagrados", como o respeito ao interesse público e o cuidado aos familiares, por exemplo (*TMS*, VII.iv.12)[16].

Após essa observação da conciliação entre a linguagem das virtudes e dos deveres na teoria moral de Smith, gostaria de esclarecer em maior detalhe o que seria mesmo a virtude e quais virtudes seriam fundamentais para uma vida bem-sucedida nessa proposta e, sobretudo, apontar para distinção entre as virtudes positivas e negativas. Isso será importante para se compreender a especificidade da justiça. Para Smith, a virtude é um traço de caráter regular que é elogiável pelos membros da comunidade em razão de ele possibilitar a felicidade. Assim, a virtude é "a excelência, algo excepcionalmente grande e belo, que se revela muito acima do que é vulgar" (*TMS*, I.i.5.6). E, similarmente a Aristóteles, a medida da virtude é a mediania, isto é, nem o excesso e nem a deficiência (*TMS*, I.ii.1). E, também, em consonância com a tradição clássica, considera todas as virtudes como artificiais, tanto a virtude da justiça quanto as virtudes da probidade, generosidade, prudência e franqueza. Mais importante ainda, o processo de aquisição das virtudes se daria pelo hábito, uma vez que seguir as regras (dos deveres ou das virtudes), por exemplo, seria satisfatório porque aprovado pelo espectador imparcial, sendo a repetição a maneira de formar o caráter virtuoso (*TMS*, III.2.5).

Agora, quais virtudes seriam necessárias para garantir uma vida bem-sucedida para os agentes e a sociedade? Na Parte VI da *TMS*, que só apareceu na sexta e última edição de 1790, Smith trata do caráter da virtude,

---

16 A regra que está sendo formulada parece ser a seguinte: tem-se o dever moral de cumprir a promessa (ou fazer certa ação) desde que esse ato não seja inconsistente com os deveres mais sagrados, isto é, mais valorosos. Essa regra parece conciliar harmonicamente uma teoria dos deveres com uma teoria das virtudes, uma vez que a determinação dos deveres não se daria por alguma regra fixa, absoluta, mas faria uso dos sentimentos e das emoções para saber o ponto certo em que se faria justiça. Nas palavras de Smith: "No que diz respeito a todas essas questões, o que num caso seria bom talvez não fosse em outro, e o que constitui a conveniência e felicidade de comportamento varia em cada caso, conforme a menor mudança da situação" (*TMS*, VII.iv.33).

examinando tanto o caráter do indivíduo na medida em que afeta a própria felicidade como a felicidade das outras pessoas. Nessa parte, ele observa que se precisa da prudência na busca da felicidade pessoal, bem como se precisa tanto da justiça como da benevolência na busca da felicidade dos outros, sendo a justiça o que impede de se prejudicar os outros e a benevolência o que impele a ajudá-los. Além dessas virtudes, o autodomínio é tomado como a própria medida da conveniência, sendo a virtude mais importante no controle das paixões (*TMS*, VI.concl.1-2). Creio que não se cometeria nenhuma injustiça ao dizer que essa teoria parece conectar harmonicamente a virtude aristotélica da prudência com a virtude cristã da benevolência mais a virtude estoica do autodomínio, além de incluir uma importante concepção moderna de justiça, de forma a considerá-la uma virtude negativa ou um dever perfeito em razão de se constituir com base nos direitos reconhecidos dos agentes de certa comunidade[17].

Um último comentário sobre a distinção entre as virtudes positivas e negativas. Por mais que seja desejável e elogiável um comportamento virtuoso do ponto de vista privado, apenas a virtude da justiça será alvo da exigência pública. Nas palavras de Smith:

> E sobre isso fundamenta-se a notável distinção entre a justiça e todas as outras virtudes sociais, em que ultimamente insistiu particularmente um autor de grande e original genialidade, a saber: que sentimo-nos sob uma estrita obrigação de agir de acordo com a justiça, do que segundo o que é agradável à amizade, caridade ou generosidade; que as práticas das virtudes recém-mencionadas parecem ter sido deixadas em certa medida à nossa escolha, mas que, de um modo ou outro, sentimo-nos de uma maneira peculiar atados, forçados e obrigados ao respeito à justiça (*TMS*, II.ii.1.5)[18].

---

17 Raphael e Macfie, em sua introdução à *TMS*, dizem acertadamente que a teoria das virtudes defendida por Adam Smith é uma combinação das virtudes estoica e cristã, sendo uma combinação da filosofia estoica, que vê o autodomínio como central, com a filosofia de Hutcheson, que toma a benevolência como a virtude mais importante ao agente. E fazem referência à influência de Lord Kames na distinção realizada entre justiça e benevolência. Ver RAPHAEL; MACFIE, 1976, p. 5-15.

18 *TMS*, II.ii.1.5: "And upon this is founded that remarkable distinction between justice and all the other social virtues, which has of late been particularly insisted upon by an author of very great and original genius, that we feel ourselves to be under a stricter obligation to act according to justice, than agreeably to friendship, charity, or generosity; that the practice of these last mentioned virtues seems to be left in some measure to our own choice, but that, somehow or other, we feel ourselves to be in a peculiar manner tied, bound, and obliged to the observation of justice".

Isso parece implicar uma concepção liberal de justiça, de forma a estipular a neutralidade ética do Estado, uma vez que os atos de generosidade, amizade ou caridade serão uma questão de escolha pessoal. Por exemplo, a benevolência é uma virtude voluntária e desinteressada. Sua ausência não seria objeto de censura legal, apenas de desgosto. A justiça, por outro lado, impede de se ferir os vizinhos, implicando uma abstenção de se violar os direitos das pessoas, tais como o direito à vida, à propriedade ou à reputação. É por isso que apenas o seu não cumprimento é que seria objeto de punição (*TMS*, II.ii.1.9). No entanto, tematizarei isso a seguir, a partir da análise da concepção de justiça retributiva defendida por Smith.

Justiça retributiva

Para que se possa melhor compreender a complexa concepção de justiça retributiva (teoria da punição) defendida por Smith, é importante iniciar ressaltando que ele parece defender uma posição liberal em contraposição ao paternalismo estatal e moralismo jurídico forte. E isso em razão de a observância das regras da justiça, como virtude negativa, não se ligarem à vontade do agente, podendo ser exigida pela força. Assim, a violação dessas regras exporia o ofensor ao ressentimento do espectador imparcial e a consequente punição. Isso parece implicar a consideração de que a punição estaria restrita aos deveres perfeitos ou negativos, de forma a se poder retribuir o mal causado pelo ofensor se ele realizar uma ação intencional que gera danos aos outros, isto é, que retira os direitos dos agentes de uma comunidade, tais como a vida, a propriedade, a liberdade. Por mais que se possa censurar ações egoístas e viciosas, elas não serão passíveis de punição, o que parece garantir a liberdade dos agentes, sua autonomia. Em contraste com as outras virtudes, a justiça tem claramente uma valência negativa. Para Smith:

> A mera justiça é, na maior parte das ocasiões, uma virtude negativa, pois apenas nos impede de ferir nosso vizinho. O homem que tão somente se abstém de violar a pessoa, a propriedade ou a reputação de seus vizinhos certamente tem muito pouco mérito positivo. Cumpre, no entanto, todas as regras do que é peculiarmente chamado justiça, e faz tudo o que seus iguais podem com conveniência forçá-lo a fazer, ou que o podem punir por não fazer. Frequentemente podemos cumprir todas as regras da justiça sentando-nos quietos, não fazendo nada (*TMS*, II.ii.1.9)[19].

---

19 *TMS*, II.ii.1.9: "Mere justice, is upon most occasions, but a negative virtue, and only hinders us from hurting our neighbor. The man who barely abstain from violating either the person, or the estate, or the reputation of his neighbors, has surely very little positive merit.

A base da punição, então, se daria pela culpa de um agente em não ter seguido as regras da justiça, isto é, ter violado algum direito de alguém intencionalmente. É apenas essa violação que pode ser tomada como um erro. E isso é importante porque a punição legal implica um ato estatal intencional reprobatório e retributivo de causar dano a quem age erradamente, isto é, ao ofensor. Nessa concepção, o erro que será a base da punição se constituirá apenas pela moralidade pública, não sendo o erro privado uma razão suficiente para a punição, como é o caso no moralismo jurídico. Para Smith, o que faz algo ser errado, então, seria aquilo que seria reprovado pelo espectador imparcial em razão do ressentimento sofrido pela vítima (*TMS*, II.i.14), bem como o que se tomaria como "injúrias que provocam ressentimento por envolver a violação de outro direito" (*LJ*(A), i.9)[20].

Identificada essa característica geral da teoria da punição de Smith, o próximo passo é saber se ela deve ser classificada como retributivista, uma vez que ela defende claramente que a justificação da punição a ser infligida ao ofensor se daria pela concordância do espectador imparcial em razão do ressentimento do ofendido (*TMS*, II.i.1-3). Contrariando a interpretação já canônica, como representada por Haakonssen, Miller, Russell e Salter, entre outros, não tomarei a teoria da punição de Adam Smith como puramente retributivista. Antes, irei interpretá-la como uma teoria híbrida da justificação da punição, que faz uso de aspectos retributivista, preventivista, expressivista e reabilitacionista de forma coerente[21].

He fulfils, however, all the rules of what is peculiarly called justice, and does every thing which his equals can with propriety force him to do, or which they can punish him for not doing. We may often fulfil all the rules of justice by sitting still and doing nothing".

20 Nas *LJ*, Smith parece reformular sua teoria da justiça, substituindo a base emocional do espectador imparcial que envolveria ressentimento para desaprovação e punição das ações como defendido em *TMS*, por uma noção mais clara de direitos. Em *LJ*(A), i.9, ele diz: "Justice is violated whenever one is deprived of what he had a right to and could justly demand from others, or rather, when we do him any injury or hurt without a cause". Sobre essa mudança na teoria da justiça de Smith e de como isso parece implicar uma posição claramente antiutilitarista, ver o importante artigo de LIEBERMAN, 2006, p. 221-223.

21 Todos os comentadores referidos interpretam que Adam Smith faz uso de um modelo retributivista de punição, uma vez que o sentimento moral de ressentimento será a base normativa da justificação da pena ao ofensor. A punição, assim, seria uma forma de retribuição do ressentimento causado à vítima e que é aplicado pelo espectador imparcial. Ver HAAKONSSEN, 1989, p. 116; MILLER, 1996, p. 196; RUSSELL, 1995, p. 143; SALTER, 1999, p. 207. Em oposição à interpretação canônica, Thom Brooks defende algo similar ao que argumento neste capítulo, a saber, que Smith defende uma teoria unificada da punição, em que se pode identificar, para além do aspecto retributivista já conhecido, características

A base retributivista da punição já aparece no início do capítulo 1 (e seguintes) da primeira seção da Parte II da *TMS*, que trata do "Do mérito e demérito; ou dos objetos de recompensa e punição". Aqui Smith identifica claramente que o ressentimento provocado no espectador imparcial é a base do merecimento da punição. Dessa forma, a punição se justificaria pela retribuição do dano que é merecido por quem age erradamente e gera efeitos danosos. Smith diz: "Punir é, também, recompensar, remunerar, ainda que de maneira diferente: é devolver o mal pelo mal que se fez" (*TMS*, II.i.1.4)[22]. Essa base retributivista tem por fundamento o mérito do agente, isto é, o seu demérito, porque o mérito é critério que serve para desaprovar uma ação, o que implica considerar o erro da ação e seus efeitos danosos. O ressentimento provocado no espectador imparcial seria a base do merecimento da punição, retribuindo ao ofensor o dano sofrido pela vítima. O papel do observador imparcial, então, seria garantir o objeto apropriado de ressentimento. Apela para uma empatia que se sente para com o imaginado ressentimento das vítimas e é o que parece garantir a aprovação da lei da retaliação (*TMS*, II.i.2.5)[23].

O problema é que, para além dessa concepção claramente retributivista, Smith também apela tanto para um argumento corretivista (reabilitacionista) quanto para um argumento preventivista (consequencialista). Ainda no capítulo 1 da primeira seção da Parte II da *TMS*, Smith diz que:

> Ele deve arrepender-se e desculpar-se pela ação particular, que, em razão do medo da punição, ficará aterrorizado em ser culpado de uma ofensa similar. A satisfação natural dessa paixão tende automaticamente a produzir todas as finalidades políticas da punição: a correção do criminoso e o exemplo para o público (*TMS*, II.i.1.6)[24].

---

tanto preventivistas como reabilitacionistas. Ver BROOKS, 2012a, p. 281. Defendo, em acréscimo, um aspecto expressivista na concepção de Smith.

22 *TMS*, II.i.1.4: "To punish, too, is to recompense, to remunerate, though in a different manner; it is to return evil for evil that has been done".

23 Nas *LJ*, Smith faz a mesma consideração sobre a medida da punição com base no ressentimento imaginado pelo espectador imparcial. Em suas palavras: "Now in all cases the measure of punishment to be inflicted on the delinquent is the concurrence of the impartial spectator with the resentment of the injured" (*LJ*(A), ii.89).

24 *TMS*, II.i.1.6: "He must be made to repent and be sorry for this very action, that others, through fear of the like punishment, may be terrified from being guilty of the like offense. The natural gratification of this passion tends, of its own accord, to produce all the political ends of punishment; the correction of the criminal, and the example to the public".

A citação claramente mostra que a punição também deve servir para gerar arrependimento no agente que age erradamente e gera efeitos danosos, de forma que o ofensor possa se arrepender, isto é, se sentir culpado e lamentar pelo erro cometido, possibilitando a sua regeneração. Ela também revela uma clara base preventivista, uma vez que a punição deve garantir, por medo de receber castigo semelhante, que outros não queiram repetir o ato danoso, tendendo a gerar o exemplo para o público, o que parece possibilitar o bem-estar social ou eficácia social. Assim, além de uma base retributivista, a punição estaria sendo justificada com argumentos corretivista e preventivista. Mas o que isto pode significar[25]?

Creio que uma possível interpretação para solucionar essa aparente contradição na concepção de justiça retributiva de Smith seja identificar que, quando se fala na justificação da punição de fato, se considera três coisas distintas, a saber: a justificação (i) da instituição da punição, (ii) do ato particular punitivo e (iii) das penalidades mesmas.

Com essa distinção em mãos, pode-se estipular que o que servirá como a justificação da instituição da punição não será o mesmo que justificará o ato particular punitivo nem as penalidades propriamente ditas. Por exemplo, o que parece justificar a quantidade das penas para Smith é a intenção da ação, e não as suas consequências. Se os motivos da ação não forem errados, não se teria empatia pelo ressentimento do ofendido apenas por uma consequência danosa. Para Smith:

> Antes de podermos adotar o ressentimento do sofredor, devemos desaprovar os motivos do agente, e perceber que nosso coração renuncia a toda a empatia para com os afetos que influenciam sua conduta. Se estes não parecem inadequados, por mais funesta que sejam as consequências, a ação em si mesma não parece merecer nenhuma punição, ou ser objeto próprio de algum ressentimento (*TMS*, II.i.4.3)[26].

---

25 Robert Shaver defende que a teoria da punição de Smith toma a prevenção com um papel secundário. Diz que a justificação da punição que Smith oferece na *TMS* consiste na aprovação do espectador imparcial, em vez de apelar para a utilidade, que apenas pode confirmar juízos de conveniência e mérito, impedindo que se puna o inocente. No entanto, como apela para este importante aspecto consequencialista, não poderia ser tomado como um retributivista puro. Ver Shaver, 2006, p. 194-203.

26 *TMS*, II.i.4.3: "Before we can adopt the resentment of the sufferer, we must disapprove of the motives of the agent, and feel that our heart renounces all sympathy with the affections which influenced his conduct. If there appears to have been no impropriety in these, how fatal soever the tendency of the action which proceeds from them to those against whom

Isso parece implicar um critério claramente deontológico, de forma a considerar a culpa do agente, sua *mens rea*, o critério central para a atribuição da quantidade da penalidade. Por exemplo, um assassinato desumano geraria ressentimento no espectador imparcial muito mais pelos motivos maus do ofensor do que pelo resultado danoso. Dessa forma, a desaprovação à intenção do ofensor parece justificar a proporcionalidade do castigo (*TMS*, II.i.4.4).

Agora, isso significaria que as consequências não teriam importância na teoria da punição de Smith? Não parece ser esse o caso, uma vez que na segunda seção da Parte II da *TMS* o castigo será tomado como necessário para conservar a ordem social, havendo um senso de conveniência de forma a preservar a ordem pública. Smith parece usar um argumento adicional dizendo que a prevalência universal das práticas de injustiça geraria desordem e confusão na sociedade. Em suas palavras: "Por essa razão geralmente procuramos outros argumentos, e a primeira consideração que nos ocorre é a desordem e a confusão da sociedade que resultaria da prevalência universal daquelas práticas" (*TMS*, II.ii.3.8)[27].

Isso pode levar a uma consideração de que a prevenção ou a consequência de eficácia social seria uma forma adicional de justificar a instituição da punição. Essa ideia parece ser corroborada quando se encontra a afirmação de que a punição também seria justificada pelo interesse geral da sociedade (*TMS*, II.ii.3.11). Aqui Smith dá um interessante exemplo da sentinela que adormece em sua vigília. Considera que, mesmo ele não tendo a intenção de adormecer, seu descuido poderia ter colocado em perigo todo o Exército, o que poderia justificar até mesmo a pena de morte. Mesmo considerando excessivamente severa a punição, ela poderia ser tomada como justa e adequada para a conservação do grupo (*TMS*, II.ii.3.11)[28].

Essa ideia de considerar a prevenção como um argumento adicional para justificar a instituição da punição parece fazer sentido, inclusive levando

---

it is directed, it does not seem to deserve any punishment, or to be proper object of any resentment".

27 *TMS*, II.ii.3.8: "Upon this account we generally cast about for other arguments, and the consideration which first occurs to us, is the disorder and confusion of society which would result from the universal prevalence of such practices".

28 Nas palavras de Smith: "A centinel, for example, who falls asleep up his watch, suffers death by the laws of war, because such carelessness might endanger the whole army. This severity may, upon many occasions, appear necessary, and, for that reason, just and proper. When the preservation of an individual is inconsistent with the safety of a multitude, nothing can be more just than that the many should be preferred to the one" (*TMS*, II.ii.3.11).

em conta que em um modelo retributivista puro ou tradicional a instituição punitiva se justificaria pelo sofrimento do agente com base em sua culpabilidade. Diferentemente de um retributivismo de tipo kantiano, Smith expressamente recusa que a punição tenha o objetivo de causar dor ao infrator; antes, ela teria um papel comunicativo ou expressivista, além de um caráter claramente reabilitacionista. Em suas palavras:

> Ao contrário, o objeto principal do ressentimento não é meramente fazer que nosso inimigo, por sua vez, sinta dor, mas fazê-lo consciente que sente dor por causa de sua conduta passada, fazê-lo arrepender-se dessa conduta, fazendo-o sentir que a pessoa a quem causou dano não merece ser tratada dessa maneira. [...] Restaurar-lhe um sentido mais justo do que é devido aos outros, fazê-lo consciente do que nos deve e do erro que cometeu em relação a nós, é geralmente o propósito central de nossa vingança, a qual é sempre imperfeita quando isso não é alcançado (*TMS*, II.iii.1.5)[29].

Essa citação parece deixar claro que a punição só poderia ser tomada como retributivista de forma negativa, uma vez que o sofrimento do ofensor não seria a justificação adequada da punição, embora a retribuição da emoção de ressentimento seja um importante critério para justificar a punição particular ao ofensor. Antes, o espectador imparcial, que imagina o ressentimento da vítima, deve deixar claro para o ofensor que o seu sofrimento é devido ao seu comportamento errado em não respeitar os direitos dos membros da comunidade moral e política, além de oportunizar que o agente se arrependa da conduta errônea e possa reformar o seu caráter[30]. É importante constatar que em um modelo retributivista negativo, em que a culpa do

---

29 *TMS*, II.iii.1.5: "The object, on the contrary, which resentment is chiefly intent upon, is not so much to make our enemy feel pain in his turn, as to make him conscious that he feels it upon account of his past conduct, to make him repent of that conduct, and to make him sensible, that the person whom he injured did not deserve to be treated in that manner. [...] To bring him back to a more just sense of what is due to other people, to make him sensible of what he owes us, and of the wrong that he has done to us, is frequently the principal end proposed in our revenge, which is always imperfect when it cannot accomplish this".

30 A teoria expressivista defende que a punição tem a finalidade básica de expressar ao ofensor que ele agiu erroneamente, mostrando ao mundo que ele não tinha o direito de fazer o que fez, sendo um instrumento convencional para expressar atitudes de ressentimento e indignação, bem como juízos de desaprovação e reprovação. Assim, a punição seria definida como uma condenação simbólica pública que aplica um tratamento duro ao ofensor em razão de seu erro. Ver FEINBERG, 1970, p. 95-118. A teoria reabilitacionista, por sua vez, defende que a punição tem por objetivo central a reforma do caráter do ofensor, auxiliando em sua transição de criminoso para o de cidadão ressocializado. Ver HAMPTON, 1984, p. 212-222.

agente só é central para justificar o ato particular punitivo, o aspecto preventivista parece essencial para a justificação da instituição punitiva, sobretudo em um modelo liberal[31].

Como conclusão, pode-se argumentar que essa teoria seria mais bem classificada como uma teoria mista de punição, de forma a levar em conta diversos aspectos normativos, e que isso parece trazer bons resultados, como levar em conta a eficácia social, olhando para a frente corretamente, com a cláusula de só punir o culpado e de maneira proposital, o que parece garantir os direitos individuais. Além disso, o caráter expressivista da punição parece reconhecer uma fundamental perspectiva dos direitos dos cidadãos que devem ser respeitados, uma vez que um crime nada mais seria do que tirar um direito de alguém. Por fim, o papel reabilitacionista da punição parece implicar uma clara posição de reconciliação, oportunizando que ofensor se arrependa da conduta errada, reforme o seu caráter, podendo alcançar a ressocialização.

Justiça e direitos

Observou-se no subcapítulo anterior que a concepção de justiça retributiva de Smith considera a punição como uma atitude reativa de reprovação em razão de o ofensor não respeitar os direitos das vítimas. Agora, nessa última parte do capítulo, gostaria de detalhar um pouco mais o que se poderia considerar propriamente como direitos nessa teoria moral sentimentalista.

Um primeiro critério apresentado na segunda seção da Parte II da *TMS*, intitulada de "Da Justiça e Beneficência", é o padrão liberal do "dano aos outros", o que parece distinguir claramente entre a moralidade pública e a moralidade privada. A punição não recai sobre as virtudes positivas da beneficência, generosidade, amizade, em razão de sua ausência não gerar nenhum dano, o que significa que ela não poderia provocar ressentimento compartilhado das pessoas. Para Smith, a mera ausência das virtudes positivas, "embora possa nos decepcionar quanto ao bem que seria razoável esperar-se, não

---

31 Brooks defende que Smith faz uso de uma teoria da punição com caráter híbrido em que tanto a retribuição, a prevenção e a reabilitação são tomadas em conjunto: "Para Smith, a punição é dada apenas aos que merecem e proporcionalmente. Esta é a característica retributivista. Além disso, a punição almeja reformar os criminosos fazendo deles penitentes. Esta é a característica reabilitacionista. Finalmente, a punição é tomada em ordem de dissuadir os membros do público das atividades criminosas. Esta é a característica preventivista" (BROOKS, 2012a, p. 287). Sobre a diferença entre retributivismo negativo e positivo, ver BROOKS, 2012b, p. 33-34; sobre o preventivismo, ver BROOKS, 2012b, p. 35-50.

provoca [...] nenhum mal do qual tenhamos ocasião de nos defender" (*TMS*, II.ii.1.4). Assim, a punição estaria restrita à virtude negativa da justiça, que é o âmbito dos direitos perfeitos ou negativos, de forma que se deve retribuir o mal causado se o ofensor fizer uma ação intencional que gera danos, isto é, que retira os direitos dos agentes de uma dada comunidade moral-política (*TMS*, II.ii.1.5)[32].

Com isso, estabelece-se uma clara distinção entre o âmbito da moralidade privada, que é a esfera da censura moral, âmbito do conselho e persuasão, bem como do elogio, e o âmbito da moralidade pública, que é a esfera da censura legal ou punição, isto é, o âmbito da coerção. Importante notar que a justiça obriga em razão dessa consideração em relação aos direitos dos membros da comunidade. Assim, parece implicar uma posição liberal de justiça, pois se poderia censurar ações egoístas, mas não se poderia puni-las. A punição estaria restrita às ações de ataque, roubo, assassinato, isto é, ações que causam dano aos agentes, o que remete a uma defesa dos direitos à vida, integridade, propriedade, entre outros[33].

No entanto, para além dessa importante marca liberal na forma de tratar a justiça, Smith também reconhece uma força normativa na sociedade, dizendo que se pode defender as virtudes positivas. A sociedade pode prescrever regras, proibindo as mútuas ofensas e também ordenando a conveniência recíproca. Diz que a censura moral só adquire força de lei pela vontade do legislador que seja judicioso. Para Smith:

> Um superior pode por vezes, com aprovação universal, obrigar os que estão sob a sua jurisdição a comportar-se, a esse respeito, com certo grau de conveniência recíproca. As leis de todas as nações civilizadas obrigam os pais a sustentar seus filhos, e os filhos a sustentar seus pais, e impõem aos homens vários outros deveres de beneficência. Ao magistrado civil é confiado o poder não apenas de conservar a paz pública, restringindo a injustiça, mas

---

32 Em seu artigo "Adam Smith on Justice, Rights, and Law", David Lieberman considera que se as violações de justiça promovem uma reação moral mais forte, a conduta requer que a virtude da justiça seja diferenciada do resto da vida moral, pois, em contraste com as outras virtudes, a virtude da justiça tem claramente uma orientação negativa. Ver LIEBERMAN, 2006, p. 217. Ver, também, HAAKONSSEN, 2006, p. 6-9.

33 Nas *LJ*, Smith diz que a justiça é violada quando não se respeitam os direitos dos agentes tanto como homens, como membros da família, tanto como membros do Estado, causando algum dano sem nenhuma razão específica. Ver *LJ*(A), i.10-11. Nas palavras de Smith: "The injury done to one as a father could not affect him merely as man, nor could that which is done to him as a member of estate be competent to him as a man or member of a family, but entirely proceeds from his state as a citizen" (*LJ*(A), i.11).

o de promover a prosperidade da população, estabelecendo boa disciplina e desencorajando toda sorte de vício e inconveniência; ele pode, portanto, prescrever regras, proibindo não apenas as mútuas ofensas entre os concidadãos, mas ordenando, em certo grau, ajudas recíprocas (*TMS*, II.ii.1.8)[34].

Com isso já se pode identificar que o modelo liberal de justiça defendido por Smith não o impede de aceitar um papel prescritivo do legislador e do magistrado, de forma a ter por objetivo central não apenas conter a injustiça, proibindo e condenando as ofensas mútuas, mas também promover a prosperidade da comunidade, obrigando certas ajudas recíprocas, de forma mitigada, é claro. Penso que isso já parece apontar para uma teoria justiça com características liberais e comunitaristas, mas retorno a isso logo mais.

Importante notar que há certa ambiguidade no tratamento que Smith dá à justiça no âmbito dos direitos na *TMS*, porque, para ele, todas as regras morais-políticas seriam artificiais; mas, em algumas passagens, ele parece reconhecer a existência de certos direitos naturais. Por exemplo, ainda no registro do espectador imparcial, reconhece o direito igual de todos de defenderem-se das ofensas, como o de exigirem certo grau de punição para os que a causaram. Nas palavras de Smith:

> Entre iguais, cada indivíduo é naturalmente, e previamente à instituição do governo civil, visto como tendo tanto o direito a defender-se das ofensas, como o de exigir certo grau de punição para os que a causaram. Todo espectador generoso não apenas aprova sua conduta quando isso ocorre, mas partilha de tal maneira seus sentimentos que não raro deseja ajudá-lo (*TMS*, II.ii.1.7)[35].

O ponto aqui seria defender que, anteriormente à própria criação do Estado, os indivíduos já teriam certos direitos naturais, como os direitos à

---

34 *TMS*, II.ii.1.8: "A superior may, indeed, sometimes, with universal approbation, oblige those under his jurisdiction to behave, in this respect, with a certain degree of propriety to one another. The laws of all civilized nations oblige parents to maintain their children, and children to maintain their parents, and impose upon men many other duties of beneficence. The civil magistrate is entrusted with the power not only of preserving the public peace by restraining injustice, but of promoting the prosperity of the commonwealth, by establishing good discipline, and by discouraging every sort of vice and impropriety; he may prescribe rules, therefore, which not only prohibit mutual injuries among fellow-citizens, but command mutual good offices to a certain degree".

35 *TMS*, II.ii.1.7: "Among equals each individual is naturally, and antecedent to the institution of civil government, regard as having a right both to defend himself from injuries, and to exact a certain degree of punishment for those which have been done to him. Every generous spectator not only approves of his conduct when he does this, but enters so far into his sentiments as often to be willing to assist him".

vida, à igualdade, à liberdade etc. Nesse contexto, Smith reconhece, também, que todos os homens teriam horror a fraude, perfídia e toda injustiça, sentindo contentamento quando da punição desses atos. No entanto, diferentemente, também pondera que a justiça seria necessária para garantir a subsistência da própria sociedade (*TMS*, II.ii.3.9)[36].

Outro critério que parece ter uma importância decisiva para o que se constituirá como justiça para Smith na *TMS* será o *fair play*, isto é, o jogar limpo ou a equidade. Diz que não se deve causar dano aos outros, mesmo que seja para se prevenir da própria ruína, reduzindo o amor de si. Para Smith: "Mas embora a ruína de nosso próximo possa nos afetar bem menos do que um diminuto infortúnio nosso, não devemos arruiná-lo para prevenir esse pequeno infortúnio" (*TMS*, II.ii.2.1). O ponto central seria reconhecer que, por mais que seja legítimo perseguir o autointeresse, uma vez que naturalmente se estaria mais concernido com os próprios interesses, a trapaça com o outro seria desaprovada pelo espectador imparcial. A regra da justiça, então, que parece estar sendo formulada seria a seguinte: É aceitável perseguir o autointeresse, desde que jogando limpo com os outros. Nas palavras de Smith:

> Na corrida pela riqueza, honras e privilégios, poderá correr o mais que puder, tencionando cada nervo e cada músculo, para superar todos os seus competidores. Mas se empurra ou derruba qualquer um deles, a indulgência do espectador acaba de todo. É uma violação do *fair play* (jogo limpo ou equidade) que ele não pode admitir (*TMS*, II.ii.2.1)[37].

Esse critério de *fair play* parece remeter a certas regras socialmente aprovadas que deveriam ser obedecidas pelos agentes para que o resultado de suas ações autointeressadas sejam consideradas justas. Por exemplo, que não se deve mentir, enganar ou fraudar. Inclusive, Smith faz referência às leis mais sagradas da justiça que protegeriam a vida e integridade dos indivíduos,

---

36 Nas *LJ*, Smith faz referência aos direitos naturais em várias passagens. Em uma delas, por exemplo, diz que o que se costuma chamar de direitos naturais não precisa ser explicado e está vinculado a uma ideia de proteção ao dano e à liberdade: "That a man has received an injury when he is wounded or hurt any way is evident to reason, without any explication; and the same may be said of the injury done one when his liberty is any way restraint'd; any one will at first perceive that there is an injury done in this case" (*LJ*(A), i.24). Ver, também, *LJ*(A), ii.42-45.

37 *TMS*, II.ii.2.1: "In the race for wealth, and honors, and preferments he may run as hard as he can, and strain every nerve and muscle, in order to outstrip all his competitors. But if he should justle, or throw down any of them, the indulgence of the spectators is entirely at an end. It is a violation of fair play, which they cannot admit of".

suas propriedades e posses, bem como seus direitos pessoais, isto é, "o que lhes seria devido pelas promessas dos outros" (*TMS*, II.ii.2.2)[38].

Por fim, queria fazer referência à importância do critério de utilidade pública como fonte da justiça para a garantia da subsistência da sociedade. Para Smith, a justiça seria o pilar central que sustentaria todo o edifício social, inclusive como uma forma essencial de superar o *gap* empático, pois, apesar das pessoas serem naturalmente solidárias, "os homens sentem muito pouco por outro com quem não tenham nenhuma particular ligação, se comparado ao que sentem por si mesmos" (*TMS*, II.ii.3.4). O ponto ressaltado por Smith é que nenhuma sociedade poderia sobreviver sem que as leis da justiça fossem razoavelmente cumpridas, e isso significando que nenhuma relação social poderia ocorrer se as pessoas não se abstiverem de ofender os outros[39]. Para Smith:

> Como a sociedade não pode subsistir a menos que as leis da justiça sejam razoavelmente observadas, como nenhum trato social pode ocorrer entre os homens que em geral não se abstenham de causar dano uns aos outros, a consideração dessa necessidade, pensou-se, constituiu o fundamento sob o qual aprovamos que as leis da justiça coagissem pela punição os que as violassem (*TMS*, II.ii.3.6)[40].

Essa concepção de regras de justiça para a garantia da estabilidade social assim como formulada por Smith parece estar ligada a um senso do que

---

38 Smith parece formular um tipo de taxionomia com os crimes que mereceriam maior punição em razão de gerarem maior ressentimento no espectador imparcial, por causar um mal maior às vítimas. O assassinato seria o mais atroz dos crimes. Após, viria a violação da propriedade, roubo e assalto. Por fim, a quebra de contrato. E isso parece fornecer o padrão normativo intersubjetivo (social) para o estabelecimento dos direitos. Nas palavras de Smith: "The most sacred laws of justice, therefore, those whose violations seems to call loudest for vengeance and punishment, are the laws which guard the life and person of our neighbor; the next are those which guard his property and possession; and the last of all come those which guard what are called his personal rights, or what is due to him from the promises of others" (*TMS*, II.ii.2.2). Sobre direitos pessoais, ver, também, *LJ*(A), ii.1-19.

39 Na *WN*, Smith também vai considerar o dever de justiça como um tipo de dever de proteger, tanto quanto possível, cada membro da sociedade da opressão dos outros, ou o dever de estabelecer uma exata administração da justiça. Ver *WN*, IV.ix.51; V.i.b.1. Ver, também, a consideração de Lieberman a respeito de tomar a justiça como o pilar central da ordem social, uma vez que nenhuma sociedade poderia sobreviver sem garantir certos direitos aos agentes que lhes protegeria da violência (dano) dos outros. Ver LIEBERMAN, 2006, p. 217-218.

40 *TMS*, II.ii.3.6: "As society cannot subsist unless the laws of justice are tolerably observed, as no social intercourse can take place among men who do not generally abstain from injuring one another; the consideration of this necessity, it has been thought, was the ground upon which we approved of the enforcement of laws of justice by the punishment of those who violated them".

é devido aos outros. Na terceira seção da Parte II da *TMS*, que trata da sorte moral, chamada por ele de irregularidade dos sentimentos, Smith dá um interessante exemplo a respeito desse senso do que é devido aos semelhantes. Diz que uma pessoa que atirasse uma grande pedra por sobre um muro na direção de uma via pública, sem advertir os que poderiam estar passando por ali e sem pensar onde ela provavelmente cairia, poderia ser punido, mesmo sem ter ferido ninguém. Essa ação negligente seria passível de severa punição em razão de o ofensor parecer demostrar um grande desprezo pela felicidade e segurança dos outros agentes. Para Smith:

> Há verdadeira injustiça em sua conduta. Ele expõe caprichosamente seu vizinho a algo que nenhum homem sensato decidiria se expor e, evidentemente, falta-lhe o senso do que é devido aos semelhantes, o que é a base da justiça e da sociedade (*TMS*, II. Iii.2.8)[41].

Assim, o que fundamentaria a vivência em sociedade seriam as regras de justiça que parecem remeter a certo senso moral-político a respeito dos deveres enquanto membros de uma dada comunidade, o que parece implicar um senso moral comunitário que identificaria claramente o que se deve uns aos outros. Por isso, até mesmo uma ação que não causasse um dano direto às pessoas, e nem manifestasse uma intenção má como a de matar alguém, seria passível de punição, o que parece vincular a justiça à estabilidade social[42].

Teoria da justiça de Smith

Após a análise de algumas características centrais da teoria dos sentimentos morais de Adam Smith, como a capacidade empática de imaginação dos

---

41 *TMS*, II. iii.2.8: "There is real injustice in his conduct. He wantonly exposes his neighbor to what no man in his senses would choose to expose himself, and evidently wants that sense of what is due to his fellow-creatures which is the basis of justice and society".

42 Interessante comentar sobre dois aspectos positivos em relação à sorte moral resultante ou à irregularidade dos sentimentos para Smith. Em primeiro lugar, ela parece restringir o escopo do senso de mérito à esfera das consequências das ações. Se somente as intenções pudessem ser alvo de ressentimento, então, elas teriam de ser punidas. Nessa situação, nenhum indivíduo estaria seguro da suspeita dos outros e a consequência seria que "cada tribunal se tornaria uma verdadeira inquisição" (*TMS*, II.iii.3.2). Em segundo lugar, ela parece encorajar a levar as consequências das ações a sério. Em particular, isso releva que apenas as boas intenções não seriam suficientes para assegurar a honra e a estima dos outros, isto é, para garantir a segurança jurídica como uma importante base da estabilidade social. Sobre Smith e a solução do problema da sorte moral, ver RUSSELL, 1999, p. 41-43.

sentimentos morais como medida de conveniência dos motivos e ações dos agentes, além de investigação sobre a justificação da punição, bem como o estudo da justiça no âmbito dos direitos individuais, gostaria de concluir este capítulo defendendo a hipótese de considerar a teoria da justiça de Adam Smith como uma teoria liberal-comunitarista, e isso porque ela:

(i) faria uso tanto da linguagem das virtudes como dos direitos, uma vez que a justiça, por exemplo, seria tanto uma virtude moral (negativa), sendo tomada como a base da punição em razão de as violações de justiça envolverem um dano aos agentes, como seria compreendida, também, em termos de direitos naturais e pessoais, como os direitos à vida, à integridade, à propriedade e à liberdade. Aqui a virtude negativa da justiça seria equivalente aos deveres perfeitos (negativos) de respeito à vida, propriedade e cumprimento de contratos;

(ii) defenderia uma neutralidade ética estatal, não punindo o não exercício das virtudes positivas como a do autodomínio, da prudência e da benevolência, apenas punindo o que geraria dano aos agentes e que não respeitaria o *fair play*, por exemplo; mas, por outro lado, apoiaria um papel prescritivo do Estado (do legislador e magistrado) no âmbito dos deveres imperfeitos ou das virtudes positivas, inclusive, para promover a prosperidade da comunidade. Embora não se possa punir os que não exercitam as virtudes beneficentes, a sociedade pode expressar o modo preferencial do caráter de seus membros;

(iii) incluiria, em sua teoria da punição, os aspectos retributivista, expressivista, preventivista e reabilitacionista, conectando harmonicamente a característica de responsabilização individual com base na culpa e na liberdade de escolha dos agentes com os aspectos comunitários de estabilidade social e ressocialização, o que parece implicar certa concepção de responsabilidade coletiva;

(iv) usaria um padrão normativo social que é intersubjetivo, como o que é conveniente para a sociedade, de forma a considerar os direitos vinculados com o que se deveria uns aos outros na própria comunidade; entretanto, respeitaria também o critério pessoal de mérito e demérito em relação às escolhas dos agentes, suas ações e, inclusive, as consequências dessas ações que geram danos aos outros;

(v) defenderia uma concepção inclusivista das virtudes, de forma a conectar as virtudes positivas do autodomínio, prudência e benevolência com a virtude negativa da justiça para garantir tanto a felicidade pessoal quanto a felicidade coletiva, integrando, coerentemente, os domínios da vida pessoal e social, conectando de forma harmônica as esferas psicológica, moral, política, jurídica e até econômica, o que parece reconciliar adequadamente a moralidade privada com a moralidade pública.

Dada a integralidade de um agente humano, que vive sua vida pessoal no interior mesmo de uma comunidade, sendo tanto uma pessoa moral quanto um agente político e econômico, por exemplo, não seria mais adequado e eficiente poder contar com uma teoria da justiça com as características apontadas anteriormente, e isso para poder lidar mais adequadamente com os complexos problemas práticos contemporâneos? A resposta parece ser afirmativa, e a razão para tal seria a de que uma teoria desse tipo seria mais apta para conectar harmonicamente essas dimensões privada e pública que se mostram como fundamentais tanto para garantir uma vida bem-sucedida quanto para alcançar a estabilidade social. E isso já seria uma razão suficiente para continuarmos investigando outros aspectos da teoria da justiça de Adam Smith. Por exemplo, que concepção de justiça distributiva encontraríamos na *WN*? Haveria coerência ou não entre a justiça retributiva da *TMS*, a teoria dos direitos das *LJ* e a justiça distributiva da *WN*? Infelizmente, essas e outras questões similares ultrapassam o escopo deste capítulo.

Capítulo 7
O papel das virtudes na democracia

O objetivo central deste capítulo é refletir sobre a importância da conexão entre virtudes privadas e públicas de forma coerente para a garantia tanto da estabilidade psicológica como social, visando ao fortalecimento da democracia. Para tal fim, investigo o papel das virtudes públicas da razoabilidade e tolerância para a estabilidade social. Posteriormente, tematizo a importância da identidade coletiva e intencionalidade comum para lidar com a complexidade moral e política, bem como ressalto a característica intersubjetiva do conhecimento moral. O passo seguinte é investigar sobre a relevância das virtudes privadas de integridade e autonomia para a garantia da estabilidade psicológica dos agentes. Termino o capítulo defendendo a vantagem de se usar uma teoria liberal-comunitarista que pode conectar coerentemente as virtudes privadas e públicas, como uma forma de se identificar mais claramente quais seriam as obrigações comuns dos cidadãos em sociedades democráticas.

Assimetria entre o privado e o público

Muito se tem discutido sobre a atual crise ética da democracia brasileira, desde as manifestações de 2013 até o processo do *impeachment* presidencial de 2016 e suas várias consequências, como o descrédito pelas instituições políticas e ascensão do populismo. Parece haver uma compreensão generalizada de que a corrupção e a consequente crise política seriam a principal ameaça ao nosso sistema democrático. Essa percepção parece ser comprovada por várias pesquisas. Por exemplo, segundo informe 2017 do Latinobarómetro, a corrupção aparece como a principal preocupação dos brasileiros, com 31% dos cidadãos entrevistados a considerando o problema nacional por excelência. Além disso, a pesquisa também revela que a satisfação do brasileiro com a democracia é de apenas 13% e que 97% do total pesquisado fizeram críticas o governo por ele não defender o bem comum, perseguindo apenas os interesses privados de seus membros[1].

Mesmo considerando a relevância dessa percepção, penso que se podem levantar alguns questionamentos sobre sua correção. Por exemplo, se a corrupção realmente fosse considerada como a total responsável pelos problemas políticos, por que ela seria tão seletiva, isto é, por que não recairia igualmente sobre as ações dos agentes privados, concentrando-se fundamentalmente nos agentes públicos? Lembrem o caso da máfia das próteses que veio a público em 2015, em que médicos chegaram a faturar R$ 100 mil mensais em esquema de desvio de dinheiro do SUS, ao indicar, muitas vezes, cirurgias desnecessárias para receber de 20 a 30% do valor das próteses vendidas, trazendo por consequência o encarecimento dos planos de saúde. Por que será que o caso não gerou a mesma censura popular, com manifestações e panelaços, exigindo a apuração dos fatos e a punição exemplar dos culpados de forma semelhante ao exigido da classe política[2]?

Minha hipótese é a de que exista uma assimetria entre a exigência das virtudes no âmbito privado e público e que isso seria o maior problema político que ameaça constantemente a jovem democracia brasileira. Quando se trata de agentes privados, como médicos, advogados, engenheiros, professores, entre outros, se aceita que estes persigam apenas seus interesses pessoais, inclusive tomando as outras pessoas apenas como meio para os seus fins, como lucrar com um ato de corrupção. Por outro lado, quando a atenção recai sobre os agentes públicos, tais como governadores, senadores, deputados,

---

1 Pesquisa realizada com base em 20.200 entrevistas em dezoito países latino-americanos entre junho e agosto de 2017, representado um total de 600 milhões de pessoas da região. A pesquisa releva que o Brasil está abaixo da média em vários cenários. Por exemplo, a corrupção aparece apenas em quarto lugar como principal problema latino-americano, bem como a satisfação com a democracia é de 30%, e não 13%, e a insatisfação com os governos é de 75%, em vez de 97%. Ver Inflatinobarometro, Corporación Latinobarómetro, Santiago de Chile, Informe 2017, p. 16-18, 34-35.

2 Reportagem apresentada por Giovanni Grizotti no programa *Fantástico* (Globo) em 20 jan. 2015, revelando esquema de corrupção de alguns médicos das áreas de ortopedia, neurocirurgia, cirurgia plástica e cardiovascular que recebiam comissões que variavam entre 20-30% do valor das próteses vendidas. Em alguns casos, os profissionais orientavam os pacientes a procurarem a Justiça para fazer o SUS e os planos de saúde custearem os produtos cobrados acima do valor de mercado. Ainda mais grave, alguns médicos indicavam cirurgias desnecessárias para lucrar mais. Para mais detalhes, ver artigo de Cláudia Colluci publicado na *Folha de S.Paulo* em 20 jan. 2015.

ou mesmo presidentes e juízes, a exigência é de que estes sempre ajam em prol do bem comum, não sendo aceitável que persigam apenas os próprios interesses. Em outras palavras, se exige que o agente público aja virtuosamente, por exemplo, com transparência, imparcialidade, impessoalidade, civilidade, e até mesmo lealdade, fidelidade e generosidade, enquanto se aceita que o agente privado aja de forma viciosa, por exemplo, sendo parcial, egoísta, desleal, infiel ou mesmo incivilizado.

Mas o que isso parece demonstrar? Penso que esse fenômeno de assimetria entre virtudes e vícios revelaria algum tipo de esquizofrenia nos juízos morais-políticos cotidianos. Por um lado, aceita-se e defende-se a neutralidade da ética privada e, por outro, exige-se demasiadamente um comportamento virtuoso do agente público. Em outras palavras, o agente público é alvo central da censura social pelo seu comportamento egoísta e desleal, por exemplo, enquanto o mesmo comportamento egoísta e desleal é tolerado ou até incentivado quando realizado pelo agente privado. Pensem no caso da sonegação de impostos. No entanto, isso seria exequível, uma vez que o agente público é também um agente privado? Em outros termos, como se poderia lidar com essa assimetria de censurabilidade pensando na estabilidade psicológica pessoal ou mesmo na estabilidade social? Por exemplo, sendo a corrupção tolerada no domínio privado, mas condenada no público, como os cidadãos vão compreender suas obrigações morais em relação aos outros? A estabilidade social não exigiria algum tipo de padrão normativo comum?

Se esse diagnóstico estiver ao menos parcialmente correto, creio que a forma mais eficiente de enfrentar esse problema seja estabelecendo uma conexão entre as virtudes morais públicas e privadas de alguma forma coerente, por exemplo, conectando a razoabilidade e tolerância exigidas no domínio público com a integridade e autonomia que seriam demandadas no domínio privado. O problema aqui seria como compreender as obrigações morais-políticas com a sociedade sem fazer uso de um padrão normativo moral consistente. Como seria possível falar de responsabilidade pelos erros passados de uma nação – por exemplo, a discriminação às mulheres ou a escravidão –, ou como falar dos deveres que se deveria assumir diante das novas gerações – tais como diminuir as emissões de carbono ou modificar o padrão de consumo –, ou como se poderia reconhecer a obrigação de não se ser corrupto sem poder contar com certo padrão normativo com coerência interna?

No decorrer deste capítulo, defenderei a necessidade de contar com uma teoria política mista, liberal-comunitarista, que conecte as virtudes morais públicas e privadas de uma forma coerente, respeitando a neutralidade ética privada de forma mitigada, isto é, respeitando uma pluralidade de concepções de bem, desde que haja um compartilhamento valorativo-moral que seja suficiente para garantir a estabilidade psicológica e social. Para tal, inicio com a investigação das virtudes públicas da razoabilidade e tolerância. Posteriormente, tematizarei a necessidade de contar com uma identidade e intencionalidade coletivas para lidar com a complexidade moral-política, bem como chamarei atenção para a importância de compreender o processo do conhecimento moral como intersubjetivo. O próximo passo será refletir se as virtudes privadas da integridade e autonomia seriam necessárias ainda que não suficientes para a garantia da estabilidade. Por fim, estipularei que a maneira mais eficiente para reconhecer as obrigações morais e políticas seria por meio de uma conexão coerente entre as virtudes morais públicas e privadas de forma a não subscrever nem o paternalismo estatal nem o moralismo jurídico.

Razoabilidade e tolerância

Deixem-me iniciar apontando o que creio ser a limitação do argumento da corrupção como ameaça à democracia para, posteriormente, defender que seria a estabilidade pessoal e social que garantiria a força do sistema democrático e que, para tal, se precisaria contar com certas virtudes públicas e também privadas. Se entendo corretamente, o referido argumento sustenta que, em razão de os agentes públicos serem corruptos ou praticarem atos de corrupção, as pessoas (cidadãos) perdem a confiança nas instituições políticas, tais como partidos, processo legislativo, governo e até sistema judiciário, e seria esse descrédito nas instituições políticas que enfraqueceria o próprio sistema democrático, uma vez que se poderia querer alcançar a segurança tanto individual quanto social e prosperidade econômica com um regime político alternativo, por exemplo, com uma ditadura ou um governo de experts. Como na democracia representativa a soberania é exercida pelo povo por meio de seus representantes, ela parece ter que contar com a confiança dos cidadãos nos seus agentes públicos e instituições políticas para garantir a sua eficiência e até existência[3].

---

3   Estou tomando o termo "democracia" como "democracia liberal representativa". Dessa forma, ela é o regime político em que a soberania é exercida pelo povo. É o regime político em que o povo elege livremente seus representantes e exerce a soberania do Estado mediante um sistema partidário pluralista, com liberdade de imprensa, de manifestações, de associação e de organização política, bem como o respeito aos direitos civis e individuais dos cidadãos. Além dessas características gerais, quero chamar atenção para o fato de que o fundamento de uma sociedade democrática seria o pacto mútuo de não agressão e, mais

O principal problema no argumento em questão é que ele parece excluir, de forma geral, a corrupção privada também como causa do problema, concentrando-se exclusivamente na corrupção pública. Da forma como vejo o caso, a sua limitação estaria em não apresentar uma premissa adicional questionando as razões da corrupção, quer dizer, procurando questionar o que fariam os agentes, públicos e privados, serem corruptos? Como disse anteriormente, um agente público é também um agente privado. Antes de alguém ser um representante político, como deputado ou senador, ele é um profissional, pai, mãe, filho ou amigo de alguém, que foi criado e educado segundo os valores comuns (morais, políticos, sociais, religiosos etc.) de dada sociedade. Se esse representante comete um ato ilícito e errado, tal como um ato de corrupção, ele deixaria de ser também uma pessoa privada desonesta? Não parece ser esse o caso, uma vez que a corrupção é um problema eminentemente moral, e não exclusivamente político, uma vez que se localiza na consciência individual das pessoas, não sendo um caso de deliberação pública.

Abordo o problema com base no caso da sonegação de impostos. Em muitos cenários, o sonegador não sofre censura e algumas vezes é até elogiado, enquanto um ato de parcialidade na administração pública, como o de indicar um parente para um cargo público como o de ministro, recebe uma forte censura popular. No entanto, isso não seria contraditório, uma vez que tanto a sonegação de impostos como a indicação de um parente parecem visar ao mesmo fim, que é a busca dos próprios interesses, e não ao bem comum? Se (todos) os agentes em uma comunidade política aprendem que é correto perseguir os seus interesses pessoais sem ter preocupação com o bem dos outros, por que apenas os agentes públicos deveriam ter uma preocupação especial com o bem comum? Como essa exigência seria adequada? Em outros termos, seria possível que uma virtude pública como a da imparcialidade não esteja sustentada em alguma(s) virtude(s) privada(s)? Ao olhar para a história, creio ser difícil encontrar alguma sociedade estável pelas razões apropriadas que é ou foi formada por agentes totalmente viciosos privadamente, agindo virtuosamente apenas no domínio público. Talvez somente em uma ficção distópica isso seja possível, pois, no mundo real, sociedades estáveis parecem contar com um mínimo de coerência normativa[4].

---

importante, o pacto de obedecer às regras livremente acordadas, pactos estes garantidos por um poder comum. Sobre os fundamentos da democracia, ver Bobbio, 1999, cap. 7.

4 Na obra *The Fable of the Bees*, Bernard Mandeville defende exatamente isso, de forma a tomar os benefícios públicos como sendo sustentados pelos vícios privados, tais como

Alternativamente, penso que é a estabilidade psicológica e social que seria a base do sistema democrático e, para tanto, se precisaria contar com cidadãos que tenham certas virtudes públicas e privadas. Mais detalhadamente, o ponto central que quero defender é que para assegurar a democracia seria necessária a existência de uma estabilidade pelas razões apropriadas, e isso significa que os cidadãos deveriam agir com base nas regras acordadas, isto é, deveriam cumprir as regras que eles mesmos fizeram, bem como as instituições políticas, econômicas e sociais deveriam agir a partir dessas mesmas regras, quer dizer, deveriam usar esse padrão normativo comum como fundamento de suas práticas. E que para se ter a estabilidade psicológica dos agentes e a estabilidade no interior da própria sociedade seria necessário contar com certas virtudes públicas e privadas, isto é, se precisaria contar com agentes que possam viver uma vida significativa e coerente, bem como assumir certos deveres coletivamente. E, assim, as ações virtuosas garantiriam a própria força ou eficiência da democracia, uma vez que elas seriam a base da confiança mútua[5]. Creio que a vantagem desse argumento como o estou formulando seja o de se contrapor ao fenômeno da assimetria entre vícios e virtudes, se apresentando como certo antídoto para a esquizofrenia moral-política vigente, o que parece poder aproximar os domínios privado e público que são essenciais na vida de qualquer pessoa que vive em uma sociedade democrática contemporânea e busca a felicidade.

Tomando por hipótese que esse argumento da estabilidade realmente seja mais vantajoso, cabe agora esclarecer quais virtudes públicas e privadas seriam necessárias para tal feito, uma vez que se está em busca de um padrão normativo-moral comum que possa orientar a conduta dos agentes em toda a sua formação e atuação cidadã, já esclarecendo que como a virtude nada mais é que um padrão comportamental desejável por garantir um vida bem-sucedida, isto é, uma vida boa, sua conquista depende de exercício constante, de repetição, o que parece implicar ter de contar com certa cultura de seguir regras, isto é, uma cultura que incentive e cobre esse padrão normativo comum. Inicio com as virtudes públicas da razoabilidade e tolerância.

---

ganância, inveja, vaidade e orgulho. E, assim, o bem comum não seria um produto da virtude das pessoas, mas, sim, dos seus vícios individuais. Ver MANDEVILLE, 1989, p. 63-76.

5 O termo "estabilidade pelas razões apropriadas" está sendo tomado em sentido similar ao utilizado por Rawls quando ele fala em "estabilidade pelas razões corretas – *stability for the right reasons*". Para ele, uma sociedade bem ordenada seria aquela que garantiria a própria estabilidade em razão de: (i) todos aceitarem os mesmos princípios de justiça, (ii) a estrutura básica da sociedade aplicar estes princípios e (iii) os cidadãos terem um senso de justiça efetivo, que lhes capacitaria a cumprir essas regras acordadas. Ver RAWLS, 1996, p. 35-40.

Cotidianamente, os agentes são demandados pelos outros a se comportarem de certa maneira. Por exemplo, há uma exigência de moderação, ponderação ao agir, de seguir as regras, de sensatez, justiça, racionalidade, coerência, que se leve os outros em consideração, inclusive, no sentido jurídico. Essas, entre outras, são exigências de razoabilidade. Para ilustrar, chegar trinta ou quarenta minutos atrasado em um compromisso não é razoável em situações regulares, bem como não seria razoável nunca cumprir as promessas ou acordos celebrados. E, também, não seria razoável agir sem nenhuma consideração ao meio ambiente, por exemplo, desperdiçando água, ou sem consideração aos direitos políticos e econômicos das pessoas, como defendendo a volta da escravidão, ou mesmo não se abalando por uma terrível ameaça proferida. Esses casos já servem para se destacar dois sentidos essenciais da palavra razoável que são relevantes aqui: ela é usada geralmente para caracterizar coisas ou situações logicamente plausíveis ou racionais, aceitáveis pela razão, como equivalente ao bom senso, e também é usada para se referir ao que não é excessivo, isto é, que estaria entre quantidades moderadas[6].

Agora, qual seria a importância da razoabilidade ao se pensar na complexidade de uma sociedade democrática contemporânea, que é composta por múltiplos agentes que têm interesses diversos e até mesmo antagônicos? Penso que seu valor poderia ser compreendido como a condição de possibilidade da própria convivência harmônica entre diferentes pessoas. Ela poderia ser tomada como uma disposição do agente em abrir mão de seus desejos individuais e prestar atenção nos interesses dos outros, buscando certo equilíbrio entre as razões, as do próprio agente e as dos outros. Por exemplo, uma pessoa razoável provavelmente respeitaria uma decisão de alguém que fosse contrária à sua, como certa posição sobre o aborto ou eutanásia. Entendida dessa maneira, a razoabilidade parece ser uma virtude pública essencial para a estabilidade social, uma vez que ela poderia oportunizar o convívio harmônico dos diferentes.

Interessante notar que a razoabilidade também é uma categoria central em teorias neocontratualistas, como é o caso da teoria da justiça como

---

6   Em termos jurídicos, a razoabilidade é uma diretriz do senso comum aplicada ao Direito. Esse bom senso jurídico é importante à medida que as exigências formais que decorrem do princípio da legalidade tendem a reforçar mais a letra da lei que o seu espírito. O ponto central é que esse princípio da administração tem que obedecer a critérios aceitáveis do ponto de vista racional em coerência com o senso normal de pessoas equilibradas. O princípio da razoabilidade é um método usado no direito Constitucional brasileiro para resolver os casos de conflito de princípios jurídicos, por vezes chamado de princípio da proporcionalidade ou da adequação dos meios aos fins. Ver Di Pietro, 2001, p. 80.

equidade de John Rawls. Nessa paradigmática teoria contemporânea, a razoabilidade é tanto uma disposição de propor e cumprir os termos equitativos de cooperação, o que implicaria partir da ideia de sociedade equitativa para o estabelecimento do critério moral público, que é a reciprocidade, quanto é uma disposição para reconhecer os limites da razão e dos juízos, o que significa reconhecer o fato do pluralismo razoável e o fato da opressão. Nas palavras de Rawls:

> O primeiro aspecto básico do razoável é, portanto, a disposição de propor termos equitativos de cooperação e cumpri-los, desde que os outros também o façam. O segundo aspecto básico, como agora revejo, é a disposição de reconhecer os limites do juízo e aceitar suas consequências para o uso da razão pública na condução do exercício legítimo do poder político em um regime constitucional (RAWLS, 1996, p. 54).

Dessa forma, se pode entender que, para Rawls, a razoabilidade é uma virtude moral, em primeiro lugar, pois é uma disposição da pessoa em cumprir os termos do contrato, isto é, seguir os dois princípios de justiça que defendem a liberdade, a igualdade e o bem comum, podendo ser entendida enquanto um senso de justiça. Em segundo lugar, ela é uma virtude intelectual, na medida em que é uma disposição para reconhecer que a razão é limitada para o estabelecimento da verdade sobre crenças e princípios morais; dessa maneira, a melhor condução no âmbito público seria a de tolerância com as crenças divergentes. Por isso, o reconhecimento do fato do pluralismo razoável e do fato da opressão seria sua consequência lógica[7].

Além da razoabilidade, outra virtude que parece essencial para a democracia é a tolerância, pois todos têm, nesse regime, os mesmos direitos civis e políticos, além do mesmo direito de escolher a sua forma de vida. Ela é uma atitude que exige dos agentes o controle de certos sentimentos de contrariedade e desaprovação aos diferentes, isto é, ela parece exigir que se consiga conviver com as diferenças religiosas, culturais, políticas, entre outras. Como dito acertadamente por Scanlon:

---

7   A ideia geral é que agentes razoáveis podem compreender as limitações racionais para a comprovação dos próprios pontos de vista e, assim, deveriam reconhecer dois fatos. O primeiro fato é o da existência da diversidade moral razoável, isto é, as pessoas podem ter diferentes concepções de bem e mesmo assim conviver pacificamente com base no reconhecimento comum do critério de justiça. O segundo é que a única forma de garantir uma unidade moral contemporaneamente seria com um Estado forte que teria de obrigar as pessoas a aceitarem uma dada concepção de bem e que esta opressão seria negativa. Ver RAWLS, 1996, p. 54-58. Ver, também, RAWLS, 1999b, p. 429-434.

A tolerância requer que aceitemos as pessoas e consintamos em suas práticas mesmo quando as desaprovamos fortemente. A tolerância, então, envolve uma atitude intermediária entre a absoluta aceitação e a oposição imoderada (SCANLON, 2003a, p. 187)[8].

Vejam o caso da tolerância religiosa. Nas religiões de matriz africana no Brasil, como umbanda e candomblé, é recorrente o uso de sacrifícios de animais como oferendas aos orixás. Entretanto, nas religiões cristãs, como catolicismo, protestantismo e (neo)pentecostalismo, que são majoritárias no país, essa prática não é requisitada e seria censurada se realizada por seus membros, o que parece indicar desaprovação. Uma atitude de tolerância, nesse contexto, parece apontar para uma aceitação da prática do outro, mesmo que ligada a uma desaprovação *per se* pela ação mesma. Por outro lado, uma atitude intolerante reivindicaria uma posição privilegiada para os próprios valores e forma de vida, por exemplo, defendendo que essa prática de sacrifício de animais seria primitiva e que deveria ser criminalizada. No entanto isso não significaria em certo grupo ter a sua forma de vida estabelecida como verdadeira e obrigatória, anulando toda pluralidade? Seria diferente de um ritual religioso que exigisse sacrifícios humanos. Aqui a sua criminalização não seria intolerante em razão do dever de não causar danos aos outros que deve ser reconhecido coletivamente[9].

Essa virtude da tolerância parece requerer que não se privilegie um grupo em detrimento de outros na distribuição de prerrogativas e benefícios, negando certos direitos civis e políticos a certos cidadãos, bem como parece requerer de nós mesmos que se aceite como iguais os que têm posições diferentes da nossa. No caso LGBTQIA+, por exemplo, a tolerância requereria que o Estado assegurasse os mesmos direitos a essa comunidade, assim como garantisse os mesmos benefícios, bem como requereria que a população

---

8   No seminal artigo "The difficulty of tolerance", Scanlon aborda a dificuldade das atitudes de tolerância em sociedades democráticas complexas, como é o caso dos Estados Unidos, como atitudes difíceis de ser cultivadas. No entanto, acredita na tolerância a despeito de seus riscos, uma vez que qualquer alternativa a ela nos colocaria em uma relação antagônica e alienada com nossos concidadãos, tanto amigos como inimigos. Ver SCANLON, 2003a, p. 200-201.

9   Em *A Letter Concerning Toleration*, Locke conclui o seu texto apresentando a seguinte regra liberal que vincula as proibições com os direitos dos agentes: as coisas que se permitem fora do culto, aquelas que dizem respeito apenas ao bem de cada um, inclusive à sua salvação pessoal, que também se permitam dentro dele; as que se proíbem fora do culto, aquelas que causam danos a terceiros ou põem em risco a sociedade civil, que também se proíbam dentro dele. Ver LOCKE, 2010, p. 40-43.

heterossexual os aceitassem como iguais. Diferentemente da *República* platônica, em que apenas os governantes deveriam ser completamente virtuosos, sendo moderados, corajosos, prudentes e sábios, em uma democracia as virtudes essenciais devem ser compartilhadas por todos os seus membros para a garantia da estabilidade social, ou, em outras palavras, para assegurar a convivência harmônica ou pacífica.

E esta parece ser a importância central da tolerância, que é garantir a coexistência pacífica entre os cidadãos de uma dada sociedade, o que parece implicar a garantia da própria vida desses cidadãos como também das suas diferenças[10]. Por certo, a aquisição dessa disposição pessoal para certas atitudes de aceitação aos diferentes não parece ser uma tarefa nada fácil, embora se mostre vital, porque qualquer alternativa à tolerância colocaria as pessoas em uma situação de forte antagonismo com seus concidadãos. E, provavelmente, esse antagonismo tornaria impossível o reconhecimento de uma identidade coletiva, isto é, os traços comuns que tornariam possível ser certo povo de uma dada nação. E como se poderia reconhecer as obrigações comuns sem esse sentimento de pertença a um grupo? Como se poderia saber o que se deve aos concidadãos sem esse tipo de reconhecimento?

Conhecimento e intersubjetividade

No subcapítulo anterior, disse que se precisa das virtudes públicas da razoabilidade e da tolerância para assegurar a estabilidade social e que essa estabilidade é fundamental para a democracia e que, para se adquirir essas virtudes, se precisa contar com um tipo de identidade coletiva e um tipo de conhecimento interpessoal que possibilitaria o reconhecimento das obrigações comuns. Cabe agora esclarecer o que seria mesmo algo como uma identidade coletiva e conhecimento intersubjetivo. Inicio com a identidade coletiva.

Considerem a seguinte situação. Como se responsabilizaria os cidadãos de certo país que durante séculos discriminaram parte da sua população em razão de seu gênero, por exemplo, impedindo as mulheres de participarem da política, permitindo abusos psicológicos e sexuais ou mesmo naturalizando situações de assédio? Considerando que o repúdio à discriminação se

---

10 Esse é o ponto central defendido por Michael Walzer ao dizer que a tolerância sustenta a vida e torna possível a diferença. Em suas palavras: "Ela sustenta a própria vida, porque a perseguição muitas vezes visa à morte, e também sustenta as vidas comuns, as diferentes comunidades em que vivemos. A tolerância torna a diferença possível; a diferença torna a tolerância necessária" (WALZER, 1997, p. xii).

dê em *t2* (tempo presente) e os atos discriminatórios em *t1* (tempo passado), como se daria a responsabilização, isto é, a quem seria direcionada a censura moral e a merecida punição? Notem a dificuldade do caso pois, individualmente, os cidadãos que de fato teriam discriminado em *t1* já não estariam mais vivos ou seriam muito velhos, similarmente aos que teriam sofrido com a discriminação. Além disso, os cidadãos do país no presente não seriam os que teriam discriminado nem os que teriam sofrido com esta situação imoral. Então, como lidar com esta difícil questão?

Uma forma que vejo como interessante seria a de reconhecer que haveria algo em comum entre os cidadãos em *t1* e *t2*: eles compartilhariam certos laços culturais e emocionais, tais como uma língua, valores culturais e morais e, em muitos casos, uma religião comum, laços estes que possibilitariam reconhecer o caráter de um povo. Em outras palavras, esses laços compartilhados pelos cidadãos do referido país poderiam ser entendidos enquanto a identidade coletiva de um povo. Retomando o caso, penso ser razoável estipular que seria a identidade coletiva que possibilitaria que em *t2* os seus concidadãos se sentissem responsáveis pela discriminação às mulheres ocorrida em *t1*, em razão de reconhecerem fazer parte do mesmo grupo e terem um objetivo comum de estabilidade social e prosperidade econômica. Como isso, eles poderiam, além de censurar seus antepassados ou até mesmo punir seus contemporâneos se estes repetissem o erro, tentar encontrar mecanismos que possibilitassem uma maior integração na sociedade[11].

Parece que seria esse sentimento de vinculação a um grupo que obrigaria os cidadãos em *t2* a buscar formas de reparação com alguma ação afirmativa ou política que visasse compensar o erro ocorrido, por exemplo, estabelecendo cotas para as nominatas partidárias nas eleições, ou mesmo criminalizando a violência às mulheres. Notem a dificuldade em justificar ações afirmativas ou políticas similares apenas usando uma noção tradicional de responsabilidade moral e intencionalidade, uma vez que o problema não se encontraria na culpa individual do agente que erra ao não reconhecer

---

11 A identidade coletiva se refere ao processo de identificação de um indivíduo a um grupo, em que essa forma de identificação grupal é significativa para a identidade individual. Usualmente se fala de identidade como atribuída apenas a um indivíduo, em termos de identidade pessoal e identidade psicológica, isto é, com a discussão das características que fariam a pessoa única, diferente de todas as outras. Por outro lado, a identidade social se refere ao pertencimento de um agente a certo grupo social. E, assim, a identidade coletiva pode reconhecer a interconexão entre a identidade individual e social em vez de ser tomada como em oposição ao individualismo, se contrastando com as ideias de autonomia individual e liberdade. Sobre identidade coletiva, ver McLaren, 2011.

certos direitos. Ao contrário, parece que o erro seria coletivo e, assim, a responsabilidade estaria ligada aos comprometimentos e intencionalidade comuns. Tomando o fenômeno da intencionalidade coletiva inicialmente como plausível, então, se poderia admitir a sua importância para resolver casos morais complexos e, assim, seria possível contar com um "nós intencionamos" no interior mesmo do raciocínio moral-político, de forma a tornar mais claro quais seriam os deveres enquanto membros de uma coletividade[12].

Nesta altura da investigação alguém poderia objetar legitimamente que a defesa do coletivismo diante do individualismo implicaria a eliminação mesma da moralidade pública, uma vez que a identidade do grupo, bem como a sua intencionalidade, obscureceria a própria autonomia do sujeito, a sua capacidade de querer, pensar, pesar razões e escolher, bem como de assumir certos deveres. Como falar, então, de responsabilidade moral ou jurídica sem contar com um sujeito? Casos de comportamento coletivo agressivo, por exemplo, como os de linchamentos, saques e quebra-quebras, não comprometeriam o argumento sobre a preponderância da realidade coletiva para a compreensão da complexidade moral[13]?

Lembrem o caso do linchamento de Fabiane de Jesus, ocorrido no Guarujá em 2014 e que chocou todo o país. No dia 03 de maio de 2014, uma centena de moradores do bairro de Morrinhos IV, periferia da cidade de Guarujá/SP, linchou Fabiane Maria de Jesus, 33 anos, dona de casa e mãe de duas crianças. Fabiane foi espancada e arrastada pelas ruas do bairro por cerca de cem pessoas que a confundiram com uma raptora de crianças depois que a dona de casa ofereceu uma fruta para uma criança que estava na rua. Isso desencadeou um processo de fúria coletiva que culminou no assassinato da vítima. Esse e outros casos similares de linchamentos já não serviriam de

---

12 Segundo Searle, a intencionalidade coletiva é uma capacidade natural de não apenas se engajar em algum comportamento cooperativo, mas de compartilhar estados intencionais, tais como crenças, desejos e intenções. Assim, poderíamos contar com um "nós intencionamos" no interior mesmo do raciocínio moral, de maneira a tornar mais claro para nós mesmos quais seriam os nossos deveres morais enquanto membros de uma coletividade. Sendo os problemas morais e políticos comuns a todos os participantes de uma comunidade, buscar soluções solipsistas não parece uma alternativa viável. Sobre intencionalidade coletiva, ver SEARLE, 1995, p. 23-26.

13 O comportamento coletivo pode ser definido quando cada indivíduo em um grupo é levado a pensar ou agir sob a influência de certo estado mental compartilhado por todos e para o qual cada um contribui. Importante notar que nem todo comportamento coletivo é agressivo, como se pode constatar pelos movimentos sociais de reivindicações de direitos, por exemplo, ou mesmo em movimentos de contestação política. O ponto central é que parecem afirmar valores e códigos compartilhados. Sobre isso, ver DEL PRETTE, 1993, p. 12-14.

alerta para se desconfiar do coletivismo, dimensão em que o sujeito perderia a sua individualidade comportando-se irracional e perigosamente, assumindo a "alma da multidão"[14]?

Importante esclarecer que não estou advogando por uma posição coletivista contraposta à individualística. Ao contrário, estou defendendo uma posição holística em contraposição ao atomismo. E isso seria equivalente a pensar na realidade individual sempre em relação aos demais sujeitos, isto é, em suas interações sociais, econômicas e políticas, por exemplo. Seguindo Pettit, creio que essa posição nos permitiria avaliar a dimensão social do indivíduo adequadamente, isto é, como uma forma de "individualismo holístico" (PETTIT, 1993, p. 111-116). Para tal fim, tentarei esclarecer em maior detalhe o que seria mesmo essa dimensão da intersubjetividade, pois a intersubjetividade parece se constituir como a característica central da realidade social, que não poderia ser confundida com a realidade objetiva dos fatos brutos e nem redutível a uma mera soma da realidade subjetiva dos agentes, tal como ligada aos seus desejos e gostos. A estratégia será abordar o conhecimento, em especial, o moral-político, como uma atividade coletiva, e não estritamente pessoal, que é intersubjetivo em sua natureza.

Dizer que o conhecimento é uma atividade coletiva significa inicialmente dizer que ele se dá em um mundo social, e não em um mundo privado. Embora seja comum a imagem de um sujeito do conhecimento solipsista, que por meio de seu pensamento desvela o mundo, não se pode deixar de observar a dimensão coletiva do pensamento, uma vez que ele é um ato de seguir regras e um ato de seguir regras é eminentemente social e, sendo assim, o próprio pensamento seria um ato eminentemente social. Isso parece implicar ver o conhecimento dos cidadãos em uma sociedade com base em certas práticas comunicativas cotidianas, buscando as rotas sociais para o conhecimento, como no exemplo da política, do direito e da educação, bem como observando os grupos como sujeitos do conhecimento, tais como a sociedade, jurados, legisladores etc. Por exemplo, o que diferenciaria a deliberação jurídica de uma deliberação individual seria exatamente o fato de se tomar um conjunto de regras e princípios morais como orientadores da decisão,

---

14 Embora não seja essencial, é importante fazer referência de que Fabiane foi apontada, falsamente, como raptora de crianças para sacrifícios em rituais de "magia negra", o que remeteria a uma discussão sobre a responsabilidade das informações disponibilizadas nas redes sociais. Sobre o caso, ver matéria de Bruno Ribeiro publicada no jornal O Estado de São Paulo em 07 maio 2014. Sobre o comportamento coletivo como irracional e perigoso, ver LE BON, 1960.

e isso remeteria a ter de considerar como os tribunais decidiram em casos anteriores ou até mesmo a procurar identificar os valores constitucionais que serviriam de critério normativo[15].

A segunda caraterística é que esse conhecimento não seria uma propriedade de um sujeito isolado, mas seria algo comum ao grupo. Deixem-me dar um exemplo disso. Saber que a escravidão e a discriminação à mulher é injusta é um caso de um conhecimento comum em razão de ter como base uma deliberação coletiva, além de parecer orientado, também, por uma intencionalidade coletiva. E isso seria inteiramente diferente do conhecimento de um sujeito particular sobre o modelo econômico mais eficiente. Para um propósito comum de viver em coletividade justamente, o grupo deve pesar razões e escolher o melhor meio para esse fim. Ter o propósito comum já requer discussão e deliberação sobre os juízos que a coletividade pode endossar. Importante ressaltar que essa deliberação não seria um caso de pesar razões por um sujeito isolado, como no caso de saber se se deve ser caridoso ou não. Antes, ela teria por base o pesar razões pelo grupo, o que conduziria para uma consideração da história. Assim, os juízos coletivos corretos seriam os que passariam pelo teste da consistência com os juízos tomados como corretos de um ponto de vista interpessoal, o que poderia levar à afirmação dos direitos da dignidade, liberdade e igualdade humana, por exemplo[16].

Isto já introduz uma terceira característica importante do conhecimento que é a sua intersubjetividade. Abandonando o mito positivista de que a superioridade do conhecimento científico adviria de sua fundamentação na observação, que seria o único critério capaz de exercer um controle objetivo nas hipóteses científicas e servir para a determinação da verdade ou falsidade, se pode reconhecer mais facilmente esse aspecto interpessoal do saber.

---

15 Alvin Goldman diz corretamente que a epistemologia tradicional sempre foi fortemente individualista, tendo por foco operações mentais de agentes cognitivos isolados. Mas que, dada a natureza interativa do conhecimento no mundo contemporâneo, a epistemologia precisaria de uma contraparte social. Ver GOLDMAN, 1999, p. 3-40. Isso parece evidente no raciocínio jurídico, que deve identificar o que as regras e os princípios requerem. Para Dworkin, por exemplo, essa tarefa é digna de um Juiz Hércules, uma vez que é necessário identificar que conjunto de princípios melhor justificaria os precedentes, bem como reconhecer a moralidade política da comunidade para decidir acertadamente. Ver DWORKIN, 1977, p. 81-130.

16 Pettit analisa que uma deliberação coletiva acontece pelo uso de uma razão coletiva. Falar de uma razão coletiva é falar de grupos com propósitos que usarão um procedimento de silogismo prático, o que significa um procedimento em que a conclusão do processo deliberativo será resultado do reconhecimento comum da adequação das premissas. Ver PETTIT, 2011, p. 250-253.

Por exemplo, em muitos casos, a ciência não é inteiramente independente de seu contexto social, político e econômico, sendo estes fatores impactantes no resultado da própria ciência. Vejam os casos da teoria de darwinismo social de Spencer e até mesmo da teoria eugenista de Galton. Onde estariam as evidências da superioridade dos homens brancos diante de indianos, negros e judeus, por exemplo? Será que as ideologias imperialista e nazifascista não influenciaram estas teorias? E, também, é possível reconhecer casos em que a credibilidade do saber é validada não pelas evidências, mas pela afirmação dos especialistas. Notem o exemplo da teoria geral da relatividade de Einstein. As suas predições sobre o tempo e o espaço careciam de evidências ao tempo de sua enunciação, o que não impediu a comunidade científica de aceitá-las[17].

Mesmo podendo reconhecer que até mesmo o conhecimento científico não poderia ser visto como inteiramente objetivo, em razão da influência do contexto no seu resultado, bem como de a credibilidade do saber não depender exclusivamente das evidências, creio que seja o conhecimento moral e político que melhor pode revelar esse aspecto intersubjetivo. E isso por apontar para uma perspectiva que claramente não seria reduzida a uma realidade externa, como no caso de uma descrição neutra do peso de um objeto. As atitudes reativas de indignação, ressentimento e culpa, por exemplo, mostrariam a limitação de se pensar na moralidade em termos de razões neutras ao agente. E, assim, parece que a responsabilização dos agentes, bem como o estabelecimento de deveres e direitos, já pressuporiam exigências interpessoais.

Partindo desse pressuposto, Darwall, por exemplo, defende que a moralidade se daria em uma perspectiva de segunda pessoa. Para ele, a maioria dos conceitos morais, tais como obrigação ou dever, direitos, certo e errado, entre outros, têm uma estrutura em segunda pessoa que é irredutível. Com isso, estipula que esses conceitos implicitamente se referem a reivindicações e demandas que devem ser capazes de ser endereçados em segunda pessoa. Em suas palavras:

> Por exemplo, eu defendo que é parte da própria ideia de um direito moral (reivindicação) que o titular do direito tem a autoridade de fazer a

---

17 Uma forma de questionar o verificacionismo seria afirmar, com Popper, que: "O melhor que temos a dizer a respeito de uma hipótese é que até agora ela foi capaz de mostrar o seu valor e que ela tem tido mais sucesso que as outras hipóteses, embora em princípio ela não possa nunca ser justificada, verificada ou mesmo ser mostrada provável" (POPPER, 1959, p. 315).

reivindicação de uma pessoa contra àquelas a quem os direitos são exigidos e responsabilizá-las pelo seu cumprimento. Como P. F. Strawson argumentou de forma influente em "Freedom and Resentment" a meio século atrás, a responsabilidade é, em sua natureza, em segunda pessoa (como ele coloca, é interpessoal) (DARWALL, 2013, p. xi).

O ponto central do argumento é ressaltar que a moralidade se daria em uma perspectiva interpessoal, e não em uma perspectiva objetiva. E isso é assim porque os conceitos morais teriam implicações fundamentais para o tipo de razões que se toma para justificar crenças e atitudes que envolvem esses conceitos. Por exemplo, uma pessoa (ou grupo) exige de nós que respeitemos o seu direito de crença religiosa, o que parece implicar que ela exige o cumprimento de um dever moral de respeitarmos a diversidade religiosa. Isso parece ter por consequência a exigência do uso de uma razão moral de tolerância, o que conectaria o agente moral com o grupo. Assim, a obrigação moral seria bipolar, uma vez que se teria o agente que é obrigado, bem como o grupo a que ele é obrigado, revelando que a normatividade seria relacional[18].

Integridade e autonomia

Após esse detalhamento do conhecimento moral-político como sendo intersubjetivo, bem como o esclarecimento do que seria a identidade coletiva e intencionalidade comum, tratarei, agora, da importância das virtudes privadas de integridade e autonomia para a garantia da estabilidade pessoal-psicológica necessária para o fortalecimento do regime democrático. Deixem-me iniciar com a virtude da integridade, já esclarecendo por que ela poderia ser tomada como uma virtude, bem como destacando seu aspecto privado.

A integridade pode ser considerada uma virtude em razão de ela ser um traço de comportamento desejável manifestado nas ações habituais, que é algo bom para a pessoa ter, em razão da garantia uma vida bem-sucedida, isto é, feliz. Tal como a lealdade, o autodomínio e a moderação, por exemplo, o comportamento íntegro é visto socialmente como essencial para uma vida com felicidade. Não é necessariamente moral, pois um agente íntegro poderia

---

18 É importante notar que essas obrigações morais bipolares requerem uma autoridade discricionária em segunda pessoa, de forma que o grupo que obriga deve fazer reivindicações para os que têm obrigações e exigir uma responsabilidade pessoal. Assim, o que faz uma razão moral – que é uma razão conclusiva de fazer uma dada ação – uma razão de segunda pessoa é que ela é fundada na autoridade e legitimidade das demandas que fazemos uns aos outros. Ver DARWALL, 2013, p. 151-167. Ver, também, DARWALL, 2006, p. 39-61.

realizar ações erradas, tais como atos de fanatismo. Creio que ela pode ser mais bem compreendida como uma virtude pessoal, uma vez que estaria conectada com uma disposição de o agente em ter valores coerentes e agir coerentemente a partir de seus comprometimentos mais profundos. No entanto, parece especialmente privada, pois, tal como a lealdade e o autodomínio, ela parece depender da disposição de uma pessoa específica em agir de certa forma para a obtenção do sucesso, não sendo requerido que os outros ajam de forma similar, como é o caso das virtudes públicas de tolerância e razoabilidade ou mesmo civilidade. A felicidade aqui parece exigir apenas atitudes pessoais, e não coletivas, o que não significa negar o seu caráter social, pois, como bem dito por Calhoun, a integridade parece ter um caráter social, de forma que uma pessoa íntegra não agiria apenas consistentemente com os seus comprometimentos, mas que estaria conectada com os valores estipulados pela comunidade da qual ela faz parte, tendo um olhar apropriado sobre o que teria valor socialmente (CALHOUN, 1995 p. 258).

Com isso em mente, creio que se pode destacar que a integridade exige que as ações dos agentes tomem como critérios normativos o conjunto valorativo que conta com sua aprovação. Isso parece implicar, em primeiro lugar, a harmonização dos vários tipos de desejo, harmonizando desejos de primeira ordem, tais como o de ter certos bens, ter certos tipos de emprego e se relacionar com certos tipos de pessoa, com os desejos de segunda ordem, tais como se orientar por certos princípios morais e valores. Em segundo lugar, isso parece significar uma coerência entre as ações e os valores dos agentes, de forma que haja coerência entre os comprometimentos, princípios e valores de alguém, bem como coerência entre as ações e esse conjunto valorativo. Por exemplo, um agente íntegro não poderia desejar ter objetos eletrônicos de última geração, hospedar-se em hotéis caros e passar suas férias nos locais mais sofisticados do mundo e, simultaneamente, desejar viver segundo os valores de simplicidade e sustentabilidade ambiental, assumindo um posicionamento ecológico. Vejam que este seria um caso de clara inconsistência ou incoerência.

De forma similar, uma pessoa íntegra não poderia, como dito por Williams, ser pacifista e simultaneamente aceitar trabalhar em um laboratório que produz armas químicas, mesmo precisando muito do emprego para sustentar a sua família. A ação inconsistente com os valores pessoais parece implicar a violação da própria identidade do agente. Esse exemplo como formulado por Bernard Williams quer se contrapor ao modelo utilitarista de raciocínio moral. No referido caso, George é químico e está desempregado, precisando sustentar a família. Surge uma oportunidade de emprego em um laboratório que realiza pesquisas com armas químicas. Ele deve aceitar o emprego ou não, considerando que ele se opõe ao uso de armas químicas? Do ponto de vista utilitarista, a resposta seria positiva, uma vez que aceitar o emprego é o que maximizaria o bem-estar dos envolvidos. No entanto, de um ponto de vista pessoal, isso implicaria a alienação de George dos próprios valores, isto é, a perda de sua integridade[19].

O problema parece ser que violar um comprometimento de identidade seria deixar de ser a pessoa que se acreditava ser. Seria possível, contudo, alguém ser feliz com esse tipo de violação? Provavelmente não, uma vez que a felicidade requereria uma atribuição de valor na forma em que os agentes vivem a vida, incluindo aqui o conjunto normativo que serviria de parâmetro para as ações. Imaginem o caso de um ecologista que aceita um emprego numa fábrica de agrotóxicos. Mesmo considerando a felicidade familiar que esse ato poderia gerar, com a maximização do bem-estar dos envolvidos, parece que essa violação ao comprometimento pessoal com o equilíbrio natural implicaria a violação do critério pelo qual o agente atribui valor à própria existência. E de que maneira se poderia considerar esse tipo de alienação do agente consigo próprio uma base adequada para uma vida bem-sucedida e feliz? Parece que a estabilidade pessoal dos agentes, de alguma maneira, está conectada com a questão da integridade e da identidade.

Importante reconhecer que essa virtude se mostra fundamental não apenas para a felicidade pessoal, garantindo a estabilidade psicológica do agente, mas também parece ser tomada como uma virtude essencial tanto no mundo do trabalho quanto na esfera pública. Além de a integridade ser atualmente uma qualidade fundamental do gestor tanto público quanto privado, muitas empresas estão usando atualmente o critério de integridade como uma importante qualidade normativa tanto na seleção de seus colaboradores quanto na forma de corrigir certos tipos de comportamento antiético. Como já dito, há inclusive um teste de integridade que está sendo aplicado em várias empresas para saber se seus funcionários compartilham os valores éticos organizacionais e também como uma maneira de mostrar a capacidade de resiliência dos agentes diante das pressões de fraude, corrupção e assédio. O teste (Potencial de Integridade Resiliente – PIR) é desenvolvido e aplicado pela S2 Consultoria. A plataforma procura contribuir com a diminuição da

---

19 Importante frisar que, para Williams, as únicas razões que realmente motivariam o agente para a ação seriam as razões internas, isto é, razões que estariam conectadas com o conjunto valorativo do agente, sendo isso o que constituiria a integridade e a identidade. Ver WILLIAMS, 1973, p. 97-98.

distância entre os valores individuais e os valores corporativos por meio de um programa de treinamento interativo, com a discussão e análise de casos dilemáticos ligados à realidade profissional. Quase três mil profissionais já passaram pelo treinamento nos últimos anos em vinte e cinco empresas, entre elas, Brooksfield, Citibank, Samsung, Embraer, Gerdau, Ipiranga, SBT e Tigre. Também é importante fazer referência ao fato de que a Controladoria-Geral da União atua em diversas frentes na promoção da ética e da integridade, inclusive instituindo o Programa de Integridade, como uma forma de combater a corrupção por meio de ações preventivas em vez de puramente repressivas, estimulando a integridade no serviço público e privado para que seus agentes sempre atuem em prol do interesse público[20].

Como já mencionado no Capítulo 3, o que merece ser destacado com esse tipo de teste ou programa de integridade que começa a ser usado no mundo das organizações tanto privadas como públicas é que isso parece apontar para uma mudança bastante significativa na forma como os agentes refletem sobre as suas obrigações. Se até pouco tempo atrás a integridade era apenas uma virtude que poderia ser exigida de um agente público, tal como um juiz, um deputado ou mesmo um governador ou prefeito, agora o próprio mercado e a opinião pública estão usando esse critério normativo para selecionar um profissional mais eficiente, que, além de sua competência técnica, deve ter uma competência moral de resiliência e também de coerência com os comprometimentos éticos das organizações. Talvez isso já mostre que haveria uma certa recusa social em se aceitar uma separação radical entre os domínios privado e público, uma vez que a estabilidade social parece estar conectada de maneira intrínseca com a estabilidade pessoal e que a felicidade parece depender fortemente dessa conexão estreita entre essas duas esferas.

Passo agora para a virtude da autonomia. Por mais estranho que pareça tratar do conceito de autonomia como uma virtude, penso que se pode

---

20 O teste de Potencial de Integridade Resiliente (PIR) indica a inclinação de profissionais para suborno, fraudes, desvios e assédio sexual e moral, e identifica o nível de resiliência deles quando estão diante de dilemas éticos. O candidato é submetido a um questionário com aproximadamente oitenta questões, as quais abordam quatro grandes temas: corrupção; apropriação indevida; demonstrações fraudulentas; e assédio moral, sexual, corporativismo e preconceito. Sobre o teste de integridade, ver o artigo de Cíntia Junges, "Após Lava Jato, teste de integridade ganha espaço como critério de seleção", publicado na *Gazeta do Povo*, em 31 mar. 2017. Sobre o Programa de Integridade, ver a Portaria n. 57/2019, que estabelece procedimentos para estruturação, execução e monitoramento de programas de integridade em órgãos e entidades do Governo Federal, tais como ministérios, autarquias e fundações públicas.

justificar essa posição, uma vez que ela pode ser entendida também como a capacidade de um agente racional tomar uma decisão não tutelada com base nas informações disponíveis e que, para tal, necessita de disposição pessoal, seu empenho e exercício para a sua conquista. A tomando como autonomia pessoal preferencialmente a autonomia moral, ela pode ser definida como um traço comportamental de independência e autossuficiência que os indivíduos podem exibir em relação a vários aspectos de sua vida, podendo ser mais bem classificada como uma virtude pessoal e intelectual em vez de moral. E esse traço comportamental de independência nas decisões e resolução de problemas, que capacita o indivíduo a viver de acordo com as razões e motivos estipulados ou justificados pelo próprio sujeito, parece ser muito valorizado socialmente. Tanto a escola ou a universidade, ou mesmo o mercado de trabalho e a área da saúde, por exemplo, parecem apoiar e incentivar esse tipo de comportamento autossuficiente para a conquista de uma vida bem-sucedida, como talvez demonstre a prática de consentimento esclarecido que hoje é habitual na medicina[21].

Por mais que a autonomia se mostre muito relevante para diversas áreas, tais como a educacional, econômica, médica e até moral, quero destacar a sua importância para a política, isto é, quero chamar atenção para o valor dessa capacidade de tomada de decisão não tutelada para o fortalecimento da própria a democracia. E isso porque a autonomia parece garantir uma simetria entre os concidadãos de certa comunidade política, exigindo um compartilhamento de responsabilidades. Como em uma democracia a soberania é do povo e, sendo assim, são as pessoas que devem, além de escolher seus representantes, se posicionar seriamente sobre as principais questões políticas, econômicas e sociais, ela parece ter que contar com esse traço comportamental de autossuficiência dos agentes. Como seria possível tomar posição diante desses complexos problemas sem essa capacidade de deliberar e decidir de forma independente? De que maneira um comprometimento não reflexivo sobre certa concepção de bem não ameaçaria o próprio regime democrático? Lembrem

---

21 Estou tomando o termo autonomia de forma similar ao termo *autarkeia* como usado na filosofia antiga. Por exemplo, tanto em Platão como Aristóteles, a *autarkeia* significava autossuficiência, estando associada ao ideal de humanidade ou falta de dependência dos outros. Para Aristóteles, a autossuficiência é um ingrediente central para a felicidade (*eudaimonia*) e envolve a ausência de dependência de condições externas para a garantia da vida boa. Inclusive, é um critério para distinguir senhores de escravos. Em suas palavras: "[...] por ora definimos a autossuficiência (*autarkeia*) como sendo aquilo que, em si mesmo, torna a vida desejável e carente de nada. E como tal entendemos a felicidade [...]" (Aristóteles, 1999, 1097 b 15-17).

o caso do nazismo e do fascismo. Até que ponto a falta de autonomia de parte dos cidadãos alemães e italianos não foi responsável pela popularidade dessas doutrinas que defendiam, inclusive, a eugenia e o antissemitismo?

Com isso posto, quero frisar que a autonomia parece exigir dos agentes que eles pensem por si mesmos, investiguem as causas dos problemas, estipulem soluções; enfim, assumam o risco de viver de acordo com certas razões e motivos que são estabelecidos por si próprios, e não produto de manipulação ou forças externas. É dessa maneira que penso que a autonomia permite que os cidadãos de uma dada comunidade democrática possam viver conforme uma relação de simetria. Vejam que, em um regime político aristocrático ou de experts, a relação dos agentes seria fortemente assimétrica, uma vez que apenas os governantes e seus técnicos teriam a responsabilidade de pensar na solução dos problemas, não exigindo igualmente de todos o esforço investigativo e deliberativo. Mesmo reconhecendo que o regime democrático seja muito mais exigente, parece que não se aceitaria viver em um tipo de organização política que negasse a própria capacidade de tomada de decisão, mesmo com a garantia de bem-estar, segurança e prosperidade. Sem autonomia, seria difícil obter a estabilidade psicológica, uma vez que se parece atribuir muito valor às escolhas pessoais, o que possivelmente já implicaria uma rejeição ao paternalismo estatal[22].

Notem a importância deste ponto. O valor atribuído à capacidade de escolher autonomamente parece se constituir como uma clara oposição ao paternalismo e uma forte defesa do liberalismo. E isso porque uma posição paternalista em política parece defender que os agentes não teriam a capacidade de decidir com própria consciência, precisando que o Estado diga o que eles devem fazer, condenando certos atos, como fumar, consumir drogas e pornografia infantil e incentivando outros, como tomar vacinas, votar e

---

22 Scanlon defende que a escolha não tem apenas um valor instrumental, mas também representativo e simbólico. No valor instrumental ou preditivo, a escolha envolve uma satisfação futura, como escolher um prato do cardápio de um restaurante. A escolha, aqui, é um instrumento para um futuro prazer. Outra forma de escolha tem um valor representativo, como no caso de escolher um presente para a esposa. A escolha que se faz representa quem se é. O valor simbólico da escolha se dá no âmbito de importantes decisões a tomar, como no caso da escolha da carreira, onde trabalhar, com quem se casar. Importante notar que o valor atribuído às nossas escolhas parece fundamentar a rejeição razoável do princípio de intervenção paternalística. Poder-se-ia dizer que essa interferência (a) anularia a possibilidade das pessoas em fazerem escolhas com significativo valor instrumental, (b) interferiria nas escolhas que têm importante valor representativo, isto é, na forma como as pessoas moldam a vida e expressam seus valores, (c) estigmatizaria as pessoas sob interferência como imaturos ou incompetentes. Ver SCANLON, 1998, p. 251-255.

ter uma vida saudável com a prática de exercícios e dieta balanceada, entre outros. O problema do paternalismo é que o Estado parece tratar os agentes políticos como pessoas que devem ser tuteladas, sem muita fé em sua autonomia. O liberalismo, por sua vez, defende uma posição muito diferente, apostando nessa capacidade de independência dos agentes para as decisões políticas. E, assim, casos complexos como aborto, eutanásia ou mesmo consumo de drogas deveriam ser decididos individualmente pelos agentes, com a consequência de responsabilização individual pelas escolhas feitas, tomando a capacidade mental reflexiva como fonte central de toda normatividade[23].

Coerência entre as virtudes privadas e públicas

Importante salientar nesta parte final do capítulo que não estou defendendo uma posição perfeccionista, de forma a estipular uma fundamentação moral absoluta para a política com a exigência da excelência moral e intelectual dos cidadãos, não identificando diferenças relevantes entre o justo e o bem. Ao contrário, estou defendendo a necessidade de se contar com uma teoria política mista, que seja liberal, por um lado, ao respeitar a pluralidade ética dos agentes, mas impondo a todos um critério normativo público, e, por outro, que seja comunitarista ao exigir um padrão normativo-moral comum tanto público como privado, mas que não seja paternalista, dizendo como os indivíduos devem viver a vida na maior parte dos cenários sociais. Penso que uma teoria política liberal-comunitarista poderia conectar coerentemente certas virtudes privadas, como a integridade e autonomia, com algumas virtudes públicas, como a razoabilidade e tolerância, respeitando a pluralidade de concepções razoáveis de bem, desde que com a aprovação de um padrão normativo moral-político que seja suficiente para garantir tanto a estabilidade psicológica dos agentes como a estabilidade social, isto é, suficiente para possibilitar a unidade de toda a sociedade e, assim, fortalecer a própria democracia.

Esse tipo de liberalismo não é muito diferente do proposto por John Rawls ou Martha Nussbaum, estando muito próximo, também, do que é defendido por Charles Taylor, creio. Por exemplo, Martha Nussbaum, em

---

23 Em *The Sources of Normativity*, Korsgaard defende corretamente que a autonomia é fonte de toda normatividade e, mais especificamente, da obrigação moral. O seu argumento estipula que a capacidade humana de pensar sobre si mesmo, suas crenças e ações nos coloca o problema normativo de como devemos agir, então essa própria capacidade mental reflexiva deve encontrar uma resposta, significando o "bom" e "correto" por "eu estou satisfeito, feliz, comprometido" ou "certo, você me convenceu", apontando que o trabalho reflexivo foi realizado. Ver KORSGAARD, 1996, p. 93-94.

Political Emotions: Why Love Matters for Justice, defende que uma teoria política liberal, por ser independente das doutrinas abrangentes razoáveis, deve considerar as emoções de forma apropriada. Seu ponto é mostrar que se precisa contar com certas emoções, como empatia, compaixão e certos tipos de amor, como patriotismo e amizade cívica, bem como excluir outras emoções, como o medo e a inveja, como forma de garantir a estabilidade social e como condição de possibilidade da própria democracia, em razão de ela se caracterizar por ser um regime de vida comum com discordâncias. Faz referência, inclusive, a certos líderes políticos que souberam conectar apropriadamente essas emoções no universo público, como Mohandas Gandhi e Martin Luther King Jr., dizendo que isso foi fundamental para o sucesso de suas causas. O caminho seria imaginar formas em que as emoções apoiariam princípios básicos da cultura política[24].

Tendo em mãos uma teoria política desse tipo, penso que se estaria mais bem aparelhado para enfrentar o grave problema da assimetria entre as exigências das virtudes no domínio público e privado e, assim, procurar superar essa deficiência por meio de uma melhor compreensão de nossas obrigações comuns. Deixem-me retornar ao caso da corrupção. Parece que uma teoria liberal-comunitarista poderia fornecer uma base mais sólida para o estabelecimento de um combate à corrupção de forma mais eficiente, uma vez que se tomaria como ponto de partida a exigência para os agentes, tanto privados como públicos, de viverem de forma coerente com os valores professados, bem como uma exigência para o reconhecimento dos deveres intersubjetivos que deveriam ser o fundamento normativo de uma sociedade harmônica. Nesse modelo, as exigências de integridade e autonomia, bem como de razoabilidade e tolerância não estariam restritas apenas aos agentes públicos, sendo o erro, por exemplo, fortemente censurado também no domínio privado. Entretanto, essa censurabilidade deveria se restringir apenas ao que coletivamente se pode estipular como errado, como é o caso da corrupção mesma ou da discriminação racial ou de gênero, justificando-se o erro em uma perspectiva de segunda pessoa.

---

24 Nussbaum aponta que esse modelo que ela está propondo tem origem no liberalismo político de John Rawls, uma vez que haveria a conexão entre certas emoções com os princípios de justiça para assegurar a estabilidade social pelas razões corretas: "Estabilidade, além do mais, deve ser assegurada 'pelas razões corretas' – em outras palavras, não por mero hábito ou aceitação relutante, mas em razão de um endosso real dos princípios e instituições da sociedade. De fato, uma vez mostrado que a sociedade justa poder ser estável é uma parte necessária de sua justificação, a questão da emoção é integral aos argumentos para a justificação dos princípios" (NUSSBAUM, 2015, p. 9).

É claro que alguém poderia objetar legitimamente que essa assimetria entre censura e elogio seria necessária em uma sociedade democrática em razão do importante papel que desempenham as instituições públicas para a garantia da estabilidade social. Em uma sociedade liberal pluralística, as instituições públicas são tomadas como o padrão normativo que devem orientar os cidadãos e, assim, a atenção especial aos agentes públicos seria justificada. No entanto, notem o problema com esse argumento. Seria possível tratar dos deveres com as gerações futuras, por exemplo, discutindo sobre a necessidade de se mudar o padrão de consumo, bem como sobre a urgência de diminuição das emissões de carbono, com um padrão normativo que esteja restrito à esfera pública? Creio que não, uma vez que se estaria falando de deveres positivos, e não apenas de deveres negativos, o que parece exigir comprometimentos mais profundos.

Isso, porém, não implicaria paternalismo estatal ou mesmo moralismo jurídico? Creio que uma maneira de evitar essas consequências indesejadas seja estabelecendo uma conexão entre as virtudes privadas e públicas de forma coerente. Por exemplo, a virtude da coragem e moderação ou mesmo a da sabedoria teórica não parecem coerentes com as virtudes públicas da razoabilidade e tolerância, porque um agente poderia ter uma série de conhecimentos específicos, tal como conhecimento médico, arquitetônico ou militar, por exemplo, e, além disso, controlar os seus apetites e medos e mesmo assim não conseguir conviver com as diferenças. Por outro lado, creio que a virtude da integridade, que exige que a ação do agente se dê com base em seu conjunto valorativo coerente, parece ter algum tipo de relação com as virtudes públicas de razoabilidade e tolerância, que nos apontam para uma disposição à convivência com os outros, o mesmo se dando com a virtude da autonomia, que exige um comportamento autossuficiente do sujeito.

E isso porque a integridade, por exemplo, parece ter um caráter claramente social, de forma que o agente que tem essa virtude conseguiria de forma mais apropriada conectar-se com os valores estipulados pela sociedade. De forma similar, a virtude da autonomia parece apontar acertadamente para a atribuição de valor que se dispensa às escolhas, tanto no nível instrumental, como representativo e mesmo simbólico. Essas virtudes privadas parecem coerentes com as virtudes públicas em razão de ambas as exigências se darem em um nível pessoal e epistêmico, de forma a cobrar do agente uma reflexão sobre a correção de seus comprometimentos mais profundos, bem como certo reconhecimento da ausência de uma pura objetividade nas escolhas, o que poderia ser tomado como uma condição de possibilidade de convivência harmônica com as pessoas que têm outras concepções de bem. Muitas vezes, até, concepções antagônicas de bem.

Essa conexão entre as virtudes privadas e públicas de forma coerente parece poder sustentar a democracia de uma maneira mais exequível, uma vez que a exigência de correção recairia sobre todos os agentes de forma equivalente. Assim, penso que um sonegador de impostos ou mesmo um médico que fraudasse o SUS poderia receber a mesma censura por parte da comunidade política do que um deputado ou senador que viesse a votar certa lei em troca de compensação financeira. Como a democracia depende da confiança das pessoas nos seus representantes e nas suas instituições, creio que essa conexão coerente de virtudes poderia nos assegurar uma confiança mútua entre os concidadãos, o que já poderia indicar uma condição necessária para a eficácia desse regime. Ainda que não suficiente, penso que a superação da assimetria entre vícios e virtudes dos agentes nos domínios privado e público poderia oferecer uma rota alternativa mais promissora do que a atual, que deposita toda a sua esperança no fortalecimento das instituições políticas, sobretudo, apenas com a punição de seus agentes públicos.

Talvez com a constatação de que as pessoas, na maior parte das vezes, poderiam identificar razões morais e agir moderadamente com base nelas, se teria uma forma inicial mais consistente de lidar com essa esquizofrenia moral-política em busca da estabilidade. E mais, talvez não seja equivocado pensar que os agentes não poderiam realmente ter uma vida bem-sucedida sem a posse de determinadas virtudes. No entanto, se isso é ao menos parcialmente verdadeiro, é possível que se tenha de enfrentar o desafio de esclarecer qual seria o padrão normativo comum que se poderia exigir uns dos outros, resguardando, por um lado, as liberdades individuais, mas se sem esquecer dos deveres morais-políticos interpessoalmente identificados e justificados. E, também, é provável que se tenha de contar com certa cultura de seguir regras, cultura essa que seria a base comum da felicidade tanto pessoal quanto social, mas que parece ainda muito incipiente em nossa sociedade.

Capítulo 8

Direitos humanos e semântica contextualista

O objetivo deste capítulo é apresentar e defender uma posição contextualista dos direitos humanos, de forma a melhor entendê-los como reivindicações morais que apresentam razões conclusivas para a ação, preferencialmente do que tomá-los como fundamentados em verdades morais absolutas. Antes, sua verdade será identificada em certo contexto. Para tal, inicio identificando o que são os direitos humanos, bem como qual seria o seu escopo. Posteriormente, aponto as críticas de Mackie e Rorty, a saber, a respeito da existência mesma de verdades morais objetivas e a respeito da objetividade pressuposta dos direitos humanos. No subcapítulo seguinte, tento responder à crítica ontológica de Mackie apelando para o argumento das qualidades secundárias de McDowell, bem como fazendo uso de uma estratégia de determinação da tradução a partir de seu contexto, a fim de mostrar que é possível falar de verdades morais objetivas sem a existência de *truth-makers*. Na parte final do capítulo, tento responder à crítica epistemológica de Rorty apelando para uma semântica contextualista a partir de M. Timmons, de forma a tomar os direitos humanos como verdadeiros a partir de um dado contexto de seu uso. Defenderei uma posição cognitivista e contextualista, de forma a considerar o conhecimento moral e político contextualizado pela história e pela cultura a partir do método do equilíbrio reflexivo.

O problema dos direitos humanos

O Alto Comissariado pelos Direitos Humanos da Organização das Nações Unidas define os direitos humanos (DH) como garantias jurídicas universais que protegem indivíduos e grupos contra ações ou omissões de governantes que atentem contra a dignidade humana, sendo esses direitos inter-relacionados, interdependentes e indivisíveis e geralmente são garantidos pela lei por meio de tratados[1].

Com isso, já se pode perceber que os DH são certas garantias morais que pessoas de todos os países e culturas teriam por serem seres humanos. Esses direitos funcionariam como critérios normativos, isto é, como critérios universais, objetivos e que teriam alta prioridade, quer dizer, que poderiam ser tomados como razões conclusivas ou decisivas para a ação do agente e o seu desrespeito serviria de critério para aplicação de sanções e punições. A ideia geral, já contida no preâmbulo da *Declaração Universal dos Direitos Humanos*, é assegurar a toda família humana certas proteções normativas:

> Considerando que o reconhecimento da dignidade inerente a todos os membros da família humana e dos seus direitos iguais e inalienáveis constitui o fundamento da liberdade, da justiça e da paz no mundo;
> Considerando que o desconhecimento e o desprezo dos direitos do Homem conduziram a atos de barbárie que revoltam a consciência da Humanidade e que o advento de um mundo em que os seres humanos sejam livres de falar e de crer, libertos do terror e da miséria, foi proclamado como a mais alta inspiração do Homem;
> Considerando que é essencial a proteção dos direitos do Homem por meio de um regime de direito, para que o Homem não seja compelido, em supremo recurso, à revolta contra a tirania e a opressão;
> Considerando que é essencial encorajar o desenvolvimento de relações amistosas entre as nações;
> Considerando que, na Carta, os povos das Nações Unidas proclamam, de novo, a sua fé nos direitos fundamentais do Homem, na dignidade e no valor da pessoa humana, na igualdade de direitos dos homens e das mulheres e se declaram resolvidos a favorecer o progresso social e a instaurar melhores condições de vida dentro de uma liberdade mais ampla;
> Considerando que os Estados membros se comprometeram a promover, em cooperação com a Organização das Nações Unidas, o respeito universal e efetivo dos direitos do Homem e das liberdades fundamentais;
> Considerando que uma concepção comum destes direitos e liberdades é da mais alta importância para dar plena satisfação a tal compromisso:

---

1 OFFICE of the High Commissioner for Human Rights. Ver *United Nations Human Rights*. Disponível em: <www.ohchr.org/EN/Issues/>. Acesso em: 04 out. 2021.

A Assembleia Geral proclama a presente Declaração Universal dos Direitos Humanos como ideal comum a atingir por todos os povos e todas as nações, a fim de que todos os indivíduos e todos os órgãos da sociedade, tendo-a constantemente no espírito, se esforcem, pelo ensino e pela educação, por desenvolver o respeito desses direitos e liberdades e por promover, por medidas progressivas de ordem nacional e internacional, o seu reconhecimento e a sua aplicação universais e efetivos tanto entre as populações dos próprios Estados membros como entre as dos territórios colocados sob a sua jurisdição[2].

O texto reconhece a dignidade inerente a todos os membros da família humana e seus direitos iguais inalienáveis e que isso é que garantiria a liberdade, a justiça e paz no mundo. Mas o que isso significaria?

Uma forma de ver a questão seria tomar os direitos como razões. Por exemplo, dizer que as pessoas têm direito a sua dignidade seria o mesmo que dizer que todos os indivíduos teriam um dever de respeitar essa dignidade humana, não escravizando, torturando ou discriminando. De forma mais detalhada, se alguém diz que "não devemos torturar as pessoas" isso implicaria reconhecer que "há uma razão para não se torturar as pessoas". Isso parece significar que se pode reconhecer um fato para não torturar. Por exemplo, se reconheceria que "as pessoas têm direito a sua dignidade" para não as torturar. E isso parece trazer por consequência que se toma uma crença como verdadeira ou correta para não se torturar as pessoas. Por exemplo, se toma a crença de que "devemos respeitar a dignidade humana" como correta para não torturar os indivíduos.

Ao observar-se atentamente os direitos que são defendidos nos 30 artigos da *Declaração Universal do Direitos Humanos*, de 1948, pode-se perceber que eles parecem ser compreendidos como pré-requisitos para uma vida bem-sucedida, podendo ser divididos entre direitos (i) negativos, tais como o direito contra a tortura, genocídio e escravidão, e (ii) positivos, como o direito à saúde, educação, emprego, renda e participação política[3]. Importante ressaltar que esses direitos são empregados como critérios normativos para a legitimidade política internacional, o que parece apontar para um âmbito público de moralidade em vez de um horizonte puramente privado. Assim, os DH revelariam a todos seres humanos mais claramente os deveres morais

---

2   OFFICE OF the High Commissioner for Human Rights. Ver *United Nations Human Rights*. Disponível em: < www.ohchr.org/EN/Issues/>. Acesso em: 04 out. 2021.
3   UNITED NATIONS. Ver *Universal Declaration of Human Rights*. Disponível em: <www.ohchr.org/EN/UDHR/>. Acesso em: 04 out. 2021.

públicos que são assumidos pelas Nações ou Povos, bem como pelas instituições políticas e econômicas, tanto nacionais como, principalmente, internacionais, deveres esses que parecem desempenhar um papel decisivo para a garantia da legitimidade política.

Agora, se alguém perguntar o que fundamentaria mesmo esses DH, não é preciso assumir necessariamente nem uma posição cognitivista tradicional, geralmente associada a algum tipo de realismo ontológico, em que eles seriam fundamentados pela existência de propriedades morais, nem uma posição cética ou positivista, que duvidaria da existência das propriedades e verdades morais e, por conseguinte, colocaria em risco a própria ideia de fundamentação desses direitos. Alternativamente, pode-se ver esses direitos como construídos em vez de tomá-los como naturais. Nessa forma de ver a questão, os DH seriam, por um lado, direitos morais e, por outro, direitos legais, de forma que só existiriam legitimamente a partir de um sistema legal de obrigações, mas, assim mesmo, seriam tomados como critérios normativos. Dessa maneira, seriam mais bem compreendidos como reivindicações morais ou exigências morais em vez de serem vistos como direitos naturais. Por exemplo, eles poderiam ser tomados como reivindicações, ao estilo de Hohfeld, isso significando que os direitos seriam vistos como exigências endereçadas aos outros que obrigariam o seu cumprimento, ou mesmo poderiam ser tomados como trunfos políticos, tal como defendido por Dworkin[4].

Ao se observar o discurso cotidiano que faz uso da linguagem dos DH regularmente, um problema aparece com bastante destaque, a saber, as pessoas, embora reconheçam que todos os seres humanos tenham direitos, têm uma grande dificuldade em assumir alguns deveres correspondentes a esses direitos, e isso em certos casos específicos. Deixem-me dar dois exemplos desse problema. Embora todos os brasileiros reconheçam que os cidadãos tenham direito à vida, à segurança e a não serem torturados, alguns

---

4 A classificação dos direitos feita por Hohfeld parece ressaltar essa ideia de direitos enquanto reivindicações, com a distinção entre (i) direitos como reivindicações (*claim rights*), vistos como exigências endereçadas aos outros que obrigaria o seu respeito, e (ii) direitos como liberdades (*liberty rights*), tomados como garantias que existiriam independentemente dos deveres, isto é, tomados como privilégios. Os outros dois tipos de direito segundo a classificação de Hohfeld seriam (iii) como um poder e (iv) como uma imunidade (Hohfeld, 2001, p. 30). Também podemos apontar para a concepção de direitos como trunfos políticos para alocação de recursos públicos, assim como defendida por Dworkin em *Taking Rights Seriously*. Em suas palavras: "Individual rights are political trumps held by individuals. Individuals have rights when, for some reason, a collective goal is not a sufficient justification for denying them what they wish [...]" (Dworkin, 1977, p. xi).

cidadãos parecem não assumir o dever correspondente de defesa dos direitos à vida, à segurança e à dignidade daqueles que cumprem penas nas penitenciárias nacionais. Aliás, há certo tensionamento entre as expressões "direitos humanos" e "humanos direitos", de forma que defender os DH para presos pareceria implicar negar os DH para os cidadãos comuns que não cometeram crimes, os chamados "cidadãos de bem". De forma similar, cidadãos de qualquer nacionalidade podem reconhecer facilmente que todas as pessoas têm direito a saúde, educação e trabalho, mas não ao ponto de assumirem um dever perfeito correspondente de forma automática quando o assunto é a imigração ou asilo a refugiados, por exemplo, de haitianos e venezuelanos no Brasil ou afegãos e sírios nos países europeus.

Isso parece revelar uma dificuldade em se falar dos DH. Se eles não são universalmente reconhecidos pelos cidadãos como verdades morais absolutas que orientariam os seus deveres, qual seria o seu papel nas relações políticas tanto nacionais como internacionais? E mais, parece que, se não tiverem nenhum fundamento, eles seriam apenas tomados como preferências subjetivas, que poderiam ser descartados do discurso político. No entanto, em sendo assim, como eles realmente obrigariam os agentes em suas ações cotidianas? Apelar para os DH teria apenas um recurso retórico que não poderia pretender validade universal?

Críticas ontológica e epistemológica

A essa dificuldade pragmática apontada anteriormente, é possível adicionar duas críticas filosóficas aos DH para tornar ainda mais dramático o problema que está sob investigação. Inicio pela crítica ontológica. Alguns filósofos afirmam que a objetividade dos DH dependeria da existência de verdades morais objetivas, isto é, dependeria da existência de propriedades morais que faria esses direitos universalmente atribuídos aos indivíduos serem verdadeiros. O problema é que, como não existiriam essas propriedades morais, a objetividade atribuída aos DH seria um erro. Mackie, por exemplo, procura comprovar essa tese com dois argumentos centrais, a saber, o argumento da relatividade e o argumento da estranheza. O primeiro diz que a existência de verdades morais objetivas levaria os agentes a uma unidade moral, isto é, a uma convergência na valoração moral nas crenças de primeira ordem, mas como existiria um desacordo moral, seja em sociedades nacionais contemporâneas, seja entre períodos históricos distintos ou entre diferentes sociedades, os critérios morais seriam puramente subjetivos. O segundo argumento defende que se existissem valores morais objetivos deveriam existir propriedades muito estranhas no mundo, inteiramente diferente de qualquer outra realidade natural no universo. E, também, que se fosse possível ser consciente dessas propriedades, deveria existir uma peculiar faculdade de percepção mental para reconhecê-las e isso é algo totalmente diverso da forma usual de conhecer o mundo. Em suas palavras:

> Se existissem valores objetivos, então, eles seriam entidades ou qualidades ou relações de um tipo muito estranho, totalmente diferente de tudo mais no universo. Correspondentemente, se tivéssemos consciência dessas propriedades, teria de haver alguma faculdade especial de percepção ou intuição moral, totalmente diferente de nossa forma comum de conhecer tudo mais (MACKIE, 1977, p. 38).

A conclusão a que ele chega por *modus tollens* é que, como não se teria acesso a essas entidades e nem a essa intuição, os valores objetivos não existiriam[5].

A segunda crítica é epistemológica. Vários autores criticam a pressuposição de objetividade dos DH como direitos morais. Dizem que eles seriam mais bem compreendidos por seu caráter subjetivo, uma vez que expressariam apenas uma aprovação subjetiva a algum valor, isto é, eles apenas expressariam as preferências individuais[6]. Aqui quero fazer referência à crítica de R. Rorty apresentada no texto "Human Rights, Rationality and Sentimentality", publicado em 1998. Nesse artigo, Rorty diz que os DH não teriam base no exercício da razão, mas em uma visão sentimental da humanidade. Insiste que os DH não seriam racionalmente defensáveis, uma vez que não se poderia justificar a base dos DH apelando para uma teoria moral e aos cânones da razão, pois, afirma, as crenças e práticas morais não seriam motivadas por um apelo à razão, mas surgiria da identificação empática com os outros. Nas palavras de Rorty:

> Esses dois séculos são mais facilmente entendidos não como um período de entendimento profundo da natureza da racionalidade ou da moralidade,

---

5   Essa posição de Mackie é conhecida como teoria do erro, estabelecendo que a pressuposição de objetividade nos juízos prescritivos implicaria a existência de entidades morais metafísicas e um tipo de intuição racional, sendo que essa pressuposição é um erro. Ver MACKIE, 1977, p. 48-49. Sobre o argumento da relatividade e da estranheza, ver MACKIE, 1977, p. 36-38 e p. 38-42, respectivamente.

6   Estou pensando sobretudo nos emotivistas, como Stevenson e Ayer, ou mesmo nos expressivistas, como Gibbard, segundo os quais os juízos de "bom" e "mau", "certo" ou "errado" seriam apenas expressões de sentimentos ou atitudes. Ver GIBBARD, 2012, p. 19-20.

mas preferencialmente como um século em que ocorreu um rápido progresso dos sentimentos, em que se tornou mais fácil para nós sermos movidos a uma ação por histórias tristes e sentimentais (RORTY, 1998, p. 185).

A tese central de Rorty é a de que os DH seriam mais bem compreendidos em um âmbito dos sentimentos em vez de serem identificados com o domínio da razão e do conhecimento. E, assim, esses princípios morais que se pode encontrar nos DH seriam puramente subjetivos e sua presumível objetividade seria uma ilusão[7]. No restante deste capítulo, procurarei responder a ambas as críticas apelando para um tipo de cognitivismo contextualista, utilizando, em primeiro lugar, o argumento das qualidades secundárias de MacDowell, além da estratégia de pensar na determinação da tradução a partir do contexto, e, posteriormente, fazendo uso de uma semântica contextualista como compreendida por Timmons, além de utilizar adicionalmente o método do equilíbrio reflexivo, especialmente a sua parte inicial, o procedimento de isolamento, para tentar responder às críticas endereçadas no tocante a ilusão de objetividade dos DH.

Qualidades secundárias

Após a reconstrução tanto da crítica ontológica quanto epistemológica, deixem-me fazer referência a uma importante distinção entre propriedades e conceitos. Essa distinção é muito relevante para os meus propósitos de defender a verdade dos DH sem apelar para a existência de uma referência metafísica que seria o fundamento dessa verdade, muito menos depender de uma intuição especial para reconhecer essas propriedades. Quando se fala de conceitos, se está falando do conteúdo dos pensamentos dos agentes; entretanto, quando se fala de propriedades, se está falando da estrutura do mundo[8]. É

---

7   Em vários de seus textos, Rorty recusa a estratégia de encontrar um fundamento metafísico para certas instituições políticas contemporâneas, tais como a democracia e os direitos, a partir de verdades objetivas e a-históricas. Em vez disso, faz uso de uma estratégia pragmatista de justificação, apelando para o consenso em uma cultura particular. Essa estratégia aparece claramente no artigo "The priority of democracy to philosophy". Ver RORTY, 1991, p. 175-196.

8   Scanlon faz uma importante distinção entre propriedades e conceitos da seguinte maneira: "Identificar conceitos é uma questão de determinar o conteúdo de nossos pensamentos. Especificar propriedades é uma questão de determinar a natureza das coisas no mundo no qual esses conceitos correspondem" (SCANLON, 2014, p. 43). Gibbard defende uma posição semelhante, fazendo referência para a distinção fregeana entre sentido (*Sinn*) e referente (*Bedeutung*), de forma que se poderia ter dois sentidos ou conceitos distintos de Héspero e Fósforo, por exemplo, e ambos os conceitos estarem referidos à mesma propriedade, a

fácil ver essa distinção com uso de alguns exemplos. Começo com a palavra "cor". Pode-se definir "cor" como a "característica de uma radiação eletromagnética visível de comprimento de onda situado num pequeno intervalo de espectro eletromagnético [...]". Veja-se que quando se define "cor" o que se faz é estabelecer um conceito de "cor" como um fenômeno ótico relacionado com diferentes comprimentos de onda do espectro eletromagnético. Por outro lado, quando o cientista identifica que essa faixa varia entre 380 e 750 nanômetros e, assim, diz que a faixa visível da cor varia entre 380 e 750 nanômetros, ele está explicando uma propriedade no mundo. Nesse caso, o conceito de "cor" como onda corresponde à faixa de 380 a 750 nanômetros, da mesma forma que o conceito de "água" como líquido incolor, inodoro e essencial à vida, corresponde à propriedade natural de H_2O.

No caso do conceito de "justiça", porém, essa correspondência parece não ocorrer, pois não se teria uma propriedade natural da justiça a ser descrita pelo cientista, embora seja bastante compreensível explicar o "justo" em termos do que "é conforme o direito" ou do que "respeita a liberdade e igualdade" etc. O caso da "justiça" é bastante esclarecedor para a presente discussão, pois ele mostra, inclusive, que existem diversos conceitos do que seja "justiça", muitos deles antitéticos, como no caso de tomar o "justo" como o que "respeita a igual liberdade" ou no caso de compreender o "justo" como o que "respeita a igualdade equitativa de oportunidades" ou, alternativamente, como "dar a cada um segundo suas necessidades e capacidades". Talvez a inexistência dessa propriedade natural da justiça explique, ao menos parcialmente, por que ainda não foi possível chegar a um entendimento comum do que seja o justo em sociedades democráticas contemporâneas.

No conceito de "direito" essa correspondência também parece não ocorrer, da mesma forma que parece não ocorrer com os conceitos de "dever" ou "correto", pois não se teria uma propriedade natural do direito, dever ou da correção, embora seja compreensível explicar o "direito" como "dever" e estes em termos de "ter uma razão para" ou "ter uma obrigação para" fazer algo, da mesma forma que é compreensível explicar o "correto" como uma "ação que se tem fortes razões para realizar e que gera satisfação". Isso parece mostrar que o puro referencialismo não poderia explicar todos os objetos do pensamento, e isso é ainda mais significativo no âmbito da

saber, o planeta Vênus. O sentido das expressões "Héspero é Héspero" e "Fósforo é Fósforo", bem como de "Héspero é Fósforo", não é dado pelo referente Vênus; assim, o sentido seria mais que o referente. Ver GIBBARD, 2012, p. 29-31.

linguagem moral. Tomar um juízo moral como verdadeiro não é, necessariamente, fazer referência a nenhuma propriedade metafísica estranha ao mundo natural e social. Pelo contrário, tomar o juízo moral de "dever ser solidário" como verdadeiro, por exemplo, apenas implicaria apontar para uma forte razão que um agente moral tem de fazer certa ação, o que conduziria ao reconhecimento do fato que será tomado como correto, por exemplo, reconhecer o fato de que as pessoas têm direito ao trabalho, a educação e a saúde. Essa verdade não terá como base a correspondência, necessitando de um *truth-maker*; antes, ela será uma questão de convergência prática como se verá a seguir. Antes, porém, deixem-me fazer referência à tese de McDowell que faz uma aproximação entre qualidades secundárias, como cores, e valores morais.

Em "Virtues and Secondary Qualities", McDowell apresenta uma tese de que valores morais são reais, mas que não seriam independentes da sensibilidade humana. Com esse fim, ele faz uma analogia entre valores e qualidades secundárias, tais como as cores. A diferença importante aqui é que as qualidades primárias dos objetos seriam puramente objetivas e existiriam mesmo que os agentes não as percebessem, tais como a forma, extensão ou volume. Por outro lado, qualidades secundárias seriam subjetivas e dependeriam da percepção do sujeito, tais como as cores, odor ou gosto. Elas seriam subjetivas, é claro, mas, por outro lado, seriam reais (McDOWELL, 2007, p. 137-141).

A analogia entre valores e qualidades secundárias ressalta que as atitudes avaliativas, que são estados da vontade para McDowell, são como as experiências com as cores, sendo ambas ininteligíveis se tomadas em afastamento de nossa sensibilidade enquanto agente. Assim, o valor seria como uma qualidade subjetiva, pois não estaria localizado no mundo objetivo. O exemplo dado por ele é o da admiração como uma experiência de valor em analogia com a percepção da vermelhidão. Nas palavras de MacDowell:

> A ideia da experiência de valor como a admiração representa este objeto como tendo uma propriedade que [...] é essencialmente subjetiva da mesma forma como a propriedade em que um objeto é representado como tendo uma experiência de vermelho – isto é, entendida adequadamente apenas em termos da modificação apropriada da sensibilidade humana (ou similar) (McDOWELL, 2007, p. 142).

Enquanto a propriedade de ser admirado estaria representada como presente no objeto admirado, a admiração seria essencialmente subjetiva, de forma semelhante à experiência da vermelhidão, que apenas pode ser uma propriedade entendida com base na sensibilidade humana[9].

Essa estratégia se mostra relevante para a presente discussão sobre a objetividade dos DH, uma vez que ela parece conectar a realidade de um ente com a capacidade perceptiva e avaliativa dos agentes em vez de querer identificá-la apenas na exterioridade bruta do mundo factual. De forma semelhante, penso que a estratégia de tomar a determinação da tradução com base no contexto também ressalta esse importante aspecto intersubjetivo que será a chave explicativa do problema. Exponho essa ideia a seguir.

Determinação e contexto

É de conhecimento dos tradutores o problema da indeterminação da tradução, uma vez que as equivalências naturais entre palavras de línguas diferentes não são fáceis de ser encontradas em razão das muitas diferenças culturais que são facilmente observáveis[10]. Vejam o exemplo apontado por Quine a respeito do problema da indeterminação do significado das palavras via indeterminação da tradução. Pensem em um linguista que tenta compreender uma língua desconhecida de certo povo que habita a selva. Ele procura seguir um processo de observação das declarações dos nativos em combinação com a presente situação e ambiente. Um nativo diz "Gavagai" e aponta para um coelho. Em princípio, "Gavagai" deveria significar claramente "coelho". No entanto, o problema é que "Gavagai" poderia significar, também, "branco", "animal" ou mesmo "coelho na posição para atirar". A questão relevante aqui é que "Gavagai" poderia significar apenas uma parte do coelho, por exemplo, suas pernas, ou ainda poderia significar coelhos adultos ou jovens, preferencialmente do que significar o coelho integralmente.

O relevante problema apontado por Quine no segundo capítulo de *Word and Object* é que a palavra "Gavagai" poderia muito bem significar

---

9   McDowell alertará acertadamente que o relevante de quando falamos de virtudes é o seu mérito. E isso quer dizer que as circunstâncias de nossas ações serem boas ou más serão uma questão de mérito, preferencialmente a serem explicadas por uma resposta causal. Por exemplo, ser solidário ou salvar uma vida tende a ser uma resposta com mérito, uma vez que se acredita que uma boa ação foi feita e, assim, juízos de valor seriam um caso de mérito. Ver McDowell, 2007, p. 142.

10 Uma equivalência natural ocorre quando as palavras da língua de partida são traduzidas "diretamente" para a língua de chegada, não recaindo na "direcionalidade", isto é, não necessitando da interpretação e escolha do tradutor. Por exemplo, "sexta-feira" seria uma equivalência natural de "Friday". Ver Pym, 2010, p. 7-8. Para a diferença entre equivalência natural e direcional, ver Pym, 2010, p. 25-42.

"coelho", mas igualmente poderia significar "parte do coelho" ou "fase do coelho", dependendo do contexto de sua enunciação. Assim, a sentença "Gavagai significa coelho" não poderia ser tomada como verdadeira ou falsa, uma vez que as referências objetivas desses dois termos de línguas radicalmente diferentes não poderiam ser objetivamente comparadas e isso comprovaria que a tradução seria indeterminada (QUINE, 1960, p. 51-57)[11].

O problema que parece que está sendo levantado aqui é o da indeterminação das equivalências na tradução, uma vez que a palavra só poderia ter seu significado referido a partir de seu contexto de uso. Como o tradutor não teria conhecimento desse contexto, uma vez que se estaria em uma circunstância de culturas totalmente diferenciadas, todo o esforço para encontrar as equivalências naturais entre termos radicalmente diferentes seria em vão. O máximo que se poderia esperar é que algumas equivalências naturais fossem encontradas, como "Evet" significando "Sim" e "Yok" significando "Não". No caso de "Gavagai", porém, nenhuma equivalência poderia ser afirmada, uma vez que se estaria diante de uma tradução radical, de forma que não haveria uma mesma cultura de fundo a ser compartilhada. Nas palavras de Quine:

> Quando dois sistemas de hipóteses analíticas se harmonizam perfeitamente com a totalidade das disposições verbais e ainda conflitam em suas traduções de certas sentenças, o conflito é precisamente um conflito das partes vistas sem o todo (QUINE, 1960, p. 78).

No entanto, seria diferente tentar encontrar as equivalências entre palavras de línguas diferentes, mas que fazem uso de um mesmo pano de fundo? E, também, se se abandona a ideia de uma equivalência formal, as equivalências na tradução continuariam indeterminadas?

Começo por essa última questão. Parece que o problema central de quando se fala da indeterminação das equivalências na tradução é que a ideia de equivalência que se tem em mente parece ser a de equivalência formal, isto é, se toma a equivalência como uma correspondência absoluta entre palavras

---

11 Importante fazer referência ao fato de que a tese da indeterminação do significado das palavras e indeterminação da tradução está associada ao holismo semântico de Quine, que busca superar a dicotomia entre as proposições analíticas e sintéticas, contrapondo-se ao atomismo e ao empirismo reducionista. Dessa forma, não haveria um fundo experiencial próprio para cada sentença, uma vez que apenas teorias abrangentes teriam significância. Assim, nenhum enunciado, tomado isoladamente de seus pares, admitiria confirmação. Para Quine, os enunciados comparecem ao tribunal da experiência sensível como um corpo integrado, e não de forma isolada. Ver QUINE, 1953, p. 41. Ver, também, QUINE, 1969, p. 69-90.

da língua de partida e da língua de chegada. Uma ideia completamente diferente é a de equivalência dinâmica, defendida por Eugene Nida. No capítulo 9 de sua já clássica obra *Toward a Science of Translations*, Nida explora analiticamente os princípios da correspondência no âmbito dos estudos de tradução. Sua ideia central é que a tradução deve ser orientada por uma equivalência dinâmica (E-D) entre a língua de partida e a língua de chegada, e não por uma equivalência formal (E-F), o que remeteria a uma ideia ineficaz de correspondência absoluta entre essas línguas diferentes. O princípio do efeito equivalente busca conectar a relação experienciada entre o receptor e a mensagem com a significação operada entre o receptor original e a mensagem. A consequência é que uma tradução orientada por uma equivalência dinâmica buscará a naturalidade da expressão e tentará apresentar ao receptor algumas formas de comportamentos relevantes dentro da própria cultura, o que implicará que o receptor não precisará conhecer a cultura fonte para o entendimento da mensagem (NIDA, 1964, p. 136-139).

Nessa forma de entender o papel da tradução, três aspectos centrais devem ser levados em conta quando se percebe um distanciamento linguístico e cultural entre o receptor e a mensagem: (1) a língua e a cultura do receptor, (2) o contexto da mensagem específica e (3) o público da língua de chegada. A preocupação central do autor parece ser com a resposta do receptor da língua de chegada, e não com a proximidade ou fidelidade com o texto original (NIDA, 1964, p. 130-134). Isso faz pleno sentido ao se observar que o objetivo de Nida era o de traduzir a Bíblia para povos com um grande distanciamento cultural e linguístico em relação ao mundo ocidental. Dessa forma, a busca pela fidelidade só poderia estar referida ao efeito da mensagem no receptor, e não com a estrutura formal e de conteúdo da própria mensagem. Esse papel da tradução fica claro no texto quando o autor conclui uma relação de vários tipos de definição de traduções e pontua que uma tradução não deveria ser orientada por regras determinísticas, mas, antes, deveria se pautar por regras probabilísticas. Em suas palavras: "Não se pode dizer que uma tradução particular é boa ou má sem se levar em consideração uma miríade de fatores, os quais devem ser pesados de diferentes maneiras, com a apreciação de diferentes respostas" (NIDA, 1964, p. 134).

Mas o que isso significaria para uma teoria da tradução? Isso parece apontar que o foco da teoria da equivalência dinâmica estaria direcionado para a resposta do receptor da língua de chegada e não para a exatidão da equivalência com a língua de partida. Como não se trata de uma correspondência formal, a tese de Nida parece apontar para um caminho alternativo, a saber, a de uma equivalência funcional, uma vez que o objetivo da tradução seria o de produzir no leitor uma resposta similar àquela produzida nos leitores do texto original. No caso da tradução bíblica, essa resposta seria a de conversão, por exemplo, ou de moralização. O ponto central da concepção de equivalência dinâmica é que uma tradução deve se adaptar à língua de chegada para que seu receptor possa entendê-la dentro do próprio contexto cultural, sem a necessidade de conhecer aspectos abrangentes da cultura fonte, sendo a busca pela fidelidade à mensagem original certo tipo de falácia, uma vez que essa fidelidade poderia distorcer o significado da mensagem e impossibilitar o processo comunicativo (NIDA, 1964, p. 139)[12].

O relevante dessa estratégia funcionalista da tradução para a reflexão em tela a respeito dos fundamentos dos DH é que não se precisaria pensar necessariamente em uma equivalência formal entre os direitos que são demandados e os direitos que seriam de fato existentes. Antes, seria mais eficiente pensar em uma equivalência dinâmica ou funcional para a reivindicação da objetividade dos DH, o que já poderia ajudar na resposta a essa forte crítica ontológica feita por Mackie.

Semântica contextualista

Passo agora para a explicação da semântica contextualista. De forma geral, tomarei a semântica contextualista como afirmando que o valor de verdade das sentenças que constituem algum discurso D pode variar de um contexto ao outro, devendo as normas semânticas governar essas sentenças; assim, o valor de verdade dessas sentenças seria sensível aos parâmetros contextualmente variáveis. Mark Timmons caracteriza a semântica contextualista da seguinte maneira:

(i) A verdade de uma sentença é uma questão de sua correta assertabilidade que, para sentenças descritivas comuns,

(ii) é uma conexão das várias normas e práticas que governam um tipo de discurso e o mundo,

(iii) que não requerem a existência de propriedades que serão correspondentes ao dito verdadeiro,

---

12 Também se poderia falar de uma equivalência natural. Pym (2010) explica que o paradigma de uma equivalência natural defende que a tradução terá o mesmo valor que o seu correspondente texto fonte e, assim, o conceito de equivalência natural defenderia a existência da tradução como uma prática social vital. Ver PYM, 2010, p. 7-8, 19.

(iv) sendo que as normas e práticas para a correta assertabilidade não são monolíticas no interior da linguagem, variando de contexto a contexto dependendo de certos fatores, como o tipo e o propósito do discurso e

(v) não assume uma posição verificacionista[13].

Com base nessa caracterização, se pode observar que o valor de verdade de juízos normativos sobre uma ação ser correta ou errada, por exemplo, dependeria do contexto específico em que o juízo é feito. Por isso, o contexto seria central para a obtenção do valor de verdade. Timmons formula sua tese contextualista da seguinte maneira:

> A verdade do valor das (alguma, a maioria, todas) sentenças que constituem algum discurso D podem variar de um contexto a outro, em razão das normas semânticas governarem estas sentenças. A ideia é que, porque a semântica trabalha com termos (e os conceitos que eles expressam) que figuram na sentença de algum discurso D, o valor de verdade dessas sentenças são sensíveis ao que é apropriadamente chamado de parâmetros variáveis contextualmente (TIMMONS, 2004, p. 111).

Isso parece querer significar que no discurso cotidiano, quando se pronunciam sentenças normativas, elas parecem obrigar a certa atitude; assim, dentro de um contexto comunicativo, parecem que são tomadas pelos agentes como verdadeiras para poderem obrigar.

Alan Thomas, em *Value and Context*, defende algo semelhante, reivindicando um cognitivismo contextualista em ética e filosofia política, de forma a considerar que os agentes têm conhecimento moral e político que é contextualizado pela história e pela cultura, estabelecendo-se o valor por meio do contexto. Defende a seguinte tese contextualista: ao nível das crenças individuais, o contextualismo reivindica que uma crença estaria justificada se ela fosse legitimada em um contexto de investigação via eliminação das crenças alternativas rivais, o que implicaria considerar que o estatuto e o papel epistêmico de uma crença varia com o contexto (THOMAS, 2010, p. 180-184). Com o intuito de responder à questão proposta por Williams

---

13 Timmons também aponta que o tipo de normas envolvidas na assertabilidade correta inclui as normas sintáticas, que são normas de uma linguagem natural particular que orienta a formação correta das sentenças significativas e, além destas, as normas semânticas, que são as normas que orientam o uso correto de termos e expressões na linguagem natural. Assim, a verdade da sentença resultará da combinação dessas normas com o próprio mundo. Ver TIMMONS, 2004, p. 116-117.

sobre o pluralismo radical, Alan Thomas vai utilizar as estratégias de cognitivismo naturalizado de Wiggins e McDowell, defendendo que um sistema de conhecimento moral e político é perspectivo, implicando que (i) algumas crenças são tomadas como justificadas, o que possibilitaria um sistema fixo para a avaliação de outras crenças, entretanto, (ii) que esse sistema de crença não é imutável, sendo objeto de investigação em diferentes contextos. Em suas palavras:

> Ao nível das crenças individuais, o contextualismo reivindica que uma crença é justificada se ela é legitimada em um contexto de investigação via a eliminação das alternativas em competição. Então o status epistemológico e o papel epistêmico de uma crença *variam no contexto*. Então, para o contextualismo, as crenças não têm nenhum *status* epistêmico intrínseco. O contextualismo compartilha com uma teoria coerentista a assunção de que a legitimidade epistêmica de uma crença é uma propriedade funcional e extrínseca daquela crença em vez de ser uma propriedade intrínseca (THOMAS, 2010, p. 183)[14].

Com isso, pode-se perceber que esse contexto comunicativo a que me refiro é o de convergência prática, em que os agentes parecem partir de um conhecimento socialmente aceito para pronunciar as sentenças normativas do tipo que diz que "Não devemos torturar" e que "Devemos ser solidários", exigindo um tipo de comprometimento moral-político dos cidadãos. Penso que esse conhecimento convergente pode ser mais bem compreendido como um tipo de conhecimento que se dá em um mundo social, de forma que a verdade seria estabelecida em um contexto de interação social, o que remeteria para a observação das condições do discurso em sociedade e para as práticas comunicativas cotidianas[15]; é comum, na forma de uma deliberação coletiva, como em uma deliberação dos cidadãos

---

14 Esse posicionamento contextualista em aproximação com o coerentismo estabelece uma clara oposição ao fundacionismo, que toma certa classe de crenças como epistemicamente privilegiadas, isto é, como autojustificadas. Ver THOMAS, 2010, p. 183-189. Ver, também, WILLIAMSON, 2005, p. 106-112.

15 Alvin Goldman, em *Knowledge in a Social World*, diz acertadamente que a epistemologia tradicional, especialmente de tradição cartesiana, sempre foi fortemente individualista, tendo for foco operações mentais de agentes cognitivos isolados de outras pessoas. No entanto, ainda segundo ele, dada a natureza interativa do conhecimento no mundo contemporâneo, a "epistemologia individual precisa de uma contraparte social: a epistemologia social" (GOLDMAN, 1999, p. 4). Ver GOLDMAN, 1999, p. 3-40.

sobre se a democracia seria o melhor regime político ou não[16]; é contextual, de maneira a se levar em consideração diversas circunstâncias, tais como as circunstâncias econômicas, políticas, sociais, culturais, educacionais etc. Importante reconhecer que a história teria um papel central nessa perspectiva contextualista. Por fim, esse conhecimento parece ter por base certas habilidades e capacidades de fundo, um *background*, que seriam as capacidades, habilidades, tendências, hábitos, pressuposições, saberes práticos que parecem serem prévios aos estados intencionais. E o relevante aqui seria reconhecer que esse fato parece revelar que as crenças e desejos dos agentes, por mais distintos que sejam, e, muitas vezes, sendo até contraditórios entre si, teriam como condição de possibilidade algo comum que é compartilhado por todos os agentes da comunidade[17].

Procedimento de isolamento

Dado que esse *background* é comum a todos os agentes de uma comunidade, sendo anterior aos seus desejos e crenças, penso que se pode usar esse argumento para responder, ao menos parcialmente, à objeção formulada por Rorty de que os DH seriam puramente subjetivos, uma vez que seriam mais bem entendidos em uma esfera dos sentimentos em vez de serem compreendidos em uma esfera racional. O ponto central da objeção é que a presumível objetividade dos DH seria uma ilusão em razão de as crenças e práticas morais não serem motivadas por um apelo à razão, mas surgiria da identificação empática com os outros. No entanto, se for possível reconhecer que as crenças asseguradas por um sujeito, bem como os seus desejos e emoções, têm um pano de fundo pré-intencional, então, parece que tanto uma crença

---

16 Philip Pettit analisa que uma deliberação coletiva acontece pelo uso de uma razão coletiva. E falar de uma razão coletiva nada mais é que falar de grupos com propósitos e que farão uso de um procedimento centrado nas premissas, que significa um procedimento em que a conclusão do processo deliberativo será resultado do reconhecimento da adequação das premissas. Ver PETTIT, 2011, p. 250-253.

17 Searle define o *background* como as habilidades não intencionais que são condição de possibilidade das ações intencionais das pessoas. Exemplifica da seguinte forma. Imagine que alguém tem a intenção de ir a uma livraria comprar alguns livros e, também, tem um desejo de ir a um restaurante almoçar. Veja-se que se está em uma estrutura intencional de crenças e desejos. No entanto, para além disso, o agente sabe andar e sabe se comportar em livrarias. E toma como evidente que o chão irá sustentá-lo enquanto caminha e que os livros são legíveis e não comestíveis e que a comida é comestível e não legível. Importante frisar que Searle está defendendo que a capacidade de racionalidade é uma capacidade de *background*, que é condição de possibilidade dos estados intencionais. Ver SEARLE, 1999, p. 107-109. Ver, também, SEARLE, 1995, p. 127-147.

quanto um desejo poderiam motivar a ação do agente em razão de essas crenças, desejos e emoções serem formadas com base um pano de fundo comum e anterior.

Vejam que o ponto de partida foi o pressuposto de que o conhecimento é formado por um conjunto de proposições, em que se teria proposições que são verdadeiras ou falsas por sua derivação de outras proposições e que se teria proposições básicas, que são justificadas em um contexto, isto é, que não são autojustificadas, mas justificadas em uma perspectiva interpessoal. Para Wittgenstein, por exemplo, as proposições fulcrais são as que se sustentam sozinhas, quer dizer, elas seriam verdadeiras contingentemente e seriam justificadas em um dado contexto (WITTGENSTEIN, 1975, § 253). Mas o que isso significaria? Na linguagem wittgensteiana, significaria que elas se justificariam pela escolha de uma forma de vida (*lebensform*), em que se faria um exame do quadro do mundo herdado e se estabeleceria um comprometimento em um dado jogo de linguagem. Nas palavras de Wittgenstein:

> Mas eu não obtive meu quadro do mundo (W*eltbilber – picture of the world*) pelo convencimento de mim mesmo de sua correção; nem eu tenho esse quadro em razão de estar convencido de sua correção. Não: ele é o pano de fundo (*Hintergrund – background*) herdado contra o qual eu distingo entre o verdadeiro e o falso (WITTGENSTEIN, 1975, § 94).

Ele também diz que:

> As proposições descrevendo este quadro do mundo podem ser parte de uma mitologia. E o seu papel é similar ao das regras de um jogo; e o jogo pode ser aprendido apenas praticamente, sem o uso de regras explícitas (WITTGENSTEIN, 1975, § 95).

E, logo a seguir, afirma que:

> Pode-se imaginar que algumas proposições, da forma de proposições empíricas, foram endurecidas e funcionaram como canais para proposições empíricas que não eram endurecidas, mas fluidas; e essa relação se alterou com o tempo, em que as proposições fluidas se endureceram e as duras se tornaram fluidas (WITTGENSTEIN, 1975, § 96).

Creio que o ponto central dessa conexão feita por Wittgenstein seja dizer que o quadro do mundo, que é formado pelas proposições que sustentam a base de nosso conhecimento, são formadas e são tomadas como verdadeiras ou falsas a partir de um pano de fundo pré-intencional. E que essas crenças básicas, que podem ser justificadas em certo contexto, são a base inferencial para as crenças não básica, podendo ser interpretadas como um tipo de conhecimento.

Vejam que essas proposições poderiam ser entendidas como em analogia às regras de um jogo, que seriam aprendidas por uma prática. Isso parece mostrar que, uma vez que as crenças básicas seriam escolhidas na forma de um comprometimento com certo tipo de vida e que essa escolha teria por base o *background*, por exemplo, certas práticas que ensinam os agentes a andar, a comer, a falar e a valorar, então, parece que acreditar que p é uma razão conclusiva para F seria um motivo para $S\ F$, ao menos se considerarmos o aspecto racional da motivação, e não apenas o seu aspecto de eficácia causal[18].

Após essas ponderações feitas anteriormente, deixem-me concluir o capítulo fazendo referência ao procedimento de isolamento no interior do método do equilíbrio reflexivo para ressaltar a tese de que as verdades normativas podem ser identificadas em um contexto de convergência prática. Isolando a primeira etapa do procedimento do equilíbrio reflexivo, penso que ficará mais claro o papel que se está atribuindo ao contexto para atribuição de verdade.

Se inicia o referido procedimento isolando uma classe de juízos ponderados, isto é, juízos a que se chega após um processo de reflexão, quer dizer, a que se chega por um procedimento de filtragem. Na justiça como equidade de Rawls, por exemplo, eles são filtrados a partir da confiança que se atribui a eles, uma vez que eles serão estipulados a partir de certas condições condutivas para evitar o erro de julgamento. Por exemplo, deve-se descartar aqueles juízos feitos sob hesitação ou que se tem pouca confiança. Da mesma forma, deve-se descartar aqueles juízos feitos quando se está triste ou amedrontado. Para Rawls:

> Então, em decidir quais de nossos juízos serão levados em conta, podemos razoavelmente selecionar alguns e excluir outros. Por exemplo, podemos descartar aqueles juízos feitos com hesitação, ou em que temos pouca confiança. Similarmente, àqueles feitos quando tristes ou com medo [...] podem ser descartados. Todos esses juízos seriam errôneos ou seriam influenciados por uma atenção excessiva aos nossos interesses (RAWLS, 1999b, p. 42).

---

18 Como identificado acertadamente por Donald Davidson, desejos não são apenas supostos para causar ações, mas também servem para racionalizá-las; com isso, se pode observar que a motivação parece ter dois aspectos, a saber, um aspecto de eficácia causal e outro aspecto racional. Ver DAVIDSON, 1980, p. 3-4.

Importante ressaltar que essa filtragem teria o papel de desvelar a sensibilidade moral dos agentes, uma vez que se conseguiria identificar os juízos morais ponderados, isto é, aqueles juízos refletidos que parecem claramente verdadeiros. No artigo "Outline of a Decision Procedure for Ethics", de 1951, que sintetiza sua tese de doutorado de 1950, Rawls explica as condições apropriadas para se chegar aos juízos ponderados (*considered judgments*) como relacionadas às condições de julgamento de uma classe de juízes competentes. Aos juízes competentes é exigido que seu julgamento seja feito: (i) com a imunidade das consequências; (ii) com a manutenção de sua integridade; (iii) sobre casos reais de conflito de interesses; (iv) com base em uma cuidadosa investigação sobre os fatos; (v) de forma a se sentirem certos; (vi) com estabilidade; (vii) intuitivamente no que diz respeito aos princípios éticos[19].

O relevante em observar apenas esse primeiro estágio do equilíbrio reflexivo é que ele parece mostrar um método para a justificação de juízos com base em sua garantia evidencial direta. O ponto que quero destacar aqui é que poderíamos entender essa primeira etapa do método de uma forma contextualista, de maneira a considerar os *inputs* no equilíbrio reflexivo como tendo uma justificação direta na experiência moral-política dos agentes e que poderiam ser confirmados a partir de sua coerência com um sistema coerente de crenças. Alan Thomas faz uma interpretação semelhante em considerar os juízos ponderados com um status epistêmico *prima facie*, o que implicará considerar o equilíbrio reflexivo em afastamento de um modelo coerentista de justificação, mas não significará considerá-lo em proximidade com um fundacionismo moderado, tal como DePaul e Ebertz consideram. Para Thomas, os juízos ponderados têm uma garantia evidencial direta, o que revelaria que o contextualismo seria a melhor maneira de compreender o procedimento, uma vez que para o contextualismo haveria crenças básicas que servem para a justificação de crenças não básicas, mas que as crenças básicas não são autojustificadas, mas justificadas em um dado contexto[20].

A ideia básica é de que, se certos agentes forem chamados para filtrar os juízos normativos cotidianos com base em um conhecimento convergente e, então, identificar os juízos normativos em que se tem grande confiança

---

19 O ponto central do procedimento do início do equilíbrio reflexivo é estabelecer uma analogia com o método científico de evidenciar uma proposição ou uma teoria para poder descobrir princípios éticos justificáveis. Ver RAWLS, 1951, p. 181-183.
20 De forma geral, para um agente defender um juízo moral particular ele poderia apelar para o *status* intrínseco desse juízo com base em um apoio evidencial direto ou apelar para um sistema de crenças de fundo. Ver THOMAS, 2010, p. 198-220.

e que parecem verdadeiros, parece não haver problema em reconhecer que se identificaria alguns juízos normativos ponderados. Juízos normativos que não tivessem a confiança plena das pessoas e que parecessem falsos seriam descartados. Por exemplo, os juízos que dizem que "devemos torturar para garantir a segurança da população" ou que "é correto impedir a entrada de imigrantes para preservar os empregos" não contariam como juízos normativos ponderados, uma vez que eles abordam questões que ainda não obtiveram consenso da comunidade moral internacional, isto é, que ainda não podem ser justificadas a partir de um ponto de vista comum.

No final, creio que juízos normativos do tipo que afirmam que "não devemos cometer genocídio e nem escravizar", que "os povos têm direito à sua autonomia" e que "é correto auxiliar quem necessita", por exemplo, passariam facilmente pelo processo de filtragem em razão deles parecem coerentes com o conhecimento convergente, o que já parece oportunizar uma garantia evidencial direta para eles serem tomados como juízos normativos ponderados.

Objetividade dos DH

Isso parece trazer por conclusão que esse método possibilitaria aos agentes uma garantia evidencial direta para fundamentar os DH em termos dos deveres que se poderia assegurar com segurança em uma convergência prática. E, assim, a objetividade dos DH estaria relacionada à capacidade valorativa humana que toma o mérito como critério central, bem como com o estabelecimento do seu conteúdo de forma intersubjetiva, em um horizonte de conhecimento que é comum e coerente. Dessa forma, o valor de verdade dos DH que afirmaria, por exemplo, que "devemos respeitar a dignidade humana", que "não devemos cometer genocídio e escravizar" e que "devemos proteger a liberdade e garantir a igualdade humana" estaria relacionado aos parâmetros estabelecidos pelo contexto de um ponto de vista comum, e isso parece responder às críticas feitas tanto por Mackie como por Rorty. Dado o reconhecimento de que não se precisaria contar com a objetividade a partir de *truth-makers*, isto é, com base em certas propriedades morais existentes no mundo que deveriam ser intuídas racionalmente, e nem como fundamentadas em verdades objetivas a-históricas, os DH poderiam ser tomados como interpessoais.

Penso que a importância desse procedimento seja mostrar de forma mais evidente uma capacidade normativa, isto é, a capacidade humana para, num contexto comunicativo, que é interpessoal, identificar os fatos que impulsionariam o agente para ação e que exigiriam atitudes apropriadas. E, a todo momento, no cotidiano dos agentes, eles são chamados a usar essa capacidade reflexiva intersubjetiva para justificar aquilo que se deve acreditar e fazer. Pode ainda não ser uma resposta definitiva para o complexo problema de saber a respeito do significado dos direitos humanos e de sua fundamentação, mas penso que conectar a verdade ao contexto pode oportunizar uma rota alternativa que talvez seja mais promissora para a investigação, uma vez que se estaria falando de um domínio de convergência prática, e não de crenças autojustificadas.

Abandonar uma perspectiva solipsista e metafísica com um olhar para um ponto de vista comum e historicamente circunscrito parece ser um caminho mais seguro para a identificação dos deveres comuns, o que parece já oportunizar um fundamento mais consistente para aquilo que se poderia classificar como os direitos humanos, que teriam por função básica assegurar normativamente uma maior inclusividade moral, isto é, poderiam garantir uma saída do tribalismo em direção a uma expansão do círculo moral, de forma a garantir que toda a família humana seja alvo apropriado de julgamentos morais e obtenha a mesma proteção.

Capítulo 9

Razoabilidade e ontologia social

O objetivo central deste capítulo é tematizar sobre a ontologia social holista que parece estar pressuposta na teoria da justiça como equidade de John Rawls como forma de aproximar seu liberalismo das teses centrais dos comunitaristas, em especial de Charles Taylor. E, também, pretendo esclarecer o significado do termo razoabilidade e o papel especial que essa categoria exerce na teoria rawlsiana, como forma de responder às críticas da pretensa fraqueza epistemológica do razoável. Com isso, quero refletir sobre a força normativa da categoria de razoabilidade e seu papel em uma importante teoria da justiça liberal contemporânea, bem como quero destacar o holismo social que parece estar estipulado na justiça como equidade, que estabelece a objetividade dos princípios de justiça por meio de um procedimento de construção que utiliza um ponto de vista social. E, dessa forma, penso que a teoria rawlsiana de justiça poderia ser considera como liberal, mas que carrega uma importante marca comunitarista.

O debate liberal-comunitarista

É já bem conhecido o debate liberal-comunitarista que se desenrolou na década de 1980, em que várias críticas foram endereçadas à teoria da justiça como equidade de John Rawls, críticas feitas por Taylor, Sandel, Walzer e MacIntyre, entre outros, críticas endereçadas particularmente à obra *A Theory of Justice*[1]. De forma sintética, a acusação se concentrava nos aspectos

---

1   No decorrer deste capítulo, as obras de Rawls serão abreviadas da seguinte maneira: *A Theory of Justice* (*TJ*); *A Theory of Justice*: revised edition (*TJ* rev.); *Political Liberalism* (*PL*);

individualísticos da teoria, em que haveria apenas a defesa dos direitos individuais, sem o uso de uma concepção de bem encarnada, o que traria por consequência o uso de uma concepção abstrata de pessoa e, principalmente, uma atomização do social, em que a pessoa seria tomada como um átomo isolado, e isso seria em razão do modelo contratualista usado na concepção de justiça rawlsiana (TAYLOR, 1985, p. 187-210).

O ponto central da crítica era o seguinte: os princípios formulados na justiça como equidade seriam construídos e, posteriormente, justificados a partir de uma razão solipsista ao mesmo estilo kantiano. Já mostrei em outras publicações que essa crítica é um equívoco em razão da importante função que desempenha uma teoria fraca do bem e um princípio psicológico de motivação – chamado de princípio aristotélico – na justiça como equidade (COITINHO, 2014, p. 239-258). Agora, quero mostrar o uso que Rawls faz de uma ontologia social holista. Creio que uma maneira interessante de aproximar John Rawls dos comunitaristas em geral, e de Charles Taylor em particular, por exemplo, seja identificar que Rawls também faz uso de uma ontologia social em sua teoria da justiça, uma vez que a construção/justificação dos princípios de justiça terá como ponto de partida a ideia de uma sociedade como um sistema equitativo de cooperação social, o que implicará as ideias de pessoas livres e iguais e de sociedade bem ordenada. Isso representará partir de uma compreensão de sociedade que é moral e, além disso, que esses valores morais públicos serão aprovados em razão de sua coerência com o sistema moral visto de forma integrada, o que revelará o seu holismo.

A intenção central é procurar mostrar que a teoria rawlsiana está muito mais próxima de Hegel e dos hegelianos do que se poderia imaginar à primeira vista e isso parece relevante para os meus propósitos de formular uma teoria política mista que pretende integrar harmonicamente critérios normativos de uma teoria liberal, tais como a razoabilidade e tolerância, e de uma teoria comunitarista, tais como a justiça e demais virtudes.

Esclarecer a ontologia moral que é pressuposta na justiça como equidade parece trazer uma vantagem adicional, a saber, a de poder identificar mais claramente qual é o significado da categoria de razoabilidade e qual é o papel que ela exerce na teoria rawlsiana. Isso parece relevante no momento em que uma das críticas mais severas à sua teoria da justiça tem por foco a

---

The Law of Peoples (*LP*); *Lectures on the History of Moral Philosophy* (*LHMP*); "Justice as Reciprocity" (JR); "The Independence of Moral Theory" (IMT); "Kantian Constructivism in Moral Philosophy" (KCMT); "Justice as Fairness: Political not Metaphysical" (JFPnM); "Themes in Kant's Moral Philosophy" (TKMP).

ontologicamente dependente de uma forma genérica se realmente existir em outras coisas em conjunto com as quais é arranjada de tal forma que exista um *S* (ESFELD, 1998, p. 375).

Assim, a condição necessária para algo ser parte do sistema é ter todas ou quase todas as propriedades que pertencem a tal família de propriedades e a condição suficiente é o arranjo adequado da parte no sistema. É importante ressaltar que Esfeld está pensando em um sistema holístico como um sistema de crenças dentro de uma comunidade social, de forma a estipular que uma crença *p*, por exemplo, terá certas propriedades, tais como significado e conteúdo conceitual, sendo confirmada ou não, justificada ou não apenas se existir outras crenças em conjunto constituindo um sistema de crenças que é coerente. Ele está falando de um holismo social, uma vez que compreende o seguir uma regra como circunscrito às relações sociais (ESFELD, 1998, p. 366).

Essa dimensão social de um sistema holístico também é ressaltada por Pettit. A primeira premissa defendida é a de que seguir regras é um empreendimento de interação interpessoal, o que implicará uma tese interativa. Essa premissa se conectará com a segunda tese que afirma que as regras do pensamento humano são comuns, sendo regras que outros podem afirmar como uma posse comum (PETTIT, 1993, p. 180). Vejam o argumento apresentado:

> 1. A tese interativa (*the interactive thesis*). Um ser humano pode seguir uma regra apenas sob uma base de interação interpessoal ou intertemporal.
> 2. A tese da habilidade comum (*The commonability thesis*). As regras seguidas por um ser humano que pensa são comuns. Elas são regras que outros podem afirmar como uma posse comum.
> 3. Reivindicação negativa (*negative claim*). Se um ser humano segue uma regra apenas sob a base de uma interação intertemporal consigo mesmo, então esta regra não é comum.
> Conclusão: As regras seguidas por um ser humano pensante não são seguidas sob a base de tal interação intrapessoal apenas; elas devem ser seguidas sob uma base envolvendo interação com os outros (PETTIT, 1993, p. 181).

Pettit está defendendo uma concepção holística que não implicará nenhuma forma de relativismo, uma vez que terá como base uma concepção de sistemas de pensamento comum, de forma a identificar que a capacidade de pensamento dos agentes requer o estabelecimento de uma comunidade com os outros. Isso significa dizer que o processo de pensamento é visto como um processo de seguir uma regra, o que implicará ver esse processo como um empreendimento cooperativo.

pretensa fraqueza epistemológica do razoável, crítica esta apresentada por vários autores como Gardiner (1988), Raz (1990), Habermas (1995) e Estlund (1998), entre outros[2].

No que segue, quero mostrar o uso dessa ontologia social na justiça como equidade de Rawls. Para tal, inicio apresentando o argumento central de concepção de um holismo social tal como defendida por Philip Pettit e Michael Esfeld. Posteriormente, aponto para as características do modelo contratualista de Rawls, especificando os aspectos centrais de sua ontologia moral. Por fim, procuro abordar essa compreensão de um holismo social e ressaltar o significado e o papel do razoável na teoria da justiça rawlsiana.

Holismo Social

Deixem-me iniciar apontando para o argumento central de um holismo social tal como defendido por Philip Pettit em *The Common Mind* e por Michael Esfeld em "Holism and Analytic Philosophy". O holismo aqui será tomado como social e compreendido com base em um sistema de crenças, de forma que uma crença ou regra será justificada ou aprovada se ela for coerente com um sistema integrado de crenças, sendo esse sistema integrado de crenças pertencente a uma dada comunidade social. Isso já antecipa que a justificação da crença ou regra se dará em um âmbito de aprovação pública ou de convergência social.

Esfeld apresenta uma fórmula de um sistema holístico que é bastante esclarecedora, uma vez que ressalta as características de dependência ontológica genérica das partes do sistema e, também, que essas partes instanciam certas famílias de propriedades. Em suas palavras:

> Considere um sistema de tipo S e suas partes constituintes. Para cada constituinte de S, existe uma família de propriedades qualitativas que faz algo uma parte constituinte de um S em caso de existir um arranjo adequado. Um S é holístico se e somente se a seguinte condição for satisfeita por todas as coisas que são seus constituintes: com respeito a instanciação de algumas das propriedades que pertencem a tal família de propriedades, uma coisa é

---

2   A crítica de Habermas, por exemplo, aponta que o razoável não serviria como um predicado para estabelecer a validade dos juízos morais, mas apenas refletiria atitudes de tolerância. O ponto central da crítica é observar que Rawls excluiria as conotações epistêmicas para a própria concepção de justiça como equidade: "Para mim, o problema não é a rejeição de Rawls ao realismo moral ou a consequente rejeição de uma verdade predicativa para juízos normativos, mas o fato de ele não usar a verdade predicativa para as visões de mundo (doutrinas abrangentes)" (HABERMAS, 1995, p. 124).

Aqui está a chave para entender o ponto central do argumento: seguir uma regra é uma ação eminentemente social e pensar é um processo de seguir regras; logo, pensar é um ato eminentemente social. Esse requisito social do pensamento não é de tipo causal, mas é de uma dependência superveniente que se dá pela condição de publicidade. É por isso que, para Pettit, apenas existe uma regra que se está tentando seguir se existir uma convergência negociável nas respostas dos agentes (*negociable convergence*), o que parece implicar uma recusa de tomar o seguir regras como uma atividade puramente privada (PETTIT, 1993, p. 177-188).

Contratualismo e construtivismo

A pergunta que deve ser respondida é como Rawls faria uso de uma ontologia social em sua concepção de justiça política, uma vez que ele pretende que essa concepção seja *freestanding* de doutrinas abrangentes? Minha afirmação central é a de que sua concepção de objetividade estará vinculada a uma dimensão social normativa de reconhecimento. Assim, inicio analisando as características centrais do construtivismo político rawlsiano, de forma a conectar sua compreensão de objetividade com a dimensão social de um sistema holístico, de maneira que seguir uma regra ou justificar uma crença se dará em um âmbito de aprovação pública ou de convergência social.

De forma geral, pode-se dizer que o modelo construtivista e contratualista assegura que as verdades morais são mais plausíveis se construídas como verdades sobre uma ordem social ideal do que se construídas sob uma ordem natural de coisas e isso implicaria a afirmação de uma ontologia social, em que se procuraria um ponto de vista objetivo que seria intermediário entre uma realidade totalmente subjetiva, isto é, uma ontologia de primeira pessoa, posição antirrealista, e uma realidade totalmente objetiva, a saber, uma ontologia de terceira pessoa, posição realista, se constituindo como uma ontologia de segunda pessoa.

Para o construtivismo contratualista, é verdadeiro que certo tipo de ato é correto ou errado apenas no caso de uma ordem social proibir ou permitir tais atos que podem ser escolhidos por contratantes racionais sob determinadas condições idealizadas e não idealizadas. Isso é particularmente correto ao se pensar no construtivismo político de Rawls, pois a justiça como equidade afirma que os fatos morais, quais instituições sociais são justas, por exemplo, são produtos de um processo de construção em que agentes racionais, sob condições idealizadas e não idealizadas, estabelecem um acordo sobre os princípios de justiça para regular suas relações sociais, políticas e econômicas.

Dessa forma, a objetividade dos princípios se daria pela aceitabilidade racional com base em um ponto de vista social recíproco para a escolha[3].

Para compreender essa ontologia social ou política que Rawls emprega em seu construtivismo penso ser importante observar a sua distinção em relação ao intuicionismo racional e ao construtivismo moral kantiano no que tange às pretensões ontológicas, epistemológicas e semânticas. Rawls aponta que o intuicionismo racional e o construtivismo moral têm cada um uma concepção de objetividade diferente e que cada um compreende que as outras concepções estão fundadas em pressuposições incorretas. Entretanto, ambas podem conceder que o construtivismo político possibilita uma base suficiente de objetividade para os seus propósitos limitados ao âmbito político (*PL* III, § 5.1, p. 110).

Para o intuicionismo, por exemplo, um juízo moral é correto se for verdadeiro, e isso aponta para uma correspondência com uma ordem moral de valores independente. Isso significa que a distinção entre o ponto de vista objetivo e o ponto de vista do agente terá por base a evidência de intuições morais, trazendo por consequência que o critério mutuamente reconhecido deverá ser dado por evidência. Assim, é necessário que o agente moral tenha as faculdades intelectuais e morais para conhecer uma ordem independente de valores (*PL* III, § 5.3-5.4, p. 112-114; *LHMP*, p. 69-75; TKMP, p. 510-516).

Por outro lado, no construtivismo moral kantiano, um juízo moral correto tem por característica a efetivação dos critérios de razoabilidade e racionalidade encontrados no procedimento do imperativo categórico para o teste das máximas, o que significa dizer que um juízo moral é correto se for verdadeiro e razoável, e isso implica uma correspondência aos princípios de universalizabilidade, e não instrumentalização. O ponto de vista objetivo é o de pessoas como membros do reino dos fins, possibilitado pelo imperativo categórico que representa os princípios e critérios implícitos na razão humana comum, sendo o critério mutuamente reconhecido dado pelo consentimento dos agentes racionais e razoáveis. Dessa forma, é necessário que o agente moral tenha as faculdades morais e intelectuais para construir uma ordem de valores com base nas próprias condições dadas pela razão (*PL* III, § 5.4-5.5, p. 114-116; TKMP, p. 499-503; *LHMP*, p. 237-247).

---

3   Sobre as características de um construtivismo contratualista, ver Milo, 2008, p. 121. O'Neill observa que o construtivismo assumido por Rawls em *PL* é inteiramente político, com foco nas questões de justiça e papel da razão pública, sendo esta interna a uma sociedade. Conclui que essa posição é mais rousseauniana que kantiana, sendo mais cívica que cosmopolita. Ver O'Neill, 2003, p. 353.

Notem a diferença aqui. Para o construtivismo político, um juízo moral é correto se for razoável e isso implica ser aceitável por todos procedimentalmente. Ou, dito de outro modo, implica ser coerente com os princípios morais que são construídos com base em um sistema coerente de crenças, isto é, em ideias de sociedade cooperativa e cidadãos morais de uma sociedade democrática. O ponto de vista objetivo é o das partes como representantes de cidadãos iguais e livres, sendo que o critério mutuamente reconhecido é possibilitado pelo acordo por meio do exercício das faculdades de julgamento, isto é, é dado pelo reconhecimento, e não pela descoberta. Assim, os agentes morais devem ter as faculdades intelectuais e morais num grau suficiente que lhe possibilitem fazer parte do empreendimento cooperativo, o que vai conduzir a uma base pública compartilhada de justificação. Dessa maneira, a ordem social parece ser mais do que a pura soma do comportamento de indivíduos e, também, isso parece implicar que as características estruturais das instituições existem independentemente da vontade de seus membros (*PL* III, § 5.3-5.5, p. 112-116; KCMT, p. 340-358).

Audard ressalta que Rawls faz uso de uma ontologia social holística muito próxima de Hegel e Marx ao focar sua teoria sobre as instituições, e não sobre os indivíduos, sendo a justiça a primeira virtude das instituições sociais e que tem por foco a estrutura básica da sociedade (AUDARD, 2007, p. 56-61). Ao comentar sobre *LP*, chama atenção acertadamente que Rawls usa as estruturas sociais para a justificação dos princípios, não identificando a integral justificação em termos de uma prioridade de individualismo moral, sendo que o respeito pela autonomia dos "Povos", e não dos indivíduos ou Estados, demonstra essa referência ao social que é tomada como ponto de orientação (AUDARD, 2007, p. 231)[4].

Notem a diferença na consideração sobre a objetividade que está sendo realizada aqui. Rawls afirma a objetividade da razão prática como independente de uma concepção causal de conhecimento, sendo uma concepção autossustentada (*freestanding*) de justiça política. Sua compreensão de objetividade não toma por base um fundamento científico ou natural, no qual se deduziriam os princípios. Pode aceitar, com Kant, a existência de diferentes concepções de objetividade próprias à razão teórica e à razão prática; entretanto, não deriva uma objetividade forte do ponto de vista da razão prática

---

4   Sobre o significado da categoria "Povos" (*Peoples*), ver *LP* I, § 2, p. 23-30. Roberts salienta que o ponto de vista objetivo é dado pelas partes que propõem razões entre si, sendo a posição original um modelo de um ponto de vista social que garante a universalidade sobre a arbitrariedade das opiniões. Ver ROBERTS, 2007, p. 27-28.

(recurso transcendental), defendendo a possibilidade da construção de princípios de justiça que especifiquem a concepção dos objetos produzidos e, dessa forma, guiem a conduta pública pela razão prática (*PL* III, § 6, p. 116-118)[5].

O que Rawls parece estar afirmando, então, é uma base contratualista de objetividade, em que o ponto de vista objetivo será o ponto de vista social (*social point of view*), uma vez que os envolvidos no acordo devem reconhecer como razoáveis e legítimos os critérios normativos que servirão para arbitrar a diversidade dos juízos morais em uma sociedade democrática, e isso implica uma ontologia social intersubjetiva. Rawls é explícito em afirmar que o construtivismo fala de uma ordem de razões objetivas, mas que não afirma a sua existência, significando que essa ordem de valores terá uma realidade política, que é prática, e não ontológica. Nas palavras de Rawls:

> Até agora, temos pesquisado três concepções de objetividade, observando o que essas concepções significam e como elas nos permitem falar da existência de razões em uma ordem objetiva de razões. Mas, é claro, nada disso mostra que tal ordem de razões existe, da mesma forma que um claro conceito de unicórnio não mostra que unicórnios existem (*PL* III, § 7.1, p. 119).

De forma similar, em KCMT, ao fazer referência às duas circunstâncias da justiça, a objetiva (escassez moderada) e subjetiva (consenso moral mínimo), Rawls fala que os princípios de justiça devem servir como um ponto de vista compartilhado entre cidadãos com convicções abrangentes opostas, ponto de vista que deve ser imparcial e ter um propósito prático, isto é, a estabilidade (KCMT, p. 319-320). No final de KCMT, Rawls ressalta, novamente, que a objetividade dos princípios se encontra no ponto de vista que é socialmente construído, em que o acordo sobre os juízos é dado pela perspectiva social que todos podem afirmar. Assim, a posição original não pode ser tomada como uma base axiomática de onde os princípios seriam derivados. Antes, é um procedimento para estabelecer os princípios mais adequados a uma concepção de pessoa que está implícita em uma sociedade democrática

---

5   Todd Hedrick ressalta acertadamente o aspecto normativo que consta na posição original sob o véu da ignorância, uma vez que os princípios de justiça são construídos em uma situação equitativa de escolha que orienta as instituições básicas da sociedade, sendo o fundo comum para a construção das intuições morais compartilhadas por pessoas razoáveis, isto é, as ideias de sociedade cooperativa e pessoa moral. Assim, a justiça como equidade é justificada pelos princípios de justiça, que são justificados pela situação imparcial de escolha, a qual, por sua vez, é justificada pelas ideias de sociedade cooperativa e pessoa moral. Ver HEDRICK, 2010, p. 52-60. Ver, também, MANDLE, 2009, p. 40-41, e HILL JR., 1989, p. 755-756.

moderna, princípios esses que são publicamente reconhecidos, objetivos e orientam a estrutura básica da sociedade (KCMT, p. 356-358).

Isso parece significar que as convicções morais-políticas são objetivas, fundadas em uma ordem de razões, se pessoas racionais e razoáveis, com capacidade suficiente de exercício de seus poderes de razão prática, puderem endossar essas convicções com a devida reflexão, e isso representa dizer que existem razões, que são especificadas por uma concepção política razoável e mutuamente reconhecida, que são suficientes para convencer todas as pessoas razoáveis de que isto é razoável (*PL* III, § 7.1, p. 119). Assim, um juízo moral é correto porque ele mantém uma coerência com os princípios da razão prática.

Entretanto, isso não impede a existência de divergência a respeito dessas convicções, dados os limites (ou ônus) da razão e do juízo. Por isso, é necessário especificar um fundamento independente que possa contar com o reconhecimento de todos, e esse é o ponto de vista social que especifica os valores morais-políticos de tolerância, respeito mútuo, senso de equidade e senso de civilidade (*PL* III, § 7.2, p. 119-121). É importante ressaltar que os fatos relevantes no raciocínio prático não são construídos, bem como não são construídas as ideias de pessoa e sociedade. São fatos sobre o conteúdo de uma concepção política de justiça, isto é, são dados pela natureza do procedimento construtivista, e, por isso, se poderia facilmente chegar a uma conclusão do erro tanto da escravidão como de qualquer discriminação ou mesmo da intolerância.

Por exemplo, dizer que "a escravidão é injusta" não significa apelar a uma razão ontológica para identificar o que é o "injusto" ou "errado", apelando apenas para o fato de que os princípios de justiça condenam a escravidão como injusta, uma vez que na justiça como equidade se pressupõem os valores de tolerância, respeito mútuo, senso de equidade e civilidade, valores que são tomados como fatos relevantes (*PL* III, § 7.3, p. 121-122). Pettit aponta acertadamente que a concepção de sociedade de Rawls supera as concepções solidarista e singularista de pessoa como as adotadas pelo utilitarismo e libertarismo, respectivamente, podendo ser definida como um grupo de uma cidade (sociedade) cívica (*civicity*), isto é, como um grupo que está comprometido com o debate sobre os propósitos comuns compartilhados. O seu acertado argumento é que Rawls endossa a imagem da sociedade política como uma *civicity*, sendo um defensor de uma cidadania cívica, uma vez que a sociedade política é vista como um conjunto de cidadãos que tomam a reciprocidade como critério normativo para a ação e que essa imagem explica por que a cooperação social estabelece novos direitos básicos. Essa ontologia seria percebida tanto na concepção de uma sociedade bem ordenada em *TJ* como na concepção de uma sociedade democrática atual, como no caso de *PL* (PETTIT, 2005, p. 167-170)[6].

A objetividade dos princípios

A partir das características centrais de ontologia moral da justiça como equidade como apontadas anteriormente, pode-se perceber que o procedimento construtivista estabelece princípios que especificam quais fatos sobre as ações, instituições, pessoas e mundo social em geral são relevantes na deliberação política, isto é, se estabelecem princípios pelo procedimento de construção para identificar os fatos que são tomados como razões. Esses fatos não são construídos, eles são fatos sobre a possibilidade de construção.

Isso parece querer dizer que a justiça como equidade opera com uma concepção política de justiça para um regime constitucional que toma como ponto de partida as ideias fundamentais de sociedade bem ordenada como um sistema equitativo de cooperação entre cidadãos morais e racionais, sendo esta a sua possibilidade de construção que está implícita em uma família de concepções e princípios do raciocínio prático que são a base da construção para dizer que "a escravidão é injusta" e que as virtudes de tolerância, respeito mútuo e senso de equidade e civilidade são virtudes políticas que tal regime deve defender (*PL* III, § 7.3, p. 123). Esse sistema moral toma como "pontos fixos provisórios" os juízos ponderados (*considered judgments*), que são os fatos básicos, tais como os que afirmam que a escravidão, a tirania, a exploração e perseguição religiosa são injustas, e que devem estar conectados de forma coerente com os princípios aceitáveis pelos agentes em equilíbrio reflexivo. Para Rawls:

> Podemos aceitar provisoriamente, embora com confiança, certos juízos ponderados como pontos fixos, como aqueles que tomamos como fatos básicos, tal como a escravidão ser injusta. Mas, temos uma concepção política integralmente filosófica apenas quando tais fatos estão coerentemente conectados em conjunto com conceitos e princípios aceitáveis para nós sob correta reflexão (*PL* III, § 7.4, p. 124).

Isso quer dizer que os juízos ponderados são tomados como fatos morais básicos; porém, esses fatos não contam como independentes da estrutura

---

6 Sobre uma interpretação semelhante à de Pettit, ver, também, FREEMAN, 2007, p. 209-210.

mental do agente, pois apenas contam como razões no interior mesmo de um procedimento. A esse respeito, creio ser relevante fazer referência à distinção que Rawls faz a respeito de três pontos de vista de justificação na justiça como equidade: (i) o das partes na posição original, (ii) o dos cidadãos em uma sociedade bem ordenada e (iii) o nosso ao examinar a justiça como equidade como uma base para uma concepção de justiça que possa garantir um entendimento adequado de liberdade e igualdade. Este terceiro ponto de vista é o de uma justificação por equilíbrio reflexivo geral (*general*) e amplo (*wide*) que possibilita testar as convicções ponderadas com os princípios de justiça construídos pela teoria da justiça como equidade. A doutrina que encontrar esse critério de justificação completa seria a doutrina mais adequada (razoável) para os envolvidos (KCMT, p. 321).

É importante compreender que o escopo do construtivismo político está limitado apenas aos valores políticos que caracterizam o domínio público, podendo ser visto como uma utopia realista[7]. Esses valores políticos podem ser formulados com base nas ideias fundamentais de sociedade cooperativa entre cidadãos razoáveis e racionais. Disso não segue que uma ordem mais abrangente de valores possa ser construída. Como o construtivismo político quer ser o foco de um consenso sobreposto sobre doutrinas abrangentes razoáveis, não pode afirmar nem negar essa ordem abrangente de valores conflitantes, o que recai sobre o argumento da estabilidade pelas razões corretas (*stability for the right reasons*), uma vez que estabelece uma base pública de justificação que é suficiente para os propósitos políticos, afirmando que esse consenso é moral em seu objeto (estrutura básica da sociedade) e em seu conteúdo (princípios de justiça).

E é exatamente por não afirmar ou negar a verdade de um fundamento ontológico último que a justiça como equidade pode superar o impasse discutido pelas teorias realistas e antirrealistas e propor uma teoria normativa com base na razoabilidade como critério de correção que seja compatível com as diversas doutrinas abrangentes, até mesmo com as teorias em ontologia moral que são contraditórias entre si (*PL* III, § 8.1-8.2, p. 125-127).

---

7 Em *LP*, Rawls fala que o projeto de um Direito dos Povos pode ser entendido como uma utopia realista, pois procura dar aos princípios morais-políticos um papel determinante para a paz internacional, distinguindo-se do realismo político que procura apenas adaptar os princípios às condições políticas existentes. Essa ideia de uma utopia realista afirma que os grandes males da história da humanidade decorrem da injustiça política e que esses males desaparecerão quando as principais formas de injustiça política forem eliminadas por políticas sociais justas (ou ao menos decentes) e instituições justas ou decentes (*LP* § 1.2, p. 12-16).

A conclusão aqui parece ser bastante clara: uma vez que se aceita o fato de que o pluralismo razoável é uma condição da cultura pública de uma sociedade com instituições livres, a ideia de razoabilidade é mais adequada para possibilitar uma base pública de justificação em um regime constitucional do que a ideia de verdade moral, superando o impasse em ontologia moral por meio de uma concepção inclusivista que possibilita o reconhecimento da razoabilidade das diversas doutrinas abrangentes, sendo decisivo para a unidade e estabilidade de uma sociedade (*PL* III, § 8.3, p. 128-129).

Esse modelo construtivista contrasta com o intuicionismo racional ao não pretender a defesa da verdade dos juízos morais e nem defender a existência de fatos morais que poderiam ser evidenciados pela intuição, reivindicando a razoabilidade dos juízos e princípios morais e a justificação pública das intuições morais. Também se diferencia do construtivismo kantiano ao restringir suas ambições ao campo do político, não subsumindo um idealismo transcendental. Entretanto, essa posição não parece poder ser interpretada como antirrealista em sentido estrito, pois determinados valores políticos são tomados como fatos morais e isto mostra que uma concepção política razoável deve estar referida em uma base pública de acordo com os princípios da razão prática em conjunção com as concepções de sociedade e pessoa, sendo a razoabilidade seu critério de correção. Mas, claro, isto não implicaria uma posição realista estrito senso[8].

Assim, creio que não seria necessário enfrentar o problema semântico-epistemológico sobre a verdade dos juízos morais ou sobre a realidade ontológica dos fatos morais, pois a argumentação recairá sobre a plausibilidade da teoria, o que remete a uma função pragmática de estabelecimento

---

8   Barry procura destacar a proximidade do construtivismo com o intuicionismo (realismo) com base na categoria de *considered judgments* (1989, p. 259-282); Audard faz referência a um construtivismo fraco devido ao apelo às intuições ponderadas e a um construtivismo de tipo hegeliano por recusar o dualismo kantiano (2007, p. 54-56 e p. 294-295, n. 18); Pogge diz que Rawls deixa aberta a questão de que pode ser que exista uma realidade moral independentemente de nossas convicções, ressaltando que o princípio liberal de legitimidade e o dever de civilidade podem ser compreendidos como tendo valor objetivo (POGGE, 2007, p. 174-177). Freeman aponta para uma distinção entre o construtivismo kantiano de Rawls e o seu construtivismo político, sendo o primeiro claramente antirrealista ao negar a existência de fatos morais como independentes do procedimento de construção, enquanto o segundo não seria antirrealista em razão de sua estratégia de evitar as controvérsias metafísicas para possibilitar o consenso sobreposto (FREEMAN, 2007, p. 351-357). O'Neill pondera que o construtivismo de Rawls refuta o posicionamento emotivista, intuicionista e comunitarista e, nesse sentido, não poderia ser tomado como antirrealista em razão da reivindicação do papel de construção dos princípios pelos agentes morais (O'NEILL, 2003, p. 348).

de uma melhor organização social. Inclusive, no artigo IMT, Rawls defende certa independência da teoria moral em relação à epistemologia, procurando evitar o problema da verdade moral e investigar sobre uma teoria moral, defendendo sua prioridade. A proposta é tentar encontrar um esquema de princípios que estejam em equilíbrio reflexivo com os juízos ponderados dos agentes sociais. E, dessa forma, os princípios caracterizariam a sensibilidade moral dos agentes em razão de terem as seguintes condições formais: generalidade, universalidade, ordenação e publicidade[9].

Rawls entende a justiça como equidade como uma concepção política de justiça e isso parece implicar (i) utilizar um critério normativo publicamente reconhecido para orientar as instituições políticas, econômicas e sociais e (ii) propiciar um consenso sobreposto sobre as diversas doutrinas abrangentes razoáveis, não sendo ela própria uma doutrina abrangente (JFPnM, p. 388-390). Essa concepção política de justiça não faz nenhuma afirmação sobre o estatuto ontológico dos fatos morais, mas pressupõe uma ontologia social de base contratualista que possibilita a objetividade dos princípios a partir do ponto de vista social[10].

Pelo que foi exposto, pode-se identificar um pressuposto central da justiça como equidade no que diz respeito ao estatuto de objetividade dos juízos e princípios morais: essa objetividade está circunscrita ao processo de justificação da teoria. Dessa forma, a teoria que reunir as melhores características para a construção de um ponto de vista público razoável, tomando a reciprocidade como critério fundamental, sendo aceitável por todos em consenso sobreposto, teria sua justificação assegurada em um equilíbrio reflexivo amplo, o que seria suficiente para a garantia da objetividade dos princípios de justiça. Importa ressaltar que o objetivo da justiça como equidade é prático, e não metafísico ou epistemológico, e isso significa ser vista como uma concepção de justiça que não é verdadeira, mas que busca encontrar uma base moral comum para o acordo político entre cidadãos entendidos como livres e iguais. Assim, tenta evitar o problema da controvérsia entre realismo e subjetivismo sobre o estatuto dos valores morais, sendo que seu construtivismo não necessita nem afirmar nem negar essas doutrinas. Sua estratégia é aplicar a ideia de tolerância na filosofia

---

9   Ver IMT, p. 286-302, e *TJ* I, § 9, p. 51/44-45 rev.
10 Isso também é afirmado em KCMT, p. 356-358. Ver a crítica de Brink a respeito de uma suposta contradição entre o antirrealismo de KCMT e a neutralidade metafísica de JFPnM em BRINK, 1989a, p. 308-320.

moral e, assim, estabelecer o critério pelo acordo livre e a reconciliação pelo uso público da razão[11].

O papel do razoável

Com isso em mãos, penso que se pode concluir que a justiça como equidade faz uso de um holismo social da mesma forma que é especificado por Esfeld e Pettit, uma vez que na posição original os agentes não deliberam de forma solipsista para a construção dos princípios de justiça, e isso em razão de as partes deliberarem com base no âmbito da reciprocidade, que nada mais é do que a deliberação e a decisão a que se chega a partir de um ponto de vista social. E isso é assim porque as regras acordadas, isto é, os princípios de justiça, estão referidas a uma dimensão social, dimensão essa que pode ser exemplificada pela ideia de sociedade equitativa de cooperação social, o que implica as ideias de pessoas como livres e iguais e sociedade bem ordenada, que é utilizada como valor moral pressuposto à construção.

Com isso, creio que seria possível responder à crítica de Klosko ao construtivismo político de Rawls, que aponta que Rawls não explicaria por que a cultura pública deveria ser organizada em torno das ideias intuitivas de (i) sociedade como um sistema de cooperação e (ii) pessoa com concepção de bem e senso de justiça, e não em torno de outras ideias, uma vez que Rawls se abstém de demonstrar a verdade dessas ideias (KLOSKO, 1997, p. 640). Com esse pressuposto de holismo social, penso, a validade das ideias morais básicas se daria por convergência social e isso não seria arbitrário.

Assim, é possível perceber que seguir uma regra nesse modelo construtivista se identificaria com uma ação eminentemente social. E, também, não se pode esquecer que a característica de sobreposição (ou superveniência) dos princípios de justiça sobre os juízos morais comuns dos cidadãos é garantida pela condição de publicidade, uma vez que é a justificação pública o que assegurará a objetividade desses juízos. Por mais que Rawls procure elaborar sua teoria da justiça como equidade de forma independente da metafísica, da epistemologia e da teoria do significado, parece haver certo

---

11 Ver JFPnM, p. 394-395, e JR, p. 190-224. Em *TJ*, Rawls diz que os dois princípios de justiça seriam escolhidos na posição original em preferência a outras concepções de justiça, tais como a do utilitarismo e perfeccionismo, e que esses princípios melhor combinam com nossos juízos ponderados sobre o alcance dessas alternativas, não reivindicando que esses princípios sejam verdades necessárias ou deriváveis de tais verdades, sendo a justificação uma questão de apoio mútuo, e não de dedução de premissas autoevidentes. Ver *TJ* I, § 4, p. 21/29 rev.; § 9, p. 50, 43 rev. Ver, também, ROBERTS, 2007, p. 8-9, e DANIELS, 1996, p. 22.

comprometimento ontológico com uma dada estrutura social equitativa que tem um papel preponderante em seu modelo contratualista. Se essa interpretação estiver ao menos parcialmente correta, creio que esse tipo de contratualismo não poderia mais ser visto como oposto ao comunitarismo. Mais fácil seria vê-los como modelos complementares.

Um último comentário sobre o conceito de razoável. Rawls ressalta a todo momento que a razoabilidade seria apenas um critério prático, e não epistemológico, ponderando que ele teria elementos epistemológicos, é claro, mas sendo mais especificamente compreendido como um ideal político de cidadania democrática que incluiria a ideia de razão prática (PL II, § 3.4, p. 62). Em certos momentos, inclusive, toma como equivalente os termos "premissas verdadeiras" e "premissas aceitáveis" na definição de justificação. Nas palavras de Rawls:

> Preferencialmente, a justificação é endereçada aos outros que discordam de nós e, dessa forma, deve sempre proceder de algum consenso, isto é, de premissas que nós e os outros reconhecemos publicamente como verdadeiras; ou melhor, que reconhecemos publicamente como aceitáveis para o propósito de estabelecer um acordo viável sobre questões fundamentais de justiça política (JFPnM, p. 394).

Mas o que isto parece significar? Uma possibilidade interpretativa seria compreender esse recurso como uma estratégia pragmatista e procedimentalista de verdade, de forma que juízos morais ponderados poderiam ser tomados como verdadeiros a partir dos procedimentos de construção e justificação. Por exemplo, dizer que "a intolerância religiosa e a escravidão são injustas" com base nos procedimentos de posição original/véu da ignorância e equilíbrio reflexivo amplo, respectivamente, implicaria dizer que "não devemos ser intolerantes" ou que "o Estado tem legitimidade em punir o intolerante", o que pode ser equivalente, pragmaticamente, a dizer que é verdadeiro que a "intolerância religiosa e a escravidão são injustas". Se essa interpretação for possível, então, a pretensa fraqueza epistemológica da teoria se dissolveria. E, mais, parece que se teria uma maior proximidade entre uma teoria liberal de justiça com uma teoria comunitarista de justiça e que isso seria desejável ao se pensar na complexidade dos problemas morais e políticos que devem ser enfrentados a todo momento e esperam por soluções.

Referências

AGOSTINHO, Santo. *City of God (De Civitate Dei)*. New York: Image Books, 1958.

ANSCOMBE, G. E. M. Modern Moral Philosophy. In: CRISP, Roger; SLOTE, Michael (Eds.). *Virtue Ethics*. New York: Oxford University Press, 1998, p. 26-44.

ARISTÓTELES. *Nicomachean Ethics* (Transl. Terence Irwin). 2. ed. Indianapolis: Hackett, 1999.

_____. *Politics* (Transl. Benjamin Jowett). Mineola, NY: Dover, 2000.

AUDARD, Catherine. *John Rawls*. Oxford: McGill-Quen's University Press, 2007.

AUDI, Robert. *Practical Reasoning and Ethical Decision*. New York: Routledge, 2006.

BARRY, Brian. *Theories of Justice*. Berkeley, CA: University of California Press, 1989, p. 257 292.

BATISTA, Vera. Empresas Utilizam Teste de Integridade para Seleção de Funcionários. *Correio Braziliense*, 27 mar. 2017.

BIANCHI, A. M.; SANTOS, A. T. L. Além do Cânon: Mão Invisível, Ordem Natural e Instituições. *Estudos Econômicos*, São Paulo, vol. 37, n. 3, 2007, p. 635-662.

BLACKBURN, Simon. *Ruling Passions*: A Theory of Practical Reasoning. New York: Oxford University Press, 2009.

BOBBIO, Norberto. *Teoria Generale Della Politica*. Torino: Giulio Einaudi Editore, 1999.

BOONIN, David. *The Problem of Punishment*. Cambridge: Cambridge University Press, 2008.

BRINK, David. *Moral Realism and the Foundations of Ethics*. Cambridge: Cambridge University Press, 1989a.

_____. Moral Disagreement. In: *Moral Realism and the Foundations of Ethics*. Cambridge: Cambridge University Press, 1989b, p. 198-209.

BROADIE, Alexandre. Sympathy and the Impartial Spectator. In: HAAKONSSEN, K. (Ed.). *The Cambridge Companion to Adam Smith*. New York: Cambridge University Press, 2006, p. 158-188.

BROOKS, Thom. Punishment and Moral Sentiments. *The Review of Metaphysics*, vol. 66, n. 2, 2012a, p. 281-293.

_____. *Punishment*. London: Routledge, 2012b.

BUCHANAN, Allen; POWELL, Russell. *The Evolution of Moral Progress*: A Biocultural Theory. New York: Oxford University Press, 2018.

CAHN, Steven. Fatalism. In: KIM, J.; SOSA, E. (Eds.). *A Companion to Metaphysics*. Oxford: Blackwell, 1995, p. 168-170.

CALHOUN, Cheshire. Standing for Something. *Journal of Philosophy*, vol. XCII, 1995, p. 235-260.

CARRIT, E. F. *Ethical and Political Thinking*. Oxford: Clarendon Press, 1947.

CERQUEIRA, Hugo da Gama. Adam Smith e seu Contexto: O Iluminismo Escocês. *Economia e Sociedade*, vol. 26, 2006, p. 1-28.

_____. Sobre a Filosofia Moral de Adam Smith. *Síntese*: Revista de Filosofia, vol. 35, n. 111, 2008, p. 57-86.

CHRISAFIS, Angelique. Emmanuel Macron's Party set for Landslide in French Parliamentary Elections. *The Guardian*, 12 jun. 2017.

COATES, D. J.; TOGNAZZINI, N. A. (Eds.). *Blame*: Its Nature and Norms. New York: Oxford University Press, 2013a.

_____. The Contours of Blame. In: COATES, D. J.; TOGNAZZINI, N. A. (Eds.). *Blame*: Its Nature and Norms. New York: Oxford University Press, 2013b, p. 3-26.

COITINHO, Denis. *Justiça e Coerência*: Ensaios sobre John Rawls. São Paulo: Loyola, 2014.

_____. *Contrato & Virtudes*: Por Uma Teoria Moral Mista. São Paulo: Loyola, 2016.

COLLUCI, Cláudia. Máfia das Próteses e as Reações Hipócritas. *Folha de S.Paulo*, 20 jan. 2015.

CORPORACIÓN LATINOBARÓMETRO. *Inflatinobarometro*. Santiago de Chile: Informe 2017.

DANIELS, Norman. *Justice and Justification*: Reflective Equilibrium in Theory and Practice. Cambridge: Cambridge University Press, 1996.

DARWALL, Stephen. *The Second-Person Standpoint*: Morality, Respect, and Accountability. Cambridge, MA: Harvard University Press, 2006.

_____. *Morality, Authority, and Law*: Essays in Second-Person Ethics I. Oxford: Oxford University Press, 2013.

DAVIDSON, Donald. Actions, Reasons, and Causes. In: *Essays on Actions and Events*. Oxford: Clarendon Press, 1980, p. 3-19.

DEL PRETTE, Almir. O Comportamento Coletivo como Fenômeno Psico-lógico-social. *Revista Psicologia Argumento*, ano XI, n. XIII, 1993, p. 1-24.

DI PIETRO, Maria Sylvia Zanella. *Direito Administrativo*. 15. ed. São Paulo: Atlas, 2001.

DODD, Merrick. For Whom Are Corporate Managers Trustees? *Harvard Law Review*, 45, 1932, p. 1145-1163.

DRUCKER, Peter. *The Practice of Management*. New York: Harper & Brothers, 1954.

DWORKIN, Ronald. *Taking Rights Seriously*. Cambridge, MA: Harvard University Press, 1977.

_____. *Law's Empire*. Cambridge, MA: Harvard University Press, 1986.

_____. *Sovereing Virtue*: The Theory and Practice of Equality. Cambridge, MA: Harvard University Press, 2002.

EDER, Klaus. Identidades Coletivas e Mobilização de Identidades. *Revista Brasileira de Ciências Sociais*, vol. 18, n. 53, 2003, p. 5-18.

ENOCH, David. Moral Luck and the Law. *Philosophy Compass*, vol. 5, n. 1, 2010, p. 42-54.

ESFELD, Michael. Holism and Analytic Philosophy. *Mind, New Series*, vol. 107, n. 426, 1998, p. 365-380.

ESTLUND, David. The Insularity of the Reasonable: Why Political Liberalism Must Admit the Truth. *Ethics*, vol. 108, n. 2, 1998, p. 252-275.

FARR, James; WILLIAMS, David Lay. *The General Will*: The Evolution of a Concept. New York: Cambridge University Press, 2015.

FEINBERG, Joel. *Doing and Deserving*: Essays in the Theory of Responsibility. Princeton, NJ: Princeton University Press, 1970.

FERREIRA, Aurélio Buarque de Holanda. *Novo Dicionário Aurélio da Língua Portuguesa*. Nova Edição Revista e Ampliada. Rio de Janeiro: Nova Fronteira, 1986.

FINKELSTEIN, Claire. Punishment as Contract. *Ohio State Journal of Criminal Law*, vol. 8, 2011, p. 319-340.

FISCHER, John; RAVIZZA, Mark (Eds.). *Ethics*: Problems and Principles. Fort Worth, TX: Harcourt Brace Jovanovich, 1992.

_____. *Responsibility and Control: A Theory of Moral Responsibility*. Cambridge: Cambridge University Press, 1998.

FOOT, Philippa. The Problem of Abortion and the Doctrine of Double Effect. *Oxford Review*, n. 5, 1967, p. 5-15.

FRANKFURT, Harry. Alternate Possibilities and Moral Responsibility. *The Journal of Philosophy*, vol. 66, n. 23, 1969, p. 829-839.

_____. Freedom of the Will and the Concept of Person. *Journal of Philosophy*, vol. 68, n. 1, 1971, p. 5-20.

FREDERICK, Robert. Ethics in Business: Two Skeptical Challenges. In: HOFFMAN, W.; FREDERICK, R.; SCHWARTZ, M. (Eds.). *Business Ethics*: Readings and Cases in Corporate Morality. Oxford: Wiley Blackwell, 2014, p. 192-202.

FREEMAN, Samuel. *Rawls*. London: Routledge, 2007.

FRIEDMAN, Milton. The Social Responsibility of Business is to Increase its Profits. *The New York Times Magazine*, September 13, 1970, p. 122-126.

GARDINER, B. Rawls on Truth and Toleration. *The Philosophical Quarterly*, vol. 38, n. 150, 1988, p. 103-111.

GARRETT, Brian. *What is this Thing Called Metaphysics?* London: Routledge, 2006.

GETTIER, Edmund. Is Justified True Belief Knowledge? *Analysis*, vol. 23, n. 6, 1963, p. 121-123.

GIBBARD, Allan. *Wise Choices, Apt Feelings*. Cambridge, MA: Harvard University Press, 1990.

_____. *Meaning and Normativity*. Oxford: Oxford University Press, 2012.

GOETHE, J. G. *Os Anos de Aprendizado de Wilhelm Meister*. São Paulo: Editora 34, ³2020.

GOLDMAN, Alvin. *Knowledge in a Social World*. Oxford: Oxford University Press, 1999.

HAAKONSSEN, Knud. *The Science of a Legislator*: The Natural Jurisprudence of David Hume and Adam Smith. Cambridge: Cambridge University Press, 1989.

_____. Introduction: The Coherence of Smith`s Thought. In: HAAKONSSEN, K. (Ed.). *The Cambridge Companion to Adam Smith*. New York: Cambridge University Press, 2006, p. 1-21.

HABERMAS, Jurgen. Reconciliation Through the Public use of Reason: Remarks on John Rawls' Political Liberalism. *The Journal of Philosophy*, vol. 92, n. 3, 1995, p. 109-131.

HAMPSHIRE, Stuart. Fallacies in Moral Philosophy. *Mind*, vol. 58, n. 232, 1949, p. 466-482.

HAMPTON, Jean. The Moral Education Theory of Punishment. *Philosophy & Public Affairs*, vol. 13, n. 3, 1984, p. 208-238.

HANNA, Nathan. Liberalism and the General Justifiability of Punishment. *Philosophical Studies*: An International Journal for Philosophy in the Analytic Tradition, vol. 145, n. 3, 2009, p. 325-349.

HARARI, Yuval. *Sapiens*: A Brief History of Humankind. New York: Harper, 2015.

HART, H. L. A. Prolegomenon to the Principles of Punishment. *Proceedings of the Aristotelian Society, New Series*, vol. 60, 1959-1960, p. 1-26.

_____. *Punishment and Responsibility*: Essays in the Philosophy of Law. 2. ed. Oxford: Oxford University Press, 2008.

HEDRICK, Todd. *Rawls and Habermas*: Reason, Pluralism, and the Claims of Political Philosophy. Stanford, CA: Stanford University Press, 2010.

HILL JR., Thomas. Kantian Constructivism in Ethics. *Ethics*, vol. 99, n. 4, 1989, p. 752-770.

HOFFMAN, W.; FREDERICK, R.; SCHWARTZ, M. (Eds.). *Business Ethics*: Readings and Cases in Corporate Morality. Oxford: Wiley Blackwell, 2014.

HOHFELD, Wesley. *Fundamental Legal Conceptions as Applied in Judicial Reasoning.* COOK, W. (Ed.). New Haven: Yale University Press, 1919. Reprinted in: CAMPBELL, D.; THOMAS, P. (Eds.). Ashgate: Aldershot, 2001.

HONIG, B. Rawls on Political and Punishment. *Political Research Quarterly*, vol. 46, n. 1, 1993, p. 99-125.

HUGO, Victor. *Les Misérables*. Tome I. Paris: Gallimard, 1999.

ISHIGURO, Kazuo. *Never Let Me Go*. London: Faber and Faber, 2010.

JACKSON, Frank. *From Metaphysics to Ethics*: A Defence of Conceptual Analysis. Oxford: Clarendon Press, 1998.

JUNGES, Cíntia. Após Lava Jato, Teste de Integridade Ganha Espaço como Critério de Seleção. *Gazeta do Povo*, 31 mar. de 2017.

KLOSKO, George. Political Constructivism in Rawls's Political Liberalism. *The American Political Science Review*, vol. 91, n. 3, 1997, p. 635-646.

KORSGAARD, Christine. *The Sources of Normativity*. New York: Cambridge University Press, 1996.

LACEY, Hugh. Relações entre Fato e Valor. *Cadernos de Ciências Humanas*, vol. 9, n. 16, 2006, p. 251-266.

LE BON, Gustav. *The Crowd*. New York: Viking, 1960.

LIBET, Benjamin. Unconscious Cerebral Initiative and the Role of Conscious Will in Voluntary Action. *Behavioral and Brain Sciences*, vol. 08, 1985, p. 529-566.

LIEBERMAN, David. Adam Smith on Justice, Rights, and Law. In: HAAKONSSEN, K. (Ed.). *The Cambridge Companion to Adam Smith*. New York: Cambridge University Press, 2006, p. 214-245.

LOCKE, John. *An Essay Concerning Human Understanding*. London: Dent, 1961.

_____. A Letter Concerning Toleration. In: VERNON, Richard (Ed.). *Locke on Toleration*. Cambridge: Cambridge University Press, 2010.

MACKIE, John L. *Ethics: Inventing Right and Wrong*. London: Penguin Books, 1977.

MANDEVILLE, Bernard. *The Fable of the Bees*: Or Private Vices, Public Benefits. London: Penguin Books, 1989.

MANDLE, Jon. *Rawls's*: A Theory of Justice: An Introduction. New York: Cambridge University Press, 2009.

McDOWELL, John. Values and Secondary Qualities. In: HONDERICH, Ted (Ed.). *Morality and Objectivity*. London: Routledge, 1985. Reprinted in: SHAFER-

LANDAU, R.; CUNEO, T. (Eds.). *Foundations of Ethics*: An Anthology. Oxford: Blackwell, 2007, p. 137-144.

McLAREN, Margaret A. Collective Identity. In: CHATTERJEE D. K. (Eds.). *Encyclopedia of Global Justice*. Springer: Dordrecht, 2011.

MELE, Alfred. *Free Will and Luck*. New York: Oxford University Press, 2006.

MELISSARIS, Emmanuel. Toward a Political Theory of Criminal Law: A Critical Rawlsian Account. *New Criminal Law Review*: An International and Interdisciplinary Journal, vol. 15, n. 1, 2012, p. 122-155.

MIKHAIL, John. *Elements of Moral Cognition*: Rawls' Linguistic Analogy and the Cognitive Science of Moral and Legal Judgment. New York: Cambridge University Press, 2011.

MILLER, Eric. 'Sympathetic Exchange', Adam Smith and Punishment. *Ratio Juris*, vol. 9, n. 182, 1996.

MILO, Ronald. Contractarian Constructivism. *Journal of Philosophy*, 92, 1996, p. 181-204. In: SHAFER-LANDAU; CUNEO (Eds.). *Foundations of Ethics*: An Anthology. Oxford: Blackwell, 2008, p. 120-131.

MOORE, G. E. *Principia Ethica*. Cambridge: Cambridge University Press, 1959.

MORRIS, Betsy. The Accidental CEO. *Fortune*, June 9, 2003, p. 42-47.

NAGEL, Thomas. Moral Luck. *Proceedings of Aristotelian Society*, vol. 50, 1976. Rep. In: NAGEL, T. *Mortal Questions*. Cambridge: Cambridge University Press, 1979, p. 24-38.

_____. *The View From Nowhere*. New York: Oxford University Press, 1986.

_____. *Mind & Cosmos*: Why the Materialist Neo-Darwinian Conception of Nature is Almost Certainly False. New York: Oxford University Press, 2012.

NELKIN, Dana K. Moral Luck. *Stanford Encyclopedia of Philosophy*, 2013. Disponível em: <http://plato.stanford.edu/entries/moral-luck>. Acesso em: 04 out. 2021.

NIDA, Eugene. *Toward a Science of Translations*. Leiden: E. J. Brill, 1964.

NOZICK, Robert. *Anarchy, State, and Utopia*. New York: Basic Books, 1974.

NUSSBAUM, Martha. *The Fragility of Goodness*: Luck and Ethics in Greek Tragedy and Philosophy. Cambridge: Cambridge University Press, 1986.

_____. *Political Emotions*: Why Love Matters of Justice. Cambridge, MA: Harvard University Press, 2015.

_____. *Anger and Forgiveness*: Resentment, Generosity, Justice. New York: Oxford University Press, 2016.

OFFICE OF the High Commissioner for Human Rights. *United Nations Human Rights*. Disponível em: <www.ohchr.org/EN/Issues/>. Acesso em: 04 out. 2021.

OLDMAN, A.; WHITCOMB, D. (Eds.). *Social Epistemology*. New York: Oxford University Press, 2011.

O'NEILL, Onora. Constructivism in Rawls and Kant. In: FREEMAN, S. (Ed.). *The Cambridge Companion to Rawls*. Cambridge: Cambridge University Press, 2003, p. 347-367.

ORTEGA Y GASSET, José. *Meditaciones del Quijote*. Edición de Julián Marias. 4. ed. Madrid: Catedra, 1998.

PARFIT, Derek. Personal Identity. *The Philosophical Review*, vol. 80, n. 1, 1971, p. 3-27.

_____. *Reasons and Persons*. Oxford: Clarendon Press, 1984.

_____. *On What Matters*. Vol. I e II. Oxford: Oxford University Press, 2011.

_____. *On What Matters*. Vol. III. Oxford: Oxford University Press, 2017.

PETTIT, Philip. *The Common Mind*: An Essay on Psychology, Society, and Politics. New York: Oxford University Press, 1993.

_____. Rawls's Political Ontology. *Politics, Philosophy & Economics*, vol. 4, No. 2, 2005, p. 157-174

_____. Groups with Minds of Their Own. In: GOLDMAN, A.; WHITCOMB, D. (Eds.). *Social Epistemology*. New York: Oxford University Press, 2011, p. 242-268.

PLATÃO. *The Collected Dialogues of Plato*: Crito – Protagoras – Republic. HAMILTON, Edith; CAIRS, Hutington (Eds.). Priceton, NJ: Princeton University Press, 1999.

_____. *La Repubblica* (*Politeia*). Classici della filosofia con testo a fronte. Roma: Editori Laterza, 2006.

POGGE, Thomas W. On Justification. In: *John Rawls*: His Life and Theory of Justice. Oxford: Oxford University Press, 2007, p. 161-177.

POLLAK, Michael. Memória e Identidade Social. *Estudos Históricos*. Rio de Janeiro, vol. 05, n. 10, 1992, p. 200-212.

POPPER, Karl. *The Open Society and its Enemies*. Vol. I. London: Routledge, 1945.

_____. *The Logic of Scientific Discovery*. London: Hutchinson, 1959.

_____. *The Logic of Scientific Discovery*. London: Routledge, 2002.

PUTNAM, Hilary. *Mathematics, Matter and Method*. Cambridge: Cambridge University Press, 1975.

_____. *Reason, Truth and History*. Cambridge: Cambridge University Press, 1981.

_____. *Ethics without Ontology*. Cambridge, MA: Harvard University Press, 2005.

PYM, Anthony. *Exploring Translation Theories*. London: Routledge, 2010.

QUINE, Willard Van Orman. Two Dogmas of Empiricism. In: QUINE, W. V. *From a Logic Point of View*. Cambridge, MA: Harvard University Press, 1953, p. 20-46.

_____. *Word and Object*. Cambridge, MA: The MIT Press, 1960.

_____. *Ontological Relativity and Other Essays*. New York: Columbia University Press, 1969.

_____. On What There Is. In: *From a Logical Point of View*. 2. ed. Cambridge, MA: Harvard University Press, 1980.

RACHELS, James. *The Elements of Moral Philosophy*. 4. ed. New York: McGraw Hill, 2003.

RAPHAEL, D. D.; MACFIE, A. L. Introdution. In: SMITH, A. *The Theory of Moral Sentiments*. D. D. Raphael; A. L. Macfie (Eds.). The Glasgow Edition of the Works and Correspondence of Adam Smith, Vol. 1. Oxford: Oxford University Press, 1976, p. 1-52.

RAWLS, John. Two-fold Basis of Justice. *The Papers of John Rawls*, Harvard University Archives, HUM 48 Box 9 Folder 1, 1950s.

_____. Outline of a Decision Procedure for Ethics. *The Philosophical Review*, vol. 60, n. 2, 1951, p. 177-197.

_____. Punishment. *The Papers of John Rawls*, Harvard University Archives, HUM 48 Box 7 Folder 2, 1952-1953.

_____. Two Concepts of Rules. *Philosophical Review*, vol. 64, n. 1, 1955, p. 3-32.

_____. The Sense of Justice. *Philosophical Review*, vol. 72, n. 3, 1963, p. 281-305.

_____. *A Theory of Justice*. Original Edition. Cambridge, MA: Harvard University Press, 1971.

_____. *Political Liberalism*. Expanded Edition. New York: Columbia University Press, 1996.

_____. Justice as Reciprocity (1971). In: *Collected Papers*. S. Freeman (Ed.). Cambridge, MA: Harvard University Press, 1999a, p. 190-224.

_____. *A Theory of Justice*. Revised Edition. Cambridge, MA: Harvard University Press, 1999b.

_____. The Independence of Moral Theory (1975). In: *Collected Papers*. S. Freeman (Ed.). Cambridge, MA: Harvard University Press, 1999c, p. 286-302.

_____. Kantian Constructivism in Moral Philosophy (1980). In: *Collected Papers*. S. Freeman (Ed.). Cambridge, MA: Harvard University Press, 1999d, p. 303-358.

_____. Justice as Fairness: Political not Metaphysical (1985). In: *Collected Papers*. S. Freeman (Ed.). Cambridge, MA: Harvard University Press, 1999e, p. 388-414.

_____. Themes in Kant's Moral Philosophy (1989). In: *Collected Papers*. S. Freeman (Ed.). Cambridge, MA: Harvard University Press, 1999f, p. 497-528.

_____. *The Law of Peoples*. Cambridge, MA: Harvard University Press, 1999g.

_____. The Idea of Public Reason Revisited (1997). In: S. FREEMAN (Ed.). *Collected Papers*. Cambridge, MA: Harvard University Press, 1999h, p. 573-615.

_____. *Lectures on the History of Moral Philosophy*. Cambridge, MA: Harvard University Press, 2000.

_____. *Justice as Fairness*: A Restatement. Erin Kelly (Ed.). Cambridge, MA: Harvard University Press, 2001.

RAZ, Joseph. Facing Diversity: The Case of Epistemic Abstinence. *Philosophy and Public Affairs*, vol. 19, n. 1, 1990, p. 3-46.

RIBEIRO, Bruno. Dona de Casa foi Linchada no Guarujá após Oferecer Fruta à Criança. *O Estado de São Paulo*, 07 maio 2014.

ROBERTS, Peri. *Political Constructivism*. London: Routledge, 2007.

RORTY, Richard. The Priority of Democracy to Philosophy. In: RORTY, R. *Objetivity, Relativism, and Truth: Philosophical Papers*, vol. 1. Cambridge: Cambridge University Press, 1991, p. 175-196.

_____. Human Rights, Rationality and Sentimentality. In: RORTY, R. *Truth and Progress*: Philosophical Papers. Vol. 3. Cambridge: Cambridge University Press, 1998, p. 167-185.

ROSS, David. *The Right and the Good*. Oxford: Oxford University Press, 1930.

RUSSELL, Paul. *Freedom and Moral Sentiment: Hume's way of Naturalizing Responsibility*. Oxford: Oxford University Press, 1995.

_____. Smith on Moral Sentiment and Moral Luck. *History of Philosophy Quarterly*, vol. 16, n. 1, 1999, p. 37-58.

SALTER, John. Sympathy with the Poor: Theories of Punishment in Hugo Grotius and Adam Smith. *History of Political Thought*, vol. 20, n. 1, 1999, p. 205-224.

SANDEL, Michael. *Liberalism and the Limits of Justice*. 2. ed. Cambridge: Cambridge University Press, 1998.

SCANLON, T. M. *What We Owe to Each Other*. Cambridge, MA: Harvard University Press, 1998.

_____. The Difficulty of Tolerance. In: SCANLON, T. M. *The Difficulty of Tolerance*: Essays in Political Philosophy. Cambridge: Cambridge University Press, 2003a, p. 187-201.

_____. Punishment and the Rule of Law. In: SCANLON, T. M. *The Difficult of Tolerance*. Cambridge: Cambridge University Press, 2003b, p. 219-233.

_____. *Moral Dimensions*: Permissibility, Meaning, Blame. Cambridge, MA: Harvard University Press, 2010.

_____. *Being Realistic about Reasons*. Oxford: Oxford University Press, 2014.

SCHEFFLER, Samuel. Justice and Desert in Liberal Theory. *California Law Review*, vol. 88, Issue 3, 2000, p. 965-990.

SCHERKOSKE, Greg. Could Integrity be an Epistemic Virtue? *International Journal of Philosophical Studies*, vol. 20, 2012, p. 185-215.

SCHWARTZ, Mark. Developing and Sustaining an Ethical Corporate Culture: The Core Elements. In: HOFFMAN, W. Michael; FREDERICK, Robert E.;

SHWARTZ, Mark (Eds.). *Business Ethics*: Readings and Cases in Corporate Morality. 5. ed. Oxford: Blackwell, 2014.

SEARLE, John. *The Construction of Social Reality*. New York: The Free Press, 1995.

_____. *Mind, Language and Society*. New York: Basic Books, 1999.

SÊNECA. *De Clementia*. Susanna Braud (Ed.). Oxford: Oxford University Press, 2009.

SHAVER, Robert. Virtues, Utility, and Rules. In: HAAKONSSEN, K. (Ed.). *The Cambridge Companion to Adam Smith*. New York: Cambridge University Press, 2006, p. 189-213.

SHOEMAKER, David. Blame and Punishment. In: COATES, D. J.; TOGNAZZINI, N. A. (Eds.). *Blame*: Its Nature and Norms. New York: Oxford University Press, 2013, p. 100-118.

SMITH, Adam. *An Inquiry into the Nature and Causes of the Wealth of Nations*. Vol. I and II., R. H. Campbell; A. S. Skinner (Eds.); textual editor W. B. Todd. The Glasgow Edition of the Works and Correspondence of Adam Smith, vol. 2. Oxford: Oxford University Press, 1976a.

_____. *The Theory of Moral Sentiments*. Edited by D. D. Raphael and A. L. Macfie. The Glasgow Edition of the Works and Correspondence of Adam Smith, Vol. 1. Oxford: Oxford University Press, 1976b.

_____. *Lectures on Jurisprudence*. R. L. Meek, D. D. Raphael, and P. G. Stein. The Glasgow Edition of the Works and Correspondence of Adam Smith, vol. 5. Oxford: Oxford University Press, 1978.

STATMAN, Daniel. Moral and Epistemic Luck. *Ratio*, vol. 4, 1991, p. 146-156.

_____. Introduction. In: STATMAN, D. (Ed.). *Moral Luck*. Albany: Suny Press, 1993, p. 1-34.

STEVENSON, Charles. The Nature of Ethical Disagreement. In: *Facts and Values*. New Haven: Yale University Press, 1963, p. 1-9.

STRAWSON, Galen. The Impossibility of Moral Responsibility. *Philosophical Studies*, vol. 75, n. 102, 1994, p. 5-24.

STRAWSON, Peter. Freedom and Resentment. *Proceedings of the British Academy*, vol. 48, 1962, p. 1-25.

_____. Freedom and Resentment. In: STRAWSON, P. *Freedom and Resentment and Other Essays*. London: Routledge, 2008, p. 1-28.

SVERDLIK, Steven. Crime and Moral Luck. *American Philosophical Quarterly*, vol. 25, 1988, p. 79-86.

TAYLOR, Charles. Atomism. In: *Philosophical Papers*, vol. 2. New York: Cambridge University Press, 1985, p. 187-210.

THOMAS, Alan. *Value and Context*: The Nature of Moral and Political Knowledge. New York: Oxford University Press, 2010.

THOMSON, Judith J. The Trolley Problem. *The Yale Law* Journal, vol. 94, n. 6, 1985, p. 1395-1415.

_____. Morality and Bad Luck. *Metaphilosophy*, vol. 20, n. 3-4, 1989, p. 203-221.

TIMMONS, Mark. *Morality without Foundations*: A Defense of Ethical Contextualism. New York: Oxford University Press, 2004.

UNITED NATIONS. *Universal Declaration of Human Rights.* Disponível em: <www.ohchr.org/EN/UDHR/>. Acesso em: 04 out. 2021.

VALENTE, Rubens. Desastre de Brumadinho traz à Tona Ressentimento e Críticas Contra a Vale. *Folha de S.Paulo*, 28 jan. 2019.

ZIMMERMAN, Michael. Taking Luck Seriously. *The Journal of Philosophy*, vol. 99, n. 11, 2002, p. 553-576.

_____. The Problem of Moral Luck. In: ZIMMERMAN, M. *The Immorality of Punishment.* Peterborough, Ontario: Broadview Press, 2011, p. 121-150.

WALKER, Margaret Urban. Moral Luck and the Virtues of Impure Agency. *Metaphilosophy*, vol. 22, 1991, p. 14-27. Rep. in: STATMAN, D. (Ed.). *Moral Luck.* Albany: Suny Press, 1993, p. 235-250.

WALZER, Michael. *On Toleration.* New Haven: Yale University Press, 1997.

WILLIAMS, Bernard. A Critique of Utilitarianism. In: SMART, J. J. C.; WILLIAMS, B. (Eds.). *Utilitariasnism For and Against.* Cambridge: Cambridge University Press, 1973, p. 77-150.

_____. Moral Luck. *Proceedings of Aristotelian Society*, vol. 50, 1976. Rep. In: WILLIAMS, B. *Moral Luck.* Cambridge: Cambridge University Press, 1981, p. 20-39.

_____. Postscript. In: STATMAN, D. (Ed.). *Moral Luck.* Albany: Suny Press, 1993, p. 251-258.

WILLIAMSON, Timothy. Knowledge, Context, and the Agent's Point of View. In: PREYER, Gerhard; PETER, Georg (Eds.). *Contextualism in Philosophy*: Knowledge, Meaning, and Truth. Oxford: Clarendon Press, 2005, p. 91-114.

WILSON, Edward. *Sociobiology*: The New Synthesis. Cambridge, MA: Harvard University Press, 1975.

WITTGENSTEIN, Ludwig. *On Certainty.* Transl. Denis Paul; G. E. M. Anscombe. Oxford: Blackwell, 1975.

_____. *Philosophical Investigations.* Transl. G. E. M. Anscombe. Oxford: Blackwell, 2001.

WOLF, Susan. *Freedom within Reason.* New York: Oxford University Press, 1990.

WOOD, Paul. Science in the Scottish Enlightenment. In: BROADIE, Alexander (Ed.). *The Cambridge Companion to the Scottish Enlightenment.* Cambridge: Cambridge University Press, 2003, p. 94-116.

Origem dos textos

Rawls e a Justificação da Punição. Revista *Trans/form/ação* (Unesp. Marília. Impresso), vol. 40, 2017, p. 67-92.

Razoabilidade e Ontologia Social em John Rawls. Revista *Sofia* (Ufes). Versão Eletrônica, vol. 6, 2017, p. 48-61.

Direitos Humanos, Razões e Contexto: Por Uma Semântica Contextualista. In: LEIVAS, Cláudio (Org.). *Ética, Democracia e Direitos Humanos*: Uma Abordagem Multidisciplinar. Porto Alegre: Sulina, 2017, p. 11-28.

A Realidade Social: Uma Ontologia de Segunda Natureza. *Pensando – Revista de Filosofia* (UFPI), vol. 19, n. 17, 2018, p. 305-333.

O Problema da Sorte Moral e a Punição. In: BARBOSA, Evandro; HOBUSS, João. *Agência, Deliberação e Motivação*. Pelotas: Editora UFPel, 2018, p. 60-88.

Virtudes e Democracia. Revista *Conjectura: Filosofia e Educação* (UCS), vol. 23, 2018, p. 90-116.

Integridade e Gestão. In: ROHDEN, Luiz; VALLS, Álvaro (Orgs.). *Entre a Filosofia Dialética e a Gestão*. São Leopoldo: Editora Unisinos, 2018, p. 263-277.

Adam Smith e a Virtude de Justiça. Revista *Veritas* (PUCRS), vol. 64, n. 1, 2019, p. 1-36.

Cognitivismo e o Problema do Desacordo Moral. Revista *Dissertatio* (UFPel), vol. 49, 2019, p. 146-174.

Índice de nomes

A
Agostinho, Santo 89
Anscombe 165
Aristóteles 48, 74, 88n, 131, 163, 202n
Atena 102
Audard, Catherine 237, 242n
Audi, Robert 75
Augusto e Beto 34, 79-80, 92-93, 106
Ayer, A. J. 214

B
Bárbara e Cássia 34, 80
Barry, Brian 242n
Batista, Vera 89n
Beethoven, L. 38
Bentham, J. 131, 136n
Beto1 e Beto2 35, 47
Bianchi; Santos 164
Bill e Bem 116
Bispo Benvindo 34-35
Blackburn, Simon 53
Bobbio, Norberto 187n
Boonin, David 119n, 140n
Brink, David 61n, 243n
Broadie, Alexander 159n
Brooks, Thom 119n, 135n, 169n, 174n
Buchanan, Alen; Powell, Russel 66-67

C
Cahn, Steven 43n
Calhoun, Cheshire 85, 199
Carlos 106-107
Carrit, E. F. 138
Cerqueira, Hugo 159n
Chomsky, N. 149n
Chrisafis, A. 28n
Coates, D. J.; Tognazzini, N. A. 125n
Coitinho, Denis 54n, 83n, 128n, 232
Colluci, Cláudia 184n
Cosette 35n
Cudworth, Ralph 163

D
Daniels, Norman 244n
Darwall, Stephen 147n, 161n, 197-198
Davison, Donald 226n,
Del Prette, Almir 194n
DePaul, Michael 227
Di Pietro, Maria 189n
Dodd, Merrick 96
Drucker, Peter 92n
Dworkin, Ronald 87, 196n, 212

E
Ebertz, Roger 227
Eder, Klaus 36n

Einstein, Albert 63-64, 197
Enoch, David 116n
Epimeteu 102
Esfeld, Michael 233-234, 244
Estlund, David 233

F

Fabiane de Jesus 194-195
Feinberg, Joel 118, 152n, 173n
Ferreira, Aurélio 82n
Finkelstein, Claire 128n
Finn, Huckleberry 20
Fischer, John; Ravizza, Mark 86n, 94n, 121n
Foot, Philippa 101n
Frankfurt, Harry 44-45, 84n, 121, 144n
Frederick, Robert 98n
Freeman, Samuel 240n, 242n
Friedman, Milton 97

G

Galton, Francis 197
Gandhi, Mohandas 205
Gardiner, B. 233
Garret, Brian 42n
George 84n, 199-200
Gervásio (rapaz saboiano) 35
Gettier, Edmund 113n
Gibbard, Allan 52n, 214n, 215n
Goldman, Alvin 196n, 223n
Grizotti, Giovanni 184n

H

Haakonssen, Knud 160n, 169, 175n
Habermas, Jurgen 233
Hampshire, Stuart 75n
Hampton, Jean 129n, 173n
Hanna, Nathan 146n
Harari, Yuval 67n
Hart, H. L. A. 119n, 136n, 145
Hedrick, Todd 238n

Hefesto 102
Hegel, G. W. F. 28, 131, 232, 237, 242n
Hermes 103
Hill Jr., Thomas 238n
Hobbes, Thomas 143, 163
Hohfeld, Wesley 212n
Honig, B. 148n
Hugo, Victor 34-35
Hume, David 65n, 70, 156, 159, 162, 164n
Hutcheson, Francis 65n, 159, 162-164, 167n

I

Ishiguro, Kazuo 32n

J

Jackson, Frank 56n
Jean e Gian 110-111, 114, 120
Jones e Black 121, 144n
Junges, Cíntia 89n, 201n

K

Kant, Immanuel 131, 237, 242n
Klosko, George 244
Korsgaard, Christine 204n

L

Lacey, Hugh 59n
Latinobarómetro 183-184
Le Bon, Gustav 195n
Libet, Benjamin 41, 42n
Lieberman, David 169n, 175n, 178n
Locke, John 32n, 191n
Luther King, Martin 205

M

Mackie, John 51, 53-54, 58, 68n, 209, 213-214, 221, 228
Maclaurin, Colin 65n
Macron, E. 28n

Madelaine 35
Mandeville, Bernard 163, 187n
Mandle, Jon 238n
Marx, Karl 28, 237
McDowell, John 209, 217-218, 223
McIntyre, A. 231
McLaren, Margaret 193n
Mele, Alfred 41n, 42n
Melissaris, Emmanuel 146n, 151n
Mikhail, John 101n
Mill, J. S. 131, 133
Miller, Eric 169
Milo, Ronald 236n
Moore, G. E. 56n
Morris, Betsy 91n
Mulcahy, Anne 91

N
Nagel, Thomas 30n, 106-107, 111-115
Nelkin, Dana 117n
Nida, Eugene 220-221
Nozick, Robert 46
Nussbaum, Martha 204-206

O
O'Neill, Onora 236n, 242n
Ortega Y Gasset, José 46
Otávio e Leandro 109-110, 114, 118, 124-127

P
Parfit, Derik 32-34, 45n, 57n, 69, 98-107
Pettit, Philipe 40, 195, 196n, 224n, 233-235, 239-240, 244
Platão 28, 88n, 102-103, 131, 163, 202n
Pogge, Thomas 151n, 242n
Pollak, Michael 37n
Popper, Karl 27-28, 64-65, 197n
Prometeu 102
Pufendorf, Samuel 163

Putnam, Hilary 57n, 59n, 63, 65n
Pym, Anthony 218n, 221n

Q
Quine, W. V. O. 49, 218-219

R
Rachels, James 57n
Raphael; Macfie 167n
Rawls, John 29n, 39n, 46, 61n, 78n, 100, 119n, 121n, 131-154, 188n, 190, 204, 205n, 226-228, 231-245
Raz, Joseph 233
Ribeiro, Bruno 195n
Roberts, Peri 237n, 244n
Rorty, Richard 209, 214-215, 224, 228
Ross, David 56n
Rousseau, J.-J. 27-28, 236n
Russell, Paul 169, 179n

S
Salter, John 169
Sandel, Michael 148n, 231
Saulo x Paulo 39n
Scanlon, T. M. 109, 121n, 124-127, 129, 190-191, 203n, 215n
Scheffler, Samuel 149n
Scherkoske, Greg 83n
Schutz, Peter 88
Schwartz, Mark 91n
Searle, John 30n, 37-40, 194n, 224n
Sêneca 122n
Shaver, Robert 164n, 171n
Shoemaker, David 127n
Smith, Adam 21-22, 65n, 89n, 105n, 155-181
Sócrates (*Críton*) 75
Spencer, Herbert 197
Statman, Daniel 112n, 114n, 116n
Stevenson, Charles 69n, 71-72, 214n
Strawson, Gale 43-44

Strawson, P. F. 104, 162n
Sverdlik, Steven 116n
S2 Consultoria 200

T
Taylor, Charles 204, 231-232
Thomas, Alan 78n, 222-223, 227
Thomson, Judith J. 101n, 116n
Timmons, Mark 209, 215, 221-222
Twain, Mark 20

V
Valente, Rubens 97n
Valjean, Jean 34-35

W
Walker, Margaret 86-87, 122
Walzer, Michael 192n, 231
Williams, Bernard 84n, 111-114, 117n, 199-200
Williamson, Timothy 223n
Wilson, Edward 56n
Wittgenstein, Ludwig 85n, 140, 225
Wolf, Susan 123n

Z
Zenão 163
Zeus 103
Zimmerman, Michael 116n

Índice de assuntos

A
Aborto 58, 189, 204
Ação afirmativa 37, 49, 193
Aceitabilidade social 106, 236
Acrasia
    agente acrático 123
    epistêmica 50
    invertida 20
Agência humana 86-88
Agência impura 86-88, 120-124
Agência pura 120
Agente
    legal 130
    moral 15-25
    privado 184-186
    público 90, 183-186
Aidôs e *Dikê* 16, 102-103
Ajudas recíprocas 176
Alegoria da criação do homem 102-103
Amadurecimento normativo-moral 51, 55, 173-178
Amor de si 161, 163, 177
Amor-próprio 157-159
Antirrealismo 63, 243
Argumento contra a linguagem privada 85
Argumento da estranheza 213-214
Argumento da relatividade 53-54
Argumento das diferenças culturais 56-58
Argumento de Parfit contra o não-cognitivismo 68-70
Argumento do milagre 63-64
Argumento do progresso moral 62-64
Arrependimento 34-35, 124, 171
Assédio moral 81, 88-89, 91, 200-201
Assédio sexual 88-89, 91, 192, 200-201
Assimetria entre elogio e censura 120-124
Assimetria entre o privado e o público 183-186
Atitudes autorreativas 162
Atitudes reativas 103-104, 162, 197
Atitudes vicárias 162
Atomismo 40, 46, 195, 219
Atomização do social 232
Autarkeia 202
Autoconsciência 31-32
Autointeresse 32, 49, 61, 88, 143, 150, 156-158
Autoridade normativa 94-95, 103-106
Autorreflexividade 160

B

Background 224-226
Bens primários 132, 148
Brumadinho 96-97

C

Caráter 33-36, 43, 47-48, 80-82, 88, 103-105, 123-126, 129-131, 148-149, 152-153, 158-162, 166-167, 180
Casuística 21, 165
Causa sui 43
Censura (concepções)
    atitude reativa 124
    cognitiva 124
    conativa 125-127
    funcional 125
    sanção 124-125
Censura e interpessoalidade 124-127
Ceticismo epistemológico 113
Ciência e ética 64-65
Circunstâncias aleatórias à escolha 110, 114, 128
Civicity 239
Classe 28, 61, 184
Clemência 122, 130
Clonagem 32
Coerentismo 131-133, 223
Cognitivismo
    não-naturalista e não-metafísico 57n, 96-101
    tradicional (naturalista e intuicionista) 56-57
Coletivismo 45, 194-195
Compatibilismo 45
Competência x performance 149-150
Comportamento coletivo 38, 194-195
Comprometimento ontológico 27-31
Comprometimento pessoal 30, 46, 83-85, 199-202, 206

Comunidade moral e política 45, 76, 127, 137, 152-154, 158-160, 162, 173, 175, 187, 202
Condições distorcidas de julgamento moral 60-61
Condições equitativas de escolha 61, 122
Conectividade psicológica 32-33, 35
Conexão entre fatos e valores 64, 77
Confiança 145-146
Congruência entre o justo e o bem 149, 151
Conhecimento moral intersubjetivo 73-78, 192-198
Consciência 75, 154, 187, 203
Consenso sobreposto 149, 151, 241-243
Consentimento esclarecido 202
Conservadores x Trabalhistas (Reino Unido) 28
Conservadorismo 78, 142
Construtivismo 235-244
Contextualismo epistêmico 222-224, 227
Continuidade física 32-33, 35
Continuidade psicológica 32-33, 35
Contratualismo 128, 235
Controle (regulativo e de direcionamento) 86, 121
Convencionalismo (códigos morais convencionais) 53
Conveniência (*propriety*) 158, 161, 163, 169
Convergência negociável 235
Convergência prática 54, 217, 223, 226, 228-229
Corrupção 80, 88, 125, 183-187, 200-201, 205
Crenças auto-justificadas 78
Crenças não-morais
    científicas ou fatuais 58-61
    religiosas e metafísicas 58-61
Crítica epistemológica e ontológica aos DH 213-215

Culpa x dolo 111
Culpabilidade 115-116, 119
Cultura ética das organizações 88-92

D
Dano 36, 59, 77, 94, 96, 101, 103, 110-111, 116-119, 124, 131-134, 136, 147, 168-175, 177-180, 191
Darwinismo social 197
Debate liberal-comunitarista 231-233
Declaração Universal dos Direitos Humanos 18, 20, 66, 210-211
Deliberação coletiva 49, 95, 187, 196, 223-224
Deliberação moral 45, 75, 77, 112, 195
Democracia 28, 37, 46, 65, 183-184, 186-188, 192, 202, 204-205, 207, 215, 224
Desacordo científico 53, 58
Desacordo moral 51-55
Desacordos superficiais e profundos 73, 76
Desejos de primeira e segunda ordem 83-85, 87, 106, 199
Determinismo 42-43, 45, 145
Deveres 28-29, 39-40, 44, 51-52, 55-56, 60-61, 70, 87, 95, 127, 137, 146-147, 151-154, 161, 164-168, 175, 179-180, 185, 188, 194, 197, 205-207, 211-213, 229
Deveres perfeitos e imperfeitos 168, 175, 180
Dicotomia entre fatos e valores 57, 69, 219
Dignidade 50-51, 66, 98, 133, 135, 142, 196, 210-211, 213, 228
Dilema dos prisioneiros 145
Direito dos Povos 28-29, 61, 241
Direitos 28-29, 41, 44, 46, 50, 60, 62, 69, 72, 76-77, 87, 103, 127n, 128, 133, 137, 147, 151-152, 155-157, 167-169, 173-181, 186n, 189-191, 194, 196-198, 232, 240
Direitos humanos 209-213, 228-229
Discriminação 18-19, 62, 69, 77, 185, 192-193, 196, 205, 239
Distopia 32n, 187
Dogma positivista 65n
Dolo eventual 109, 124
Doutrinas abrangentes 205, 233n, 235, 241-243
Drogas (consumo de) 203-204
Dualismo 30, 242

E
Eficácia social 131-138, 141, 171-172, 174
Emoções políticas 204-205
Emotivismo 71-72
Empatia 157-162
Empirismo reducionista 219
Enkrateia 89
Epicurismo 162
Epieikeia 129
Epifenomenalismo 30n
Epistemologia 17, 102, 196n, 223n, 243-244
Equidade (*fairness*) 61n, 87, 132-133, 148, 149n, 151, 177-178, 190, 226, 231-233, 238n, 239-241, 243-244
Equilíbrio reflexivo 51, 55, 77-78, 94, 98, 100-101, 131-133, 209, 215-222, 240-241, 243, 245
Equivalência dinâmica 218-221
Ergon 47
Escolha 30, 43-45, 70, 114-115, 120-124, 128, 144-145, 148, 168, 180, 206
Escravidão 29, 36-37, 52, 55, 62, 66, 72, 76, 185, 189, 196, 211, 239-240, 245
Espectador imparcial 157-162
Esquizofrenia moral-política 185, 188, 207

Estabilidade e punição 149-151
Estabilidade pelas razões corretas 151n, 188, 205n, 241
Estabilidade pessoal e social 37, 59, 82, 89-90, 128n, 132, 135-136, 138, 142-143, 148n, 149-152, 156, 178-181, 183, 185-186, 188-189, 192-193, 198, 200-207
Estado 28-29, 36n, 77, 105, 117-118, 126, 128n, 134, 137, 152-153, 168, 176, 180, 186n, 190n, 191, 203-204
Estado islâmico 38n, 44, 82
Estoicismo 163-164
Estupro 62, 67, 104
Eugenismo 66, 203
Eutanásia 189, 204
Exemplos de tipo-Frankfurt 44-45, 121
Expressivismo 52-53
Externalismo 98

F
Fair play 177
Falibilismo 64
Fanatismo 82, 158n, 199
Fatalismo 42n
Fatalismo teológico 43
Fato da opressão 190
Fatos brutos e institucionais 38-40, 46, 195
Felicidade (*eudaimonia*) 39, 54, 75, 79, 81, 84-85, 87, 89, 95, 105-107, 125, 157-158, 162-164, 166-167, 179, 181, 188, 198-202, 207
Fissão cerebral (experimento) 33
Formas de vida 53n, 225-226
Franquismo 37
Fraude 88, 91-92, 94, 97, 107, 177, 200, 201n
Freestanding 39n, 235, 237
Função corretiva da punição 151-154

G
Gap empático 21, 178
"Gavagai" 218-219
Genocídio 19, 62, 66, 211, 228
Gestão 88-92
Gestor 90-92
Gettier (casos de) 113n
Gratidão 104, 155, 158-159, 161, 162n

H
Habituação 48
Holismo semântico 219
Holismo social 231-235, 244
Holocausto 62
Honestidade 81, 91-92
Hotel em chamas (exemplo de Parfit) 98

I
Identidade
  coletiva 35-40
  pessoal 31-35
Ignorância moral 20
Iluminismo escocês 65n, 156, 158, 159n
Imperativo categórico 16, 236
Imperialismo 197
Inconsistência lógica 83, 148n, 199
Indeterminação da tradução 218-219
Individualismo 45, 193n, 194
Individualismo holístico 40, 46, 195
Infanticídio 58
Instituições públicas 186, 188, 206-207
Intencionalidade 29-30, 37-39, 46
Intencionalidade coletiva 35-40, 193-194
Internalismo 18, 98
Interpessoalidade 124
Intersubjetividade 31, 40, 83n, 161, 192, 195-196
Intuicionismo racional 236
Intuições morais 56n, 100-101, 236, 238n, 242

Irredutibilidade do social frente ao individual 23, 38-39, 48
Irregularidade dos sentimentos 179

J
Juiz Hércules 196n
Juízos de censurabilidade 116-119
Juízos morais emocionais 52, 72n
Juízos morais ponderados 54n, 55, 101n, 133, 135, 138, 154, 227-228, 240, 243-245
Jurisprudência 21, 165
Justificação 54n, 55, 59, 66, 75n, 77-79, 83-84, 94-95, 102-104, 112, 205n, 215n, 227, 233, 237, 241-245

K
Kantismo 113n, 133, 173, 232, 236, 242n

L
Legalidade 41, 117, 130, 189n
Legislador judicioso 175-176
Legitimidade 27, 127n, 139, 198n, 211-212, 242n, 245
Lei da retaliação 170
Liberdade 28-29, 39-43, 45-46, 50, 66, 77, 104, 132-133, 135, 136n, 141-145, 147-148, 151, 153-154, 157, 162n, 168, 177, 180, 186n, 190, 193n, 196, 207, 210-212, 228, 241
Libertismo 42, 144
Libet (experimento) 41-42
Liderança ética 91-92
Livre-arbítrio 40-45

M
Magistrado 175-176, 180
Mão invisível 164n
Mediania 166
Memórias 31-35
Mens rea 118, 144, 172

Mérito moral 146-149
Metavirtude 89n, 164
Método indutivista 157-158
Modus tollens 53, 214
Monogamia 53
Moralidade privada e pública 73-78
Moralismo jurídico 24, 152, 168-169
Morte prematura (exemplo de Parfit) 98
Mutilação genital feminina 68-69, 72, 77-78

N
Nação 28, 36, 61, 185, 192
Não cognitivismo 55, 68-73
Naturalismo 56, 159n
Nazismo 37, 66, 114, 203
Neutralidade ética 21, 133, 152-153, 168, 180, 185
Newtonianismo moral 65n
Normatividade 98-102
Normatividade indireta 155-157
Normatividade privada-pública 102-108

O
Objetividade dos princípios 231, 235, 238-244
Obrigações 36, 40, 76, 160, 161n, 183, 185-186, 192, 198n, 201, 205, 212
Ontologia de segunda natureza 45-50
Ontologia social 31, 36, 40, 231-245
Ortishment 153

P
Pacifista 84, 93, 106, 199
Partes 61n, 143, 145-146, 148, 150, 237, 241, 244
Paternalismo estatal 105, 133, 152, 168, 186, 203, 206
Pena de morte 60, 75
Perdão 35, 124, 130
Perfeccionismo 244n

Pessoas livres e iguais 132-133, 232, 237, 243-244
PIR – Potencial de integridade resiliente 89, 200-201
Pluralismo moral razoável 133, 152, 190, 242
Poligamia 52, 54, 60
Pontos fixos provisórios 240
Posição original 61n, 147n, 151n, 238, 241, 244-245
Positivismo 196, 212
Povo 28-29, 36-37, 39, 186, 192-193, 218
Pragmatismo 49, 215n, 245
Práticas de injustiça 172
Prescritividade 59
Princípio das possibilidades alternativas (PAP) 144n
Princípios morais
    aristotélico 232
    da empatia ou do espectador imparcial 65n, 155, 158-159, 162
    da imparcialidade 33n
    da proporcionalidade 118, 189n
    da racionalidade parcial 33n
    da regra de ouro 54
    da teoria tripla (TT) 101, 106
    de justiça 29n, 61n, 87, 143, 148-150, 190, 205n, 231-244
    de não instrumentalização 236
    de prevenção 49, 116n
    de universalizabilidade 236
    do autointeresse 32, 33n, 49, 88
    do controle 113
    utilitarista da maximação da felicidade 54, 141
Problema da adoração da regra 140
Problema da demarcação (Popper) 65n
Procedimento de isolamento 224-228
Processo evolucionário na moral 67
Progresso científico 63-65

Progresso moral 61-68
Proposições fulcrais 225
Propriedades x conceitos 215n
Psicologia humana razoável 150
Publicidade 18, 49, 151n, 235, 243-244
Punição (concepções de)
    expressivismo 152, 155, 157, 169-170, 173-174, 180
    reabilitacionismo (corretivismo) 151-154
    retributivismo 118-119, 128, 133-136, 138, 144, 146n, 151, 173, 174n
    retributivismo negativo 119, 128, 135, 173, 174n
    utilitarismo ou preventivismo 119, 128, 134, 136, 138, 140-142, 146n, 151, 174
Punição (justificação da) 117
Punição legal
    definição 117
    problema (PP) 117-118, 134-135

Q

q-intenções, q-memórias, q-responsabilidade 34
Qualidades secundárias 215-218
Quasi-realismo 53n

R

Raciocínio moral 19, 23, 31, 40, 66, 75, 77-78, 84n, 113, 194, 199
Razão prática x teórica 74n, 237-239, 245
Razão pública 49, 146, 147n, 151, 153n, 190, 236n, 242, 244
Razoabilidade (Rawls) 231-245
Razoável (fraqueza epistemológica) 244-245
Razões 43, 45, 49, 52, 70n, 74n, 77, 86, 98-100, 121, 123, 127, 150, 151n, 187-189, 197-198, 200n, 202-203, 205n, 207, 209-211, 237n, 238-241

Realismo 63, 212, 233n, 241n, 242n, 243
Reciprocidade 49, 153n, 160, 190, 239, 243-244
Reconciliação 148n, 154, 174, 244
Reducionismo 30
Referencialismo 216
Regresso moral 62, 65-66
Regularidades da vida social 65n, 161
Regras
    como práticas 140-142
    como sumários 140-142
    constitutivas 38-39
    de distribuição 136n
    de justiça 136n, 165-166, 168-169, 177-179
    gerais 155
    regulativas 39
Reino dos fins 236
Relativismo cultural-moral 56-57
República platônica 192
Republicanos x Democratas (EUA) 28
Republicanos x Socialistas (França) 28
Resiliência 89n, 90, 200-201
Responsabilidade
    coletiva 29, 33, 37, 180, 185
    jurídica 130, 194
    moral 32, 35, 41n, 43-45, 86, 112, 114n, 116, 121, 130, 132, 144-146, 151n, 153n, 162n, 193-194, 195n, 198
    social 95-98
Ressentimento 171-173
Ressocialização 174
Revisibilidade das crenças morais 78, 78n

S
Seguir regras 97, 140-141, 143, 145-146, 161, 166, 188-189, 195, 225, 234-235, 244
Semântica contextualista 221-224
Semicompatibilismo 86n, 121n

Senso de justiça 103, 146, 148-151, 179, 188n, 189n, 190, 244
Sentido (*Sinn*) x referente (*Bedeutung*) 215n
Sentimentalismo 52
Sentimentos morais 103-104, 148, 149n, 157-162, 165, 176, 179-180
Sexismo 16, 20, 55, 57
Sistema penal 115, 119-120, 137, 139, 141-146, 150-151
Sociabilidade 56n, 161
Sociedade bem ordenada 46, 143, 147-149, 188n, 232, 240-241, 244
Sociedades fechadas 28, 187
Sonegação de impostos 185, 187
Sorte legal (SL) 116
Sorte moral (SM)
    definição 111-113
    oxímoro 113
    paradoxo 112
Sorte moral (classificação Nagel) 113-115
Sorte moral (classificação Williams) 113-114
Stalinismo 27
Subjetivismo 52, 243
Superrogatório 122
Superveniência 235, 244

T
Telishment 138-140
Teoria científica
    da relatividade 63-64, 197
    de Galileu 64
    de Newton 64
    evolucionista 63
    geocêntrica 63
    psicanalítica 63
Teoria do erro 68n, 214n
Teoria fraca do bem 232
Teoria moral
    antiutilitarista 155-156, 162, 169n

egoísmo moral 159
ética das virtudes 48n, 107, 109, 113n, 127, 129-130
  kantiana 113n, 133, 173, 232, 236, 242
  mista 127-130
  neocontratualista 109, 127-128
  racionalista 157, 163
  sentimentalista 52, 155-156, 161-162, 174
  tripla 101
  utilitarista 50, 132-133, 135, 157
Teoria política
  conservadora 28, 50
  liberal 28-29, 50
  liberal-comunitarista 179-181
  libertarista (neoliberal) 28, 50
  marxista 28, 50
  perfeccionista 204
  utilitarista 50
Teorias da justiça
  como equidade 61n, 132-133, 147-151, 189-190, 226, 231-233, 238n, 239-241, 243-244
  comunitarista 231-235, 245
  smithiana 168-181
Tortura 51-52, 55, 60, 62, 76, 211-212, 223, 228
Totalitarismo 28
Tribalismo 19, 67, 229
Trolley problems 100, 101n
Truth-makers 209, 228

U
Universalidade 159, 237n, 243
Uso público da razão 133, 146n, 151, 190, 244
Utilidade pública 178
Utilitarismo de atos e de regras 119n, 135n, 140-142
Utopia realista 241

V
Verdades morais 51-78
Verdades normativas irredutíveis 98-102
Verificacionismo 197
Véu da ignorância 61n, 238n, 245
Vícios
  deslealdade 35, 185
  egoísmo 125, 168, 175, 185
  imprudência 93, 114-115, 125-126
  incivilidade 93, 185
  infidelidade 185
  negligência 97, 125
  parcialidade 187
Vida boa (ou bem-sucedida) 82, 188, 202
Virtude
  caráter social 85, 199
  definição 81
Virtudes cardeais 88-89
Virtudes epistêmicas 83
Virtudes privadas (morais e epistêmicas)
  autodomínio 89, 157, 160, 162, 164, 167, 180-181, 198-199
  autonomia 201-204
  benevolência 52, 61, 76, 105, 130, 157, 163-164, 167-168, 180
  compaixão 105n, 123, 158, 205
  coragem 48, 74, 76, 84, 88n, 91, 121, 206
  curiosidade 48, 82, 84
  fidelidade 35, 47, 69, 78, 185
  generosidade 166-168, 174, 185
  honestidade 81, 91-92
  integridade 81-85, 198-201
  lealdade 35, 47, 91, 150, 185, 198-199
  moderação 76, 82, 84, 189, 198, 206
  prudência 88n, 89n, 95, 157, 162-167, 181
  solidariedade 48, 159
Virtudes públicas (morais e políticas)
  amizade cívica 93, 153n, 205

civilidade 23, 81, 84, 93, 105, 153n, 199, 239-240, 242n
equidade 129n, 149n, 239
imparcialidade 82, 103, 153, 160n, 185
impessoalidade 185
justiça 66, 89n, 95, 102-103, 157, 162, 164, 166-168, 180-181, 189-190
patriotismo 205
razoabilidade 79, 81, 84, 93, 105, 129n, 146, 183, 185-186, 188-190, 204-206
respeito mútuo 239-240

tolerância 37, 39, 49, 79, 81, 84-85, 93, 104-105, 153n, 185-186, 188, 140, 191-192, 198-199, 204-206, 232, 239-240
transparência 18, 91, 185
Virtudes privadas e públicas 204-207
Virtudes teologais 89
Vontade geral 27, 28n, 29

W

Wanton 84n

Edições Loyola

editoração impressão acabamento

Rua 1822 nº 341 – Ipiranga
04216-000 São Paulo, SP
T 55 11 3385 8500/8501, 2063 4275
www.loyola.com.br